# 幸福な老いを生きる

長寿と生涯発達を支える
奄美の地域力

冨澤 公子 =著

水曜社

## はじめに

# 「老いの人生」が地域生活に蓄積してきた文化資本を解明する

　これまで、加齢を衰え・衰退とみるネガティブな老年学が世界的な主流をなしてきた。超高齢社会が進行するなか、加齢とは何か、高齢者とは何かが、今、改めて問われている。

　本書は、既存の高齢者観に真っ向から対峙する。本書が対象者とする超高齢者（85歳以上を指す）は、加齢による機能低下の深刻な側面が強調されがちであるが、地域生活の側面からみれば、多様な潜在能力と文化的価値の担い手としての側面が浮かび上がる。

　本書では、後者の側面に注視し、それらを引き出し活かしていく奄美のシマ（集落）の地域生活の実態について、地域経営の視点から光を当てる。とりわけ、自治の最小単位であるシマの地域経営システムと、そこに機能する教育・文化、社会保険制度や国民年金制度などの社会経済システムに注目する。

　ここでいうシマの経営システムとは、全員参加による意思決定システムをもつ自治力を基盤に、地域の「結い」という人間関係と個人の自立を尊重しあう家族経営の集合体である。

　つまり、シマの地域経営を「結い」という直接的人間関係による農林漁業などの発展や、長寿者の健康を維持しながら産業を発展させる効果、地域の経済力や財政力にまで視野を広げることの大事さを問う視点である。

　本書では、文献調査やインタビュー調査、アンケート調査、フィールド調査などの実証を踏まえ、学際的視点から長寿超高齢社会における多世代共生と健康長寿を実現する地域コミュニティのあり方を解明する。

## 1 実証の基本視点

　経済成長志向の社会では効率や若さに重きが置かれてきた。超高齢者の経験や潜在能力は注目されず、むしろ支援コストのかかる対象として評価されてきたのである。この傾向は、次世代における医療費などの社会保険、租税負担の増大に注目する結果となり、世代間の利害対立を不可避的なものとして固定化する。

　本書では、多様な能力を有する高齢者だけでなく、心身機能の低下からサクセスフル・エイジング（幸福な老い）には否定的な超高齢者をも取り上げる。そこには、老いと関係する彼ら／彼女らの経験や叡智、超越等の潜在能力が浮かび上がってくる。超高齢者への複眼的アプローチを通して、彼ら／彼女らの人間発達を支援し世代間の共生を実現している長寿地域の地域経営と、そこに機能する社会経済システムを明らかにする。

　その実証の地として、奄美のシマ（集落）のコミュニティ特性に注目し、老年学や心理学、社会学、経済学、経営学、民俗学や文化経済学などの多様な学際的成果を取り入れ、解読する。

　それらを通じ、過疎化や高齢化が進行し、GDPの経済指標では低位にある奄美が、衰退地域ではなく逆に健康長寿と幸福な老いを実現している地域経営のモデル地域であることを明らかにする。


## 2 分析・解明の視点と方法

　次の4つの視点と方法によって、上記の課題に迫る。

　1つ目に、健康長寿者の多い奄美のシマを調査地として、祭りや伝統行事、習慣などの（無形の）文化資本を活かし、長寿と人間発達を実現している地域経営と、社会経済システムを明らかにしていく。

　2つ目に、超高齢者の精神的次元の力量ともいえる老年的超越傾向に注目する。つまり、超高齢者は、若い頃の産業と生活における労働の苦しみや歓びという体験を経たのちに身につけた心の落ち着き、生活や仕事の知恵、熟達した技などを含む「精神的資産」として、その存在は次世代へ影響を与えうると把握する。

3つ目に、虚弱化する身体に適応しながら利他性への移行や世代性が高まっていく、超高齢者の幸福感の醸成に注目する。幸福の客観的基礎には、心や知恵の問題だけでなく、仕事を通じての協働による学びあい・育ちあいも幸福への欲求として把握しうるからである。

　その過程で、互いの人格を尊重しあうという信頼関係が形成される。超高齢者は、若い頃の厳しい仕事や生活と比較して現在を生きている。超高齢者の幸福感は、次世代の幸福とは質的に異なっていることが明らかとなる。

　4つ目に、人と人とのつながりのなかで高まる人間発達と生活の質に注目する。つながりやきずなという社会関係資本（ソーシャル・キャピタル）の概念は、単なる人間同士の信頼関係というよりも、仕事や生活上の「困ったときはお互い様」という協働と関わる信頼関係である。

　そこには、「乏しいものを分かち合う」という利他の精神が公正な分配に関わる幸福感を醸成し、信頼関係を深めることが見えてくるのである。

## 3 本書の発見及び到達点

　本書の発見及び到達点として、次の3点をあげておきたい。

　1つ目は、文化資本を活かした地域経営のモデルを提示したことにある。ここでの地域経営とは、「地域の資源を活かした産業おこし」を「地域コミュニティの自治力を通じ実現する」ことである。

　つまり、超高齢者を包摂しながら持続可能なコミュニティを形成している奄美のシマのコミュニティにおける超高齢者の長寿と人間発達を支える地域力ともいえる、文化資本を活かした地域経営の実態が明らかにされたのである。

　2つ目は、経済資本と文化資本の再分配機能を解明したことにある。奄美の長寿を実現しているシステム構造は、経済資本の軸と教育・文化に関わる2つの軸からとらえることによって、文化資本と経済資本の再分配機能が解明された。

　つまり奄美には、超高齢者層が地域コミュニティにおける文化を再生産する担い手となり、次世代との学びあい・育ちあいのなかで文化資本が継承さ

れ、地域が創造的に発展していく姿が明らかにされたのである。

　3つ目は、奄美の「長寿多子化」の要因を解明したことである。奄美は健康長寿者の多さと同時に、高い出生率をも実現している。その地域的・文化的要因を経済資本に還元できない奄美のシマの豊かな資本に求め、自然・風土、伝統文化、習慣・信仰、結い・知識結などのコミュニティ特性から解明することができたのである。

　これらの発見は、従来の偏見を打ち破り、超高齢者による健康長寿を生み出すシステムが奄美にあること、このシステムこそ合計特殊出生率を高めて、地域の持続的発展を生み出すことを示している。

　ますます進展する長寿超高齢社会は、少子高齢化の深刻化として危惧される未来ではない。むしろ、それとは逆のシナリオ、可能性を示唆するのが、奄美の事例である。健康長寿者のもつ老いの価値に光を当てることによって、新たな生き方や地域のあり方が浮かび上がってくる。

　地域を基盤に、多世代が共生する暮らしのなかで、地域の文化資本を活かしたつながりやきずなが強固に形成され、健康長寿と幸せな老いが実現していく。人生100年時代のサクセスフル・エイジングには、それぞれの地域にある文化資本を活かした地域経営が重要となる。本書は、こうした問題認識と視点で貫かれている。

　加えて、地域での役割や信頼感などの「つながり」が、超高齢者の存在意義や潜在能力を高め、自立と精神的次元の安寧をもたらす効用となる。このことは、地域とのつながりのなかで老いることの重要性が再認識されるのである。

　これらを実証できたことは、長生きを幸せと呼べる長寿超高齢社会への新たな一歩を踏み出したことになると考える。奄美の事例を発信することは、老いる人にとっても、若い世代にとっても、老いの未来に確信が持てる。本書を今、世に問う意義はここにあると考える。

## 終章　　長寿多子化と生涯発達への展望 ………… 219

# 老いの価値を科学的・学際的にとらえ直す

## 第1節 長寿時代：多様な高齢者の出現

### 1-1 長寿時代の到来

多くの人が長生きを享受できる大衆長寿の時代を迎えている。序-1のとおり平均余命は年々伸長し、男性81.41歳、女性87.45歳と、ともに81歳を超えている。戦後70年間で、男女ともに30歳以上の伸長である（厚生労働省, 2019）。

加えて、90歳まで生存する確率は、終戦直後の昭和22年の男性0.9％、女性2.0％から、令和元年には男性27.2％、女性51.1％と大きく伸長し、

**序-1 大衆長寿時代の到来**

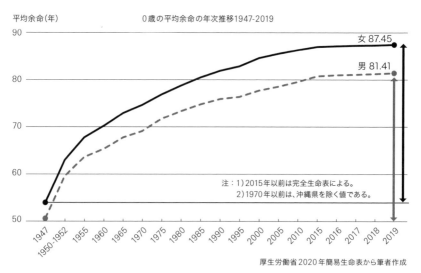

厚生労働省2020年簡易生命表から筆者作成

女性の半数以は90歳まで到達する状況にある（厚生労働省, 2019）。

　長くなった高齢期をいかに自分らしく、心豊かに生きるかが、人生の課題になっている。人生はひと山で終わった時代から、新たなことにチャレンジするふた山、み山の人生が到来しているのである。

## 1-2 長寿時代の高齢者の実際

　序-2は年齢階層別の要介護率である。65歳以上の要介護認定率は18％であり、このことは、高齢者の8割が自立（介護認定外）であることを示している。加齢に伴い要介護率は高くなるが、歳をとれば、誰でも要介護状態になるというのでもない。

　つまり年齢階層で認定率を見ると、前期高齢者は3％、後期高齢者は14％、そして85歳から2人に1人と増加傾向になる。しかし、一方で、95歳以上でも元気な人（認定外）が16％は存在する。このようなポジティブな視点から統計をみることも重要である。

　近年、老年学会・老年医学会では、高齢者の区分を見直そうという動きが

**序-2 年齢階層別要介護認定率**

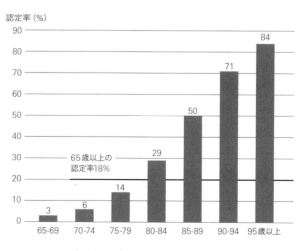

将来人口及び介護給付費実態調査（2012年11月）から筆者作成

ある[1]。元気高齢者の増加を受け、75歳以上を高齢者にしようという実態に合わせた提言である（序-3）。なお筆者は、2006年から85歳以上を超高齢者として調査しており、本書では85歳以上を超高齢者として用いている。

**序-3 高齢者の定義と区分に関するワーキンググループの提言（2017）**

| | |
|---|---|
| 65-74歳 | → 准高齢者（pre-old） |
| 75-89歳 | → 高齢者（old） |
| 90歳以上 | → 超高齢者（oldest-old） |

ワーキンググループの提言から筆者作成

## 1-3 少子高齢化の危機感

　一方で高齢者の増加は、医療費の上昇による社会活動（国民皆保険、後期高齢者医療制度）などに対する負担として、国家財政赤字化の主要な原因とされる傾向にある。深刻な財政赤字化については、累進課税システムの後退や大災害による公共工事の拡大、新冷戦下における防衛費の増加、日銀による国債引受けの拡大など多くの要因があるにもかかわらず、高齢化による医療費や介護費用の増加が、国家財政赤字の最大の要因としてクローズアップされる。そこに、少子化による人口減少への危機感が重なってくる。

　少子化の要因は、①晩婚化、②未婚率の上昇、③平均出生児数の低下であり、高齢化の要因は、①死亡率の低下による65歳以上人口の増加、②少子化の進行による若年人口の減少が主なものである。

　それらは、①社会保障給付（医療、介護、年金）の増加による社会全体の負担増、②労働力減少に伴う経済成長率の減速、③社会全体の活力低下、④若者世代の経済負担の増加など、次世代への社会経済的負担の増大として理解され、世代間対立の図式が固定化することになる。

　この背景には、効率・生産性を優先させる経済成長至上主義のもとで若さが賞賛され、高齢者は社会のお荷物、国家財政や経済発展にとってブレーキという視点がある（日経BP, 2018ら）。そのため、高齢者は一様に非生産的・社会的負担として統計的に把握されてきたのである。

　しかし、このようなマクロ的アプローチでは、老いることの価値や高齢者の

幸福感、生活の質を研究対象とすることはできない。老いや高齢者の生活の質に注目すれば、加齢は一様に衰退、衰えではない。

## 1-4 元気な超高齢者の胎動

　内閣府が毎年表彰しているエイジレス・ライフ実践事例では、年齢にとらわれず新たなことに挑戦する超高齢者（85歳以上）や百寿者（100歳以上：centenarian）の方々が、現役で仕事や趣味に活躍する姿が紹介されている（内閣府, 2017）。歳を重ねて、さらに潜在能力を開花させて活躍するスーパー老人の存在もある（柴田, 2006）。

　長寿超高齢社会の進展においては、高齢期／超高齢期の幸福感に焦点を当て、マクロ的な方法だけでなく、文化生活や役割、地域との関わりなど、ミクロなレベルでの研究も必要となる。高齢者の叡智や潜在能力、生き方が周囲の人々に与える影響や、長生きを幸せと感じる地域づくりに注視した議論も必要なのである。

　世界の長寿地域（ブルーゾーン）で知られるバルバギア地方（イタリア）、沖縄（日本）、イカリア島（ギリシャ）などでは、長寿者は共通して体を動かし、健康的な食生活、孤独ではなく生きがいがあるなど、満足度の高い生活を送っている実態がある（ダン, 2010）。

　また、近年では、老いを生涯発達過程の一部としてとらえることにより、潜在能力や叡智、歳を重ねる幸福感などが明らかにされている。加齢に伴って人は内省的にものごとを考え、利他的な傾向になることも注目されている（トーンスタム, 2017）。自己／他者の幸福をどうすれば実現できるか、潜在的な力量をどのように発揮して現実の社会にどう貢献するかなど、損得勘定では測れない多様な思考性を携えていく傾向にある。

## 1-5 コミュニティの役割に注目

　さらに、経済生活を基礎とした高齢者／超高齢者の文化生活へと研究領域を拡大すると、各地における地域形成の歴史的背景も重要な意味を帯びてくる。その際、生活の質において注目すべきは、都市化の進展と労働基準

法や社会保障制度の確立、それによる自由時間の増大や学習機会の拡大である。

　このような傾向は地方における伝統的コミュニティにも波及してきた。とりわけ、社会保障制度は地域における人権の基礎となり、個人の自立を可能とし、封建制度や家制度の呪縛など共同体の負の遺産を克服して、市民の自立と共同のバランスを確立させてきた。このなかで、共同体のもつ文化や技の継承による地域の創造的発展の可能性が、拡充していくことになった。

　なかでも、祭りや伝統行事が継承されている地域では、高齢者／超高齢者は、国民健康保険・年金制度による健康と少額ながらの現金収入を活かしつつ、祭りや儀式を次の世代に引き継ぐ役割を担い、自身の存在意義と自立生活を支え、健康長寿の源となっている（冨澤ら, 2010）。

　一方で、これまでの長寿研究では、主に医学・保健・衛生サイドから遺伝子や食文化、ライフスタイルなどに着目されてきた（廣瀬ら, 1999）。特に近年、遺伝要因よりもライフスタイルなどの環境要因の重要性が明らかにされてきている（白澤, 2010）。その反面、長寿者の暮らしのベースにある地域のコミュニティ特性と健康長寿との関連については十分な議論はされていないことが指摘される（杉村, 2007）。

　しかしながら、健康長寿者の多い長寿地域の自然や文化、祭りや伝統行事、相互扶助、人々のつながりなどのコミュニティ特性に注目すると、個人と地域コミュニティとの協働のバランスによって、健康長寿と幸福な老いを実現していることが理解される（冨澤, 2018a）。幸せな老いに寄与するコミュニティの役割と、健康長寿を支える地域経営や地域の社会経済システムに注目した研究も必要となっている。

　このような地域コミュニティの持続的な発展に向けた新たなシステムモデルが、奄美には現実に存在している。奄美のシマのコミュニティの基盤をモデルとしながら、時には必要な変更を加えて、各地において健康長寿を実現する道を拓くことこそ、喫緊の国民的課題と考える。

# 第2節 超高齢者に光を当てる

## 2-1 本書の対象：85歳以上の超高齢者

　本書では、長寿時代を背景に人口が増大傾向にある85歳以上の超高齢者に注目し、ミクロ的な視点から、老いと関係する経験や叡智、超越等の潜在能力を持続・創造する主体として彼ら／彼女らに光をあてる。さらに、それらを形成・発展させ、世代間の共生・協働を実現している長寿地域に焦点を当て、そこに機能する地域経営や社会経済システムを明らかにする。

　その要をなすものとして、奄美群島（以下「奄美」）の集落（以下、「シマ」）のコミュニティ特性に注目し、老年学や心理学、社会学、経済学、経営学、民俗学や文化経済学などの学際的手法を用いて考究する。

## 2-2　本書の実証と構成

　1つ目に、超高齢者の人間発達の現場として、健康長寿者の多い奄美のシマのコミュニティに焦点を当てる。そこにおいて、祭りや伝統行事、習慣などの（無形の）文化資本を活かし、長寿を実現している地域経営とその機能を明らかにする。そのために、従来の社会経済的な研究枠組みを超えて、超高齢者を取り巻くシマの人々、居住空間、伝統文化、一人ひとりの行動や意識、習慣などを調査対象として、質的・量的な統計処理も行う。

　これらの実証を通じ、超高齢者は経験や生活のノウハウ、潜在能力を発揮し、（無形の）文化資本を体化した存在として、家庭や地域に貢献する役割を担っていることを明らかにする。

　2つ目に、超高齢者の老年的超越傾向に注目する。超高齢者は心理学や社会学の研究成果からも、また、文化経済学における産業と生活を担う文化資本という概念からも、「精神的資産」として理解される。

　このような理解は、超高齢者の生活習慣や超越の心理を、そのものとして聞き取るだけではなく、地域という場における対話のなかで、「語られる人生」の成り立ち、生い立ちを複数以上調査して、共通のものを文脈的価値として把握してこそ可能となる（冨澤, 2009a）。

3つ目に、超高齢者の幸福感の醸成に注目する。幸福については各国で幸福度指標が作成され、国際比較が可能となる時代となった[2]。

　厚生経済学においても、従来の効用理論を基礎とするものから幸福理論（well-beingの達成）への発展を遂げ、幸福を幸福感だけでなく幸福感を生み出す客観的基礎も研究されてきた。幸福の客観的基礎には心や知恵の問題だけでなく、仕事を通じての協働による学びあい、育ちあいも幸福への欲求として把握できる。その過程でお互いの人格を尊重しあう信頼関係が理解されるのである（池上, 2017）。

　超高齢者は長年の経験から、協働することによって互いの文化資本を充実させる構想力を育てて、最適なエネルギーの活用によって最大の幸福を実現しうることを認識している。超高齢者はそれらは幸福への歩みとして自覚しており、若い頃の厳しい仕事や生活と比較して現在を生きている（冨澤, 2009b）。

　このことは、アマルティア・センの次の指摘とも響きあい、超高齢期の幸福感は現役世代の幸福とは質的に異なっていることが見えてくる。


　　自らの幸福とは：（超高齢者の場合は）潜在能力を開花することである。
　　自らの欲求とは：（超高齢者の場合は）近隣と共に生きて共に励ましあい高まりあうことである。
　　自らの厚生に関する自己の見解とは：（超高齢者の場合は）若い頃と比較しての今が幸福という認識である。
　　自分の動機とは：（超高齢者の場合は）隣人を大事にして次世代を育てることである。
　　選択行動における自分の最大化対象とは：（超高齢者の場合は）若い頃と比較して、今を積極的に選択し幸福感を最大化することである（セン, 1988:14）。


4つ目に、超高齢者の人間発達と生活の質に注目する。
センらは人間発達の視点から、国際的に比較できる生活の質の指標（平

均余命や識字率など）を作成している（スティグリッツら, 2012）。しかし、地域
で、一人ひとりの人間発達の現場で、コミュニティへの参画や役割など、具
体的な人間発達に踏み込んだ生活の質までは議論されていない。

　本書では、超高齢者の人間発達と生活の質を高める奄美のシマの地域要
因を分析する。シマの地域コミュニティというミクロな視点から、教育や文化
を含む身近なデータを積み上げる。このような方法で全体像を把握する方法
は、従来の大量データを集めるマクロ的な議論よりも、長寿超高齢社会のな
かで隠れ見落とされているポジティブな事実を発見しうるのではないかと考
える。

## 2-3　奄美のコミュニティから超高齢者の幸福な老いを発信する

　本書の実証の場は、「長寿で子宝の島」と称される奄美の、伝統的共同体
の残るシマである。シマの超高齢者たちの生き生きとした笑顔、長生きを楽
しんでいる暮らしに注目する。超高齢者は、通説では長寿ゆえの脆弱さが顕
著な時期として、サクセスフル・エイジングには否定的である（Baltesら,
2003）が、筆者はこれまでの長寿地域研究を踏まえ、ポジティブな視点から
とらえ直す。

　超高齢者は、現役世代からもたらされる経済資本からの支援（年金制度や
医療制度、経済的援助）を受けながら、老いを評価するコミュニティのなかでは、
叡智やノウハウなどの潜在能力を地域に還元しうる存在となりうる。そうした
超高齢者の潜在能力に光を当て、次世代との共生システムの要をなす存在
として位置づける。

　奄美の事例からは、コミュニティ環境が健康長寿と幸福な老いに関連する
ことが考察可能となる。さらに、単なる事例ではなく、地域コミュニティにお
ける持続的発展のモデルとして、各地で失われた文化的伝統や世代間共生・
協働システムづくりに貢献することができる。

　その解明のために奄美の文化資本と経済資本の地域循環に注目し、多様
な学際的成果を取り入れつつ、健康長寿と幸福な老いを実現している地域
経営のモデルであることを明らかにする。

# 第3節 長寿と人間発達への視座

## 3-1 ジェロントロジー (老年学) からネオ・ジェロントロジーへ

　元気な高齢者／超高齢者の出現を受け、加齢を一律に衰退・衰えととらえ福祉主体のジェロントロジー (老年学) から、学際的で多様な高齢者像や人間発達の視野に立つ、ネオ・ジェロントロジー (新老年学) が注目されている。「〈老い〉の豊かさや価値についての歴史的・思想的・比較文化的分析、蓄積された経験が大きな資産となる暗黙知の伝承の民俗学的・文化人類学的考察」などを含んだ研究の必要性が提起されてきたのである (文部科学省, 2014)。

　このような、老いの豊かさに光を当てる研究上の視野をもつことによって、超高齢者の生活基盤や医療を支えている社会保障制度の積極的側面もまた評価の対象となりうる。その結果、超高齢者は経済的にも、社会的にも、指導力や文化的な存在においても、寝たきりの方から現役で活躍する方々まで、極めて多様な実態が把握しうるのである。

　つまり福祉という領域からは、老いへの価値や超高齢者の尊厳、人が歳を重ねる経験や技、叡智、潜在能力を社会の共有資産とする視点は形成されることはない。現役世代との共生・協働の現実に関する研究の不十分さが露呈されるのである。

　一方、奄美の健康長寿者を生み出す地域経営や社会経済システムに注目すると、全国的な社会保障制度に加え自治体の敬老慰労金、仕送りなどによって支えられている側面も見逃せないが、自給自足的経済やお裾分け文化も加わって、現金が少なくても安心して生活できる基盤を作り出しているのである。

　このような制度と地域の支援システムは、超高齢者が祭りや行事などの文化活動に関わる精神的余裕と能動的意欲に結びついている。超高齢者は地域の伝統や文化生活を支援する教師的存在でもある。

　このように、老いの価値や超高齢者の潜在能力に光を当てることによって、経済のみならず文化をも視野に入り、健康長寿を実現する地域経営とその

システムの考察が可能となる。

## 3-2 ミクロな長寿超高齢社会論

　筆者は、大量データを集めたマクロ的な議論が主流の超高齢社会論から
ミクロな地域生活という視点から、教育や文化をも含む身近なデータを積み
上げて、超高齢者の生活の全体像を把握する長寿超高齢社会論[3]を展開す
る。微小で多様なものを集め積み上げることで、従来は見ることのできなかっ
たもの、見落としていたものも見えてこよう。その方が事実を発見しうると判
断した。

　つまり、マクロな超高齢社会論においては、超高齢者の人生経験や叡智、
ノウハウなどの潜在能力に注視されずに、単なる量の増大として把握されて
いた。その結果、超高齢者の存在意義は研究対象とはされない。その理由
は以下のとおりである。

　第1にあげられるのは、超高齢者は所得を獲得する能力を欠いた存在、つ
まり、所得を獲得する能力をもつ人々にとっての負担、あるいは、コストとし
て把握される傾向である（近藤, 2013）。これらの研究の視点は、人的能力
を各人の稼得能力や所得獲得能力として把握している点に特徴がある。

　したがって、高齢化は経済資本の減少、所得獲得能力の低下を意味し、
超高齢者は（所得獲得能力の高い）現役世代からの世代間所得再分配によっ
て支援される存在となる。この結果、超高齢者層全体がマイナスイメージで
把握され、人々の意識下においては負の像が共有されていく。

　第2にあげられるのは、人的能力を経済資本として、経済的価値を生む「元
手」あるいは、「元本」として把握していることである。人的能力を経済資本
としての把握に限定する学説は、J. M. ケインズによれば、J. ベンサムの学説
に由来し、このような経済資本にすぐれた人間が生存競争の勝者として生き
残る（ケインズ, 1971）。

　しかし、人間を人的能力としての経済資本や稼得能力のみに限定するの
ではなく、それらを獲得する前提条件ともいうべき潜在的諸能力の獲得過程
にまで視野を広げる必要がある。そうすれば、「稼ぐ」には職業能力が必要

であること、職業能力を身につけるには、幼児期には家庭における人格形成教育、地域における社会教育や義務教育、後期中等教育、職業教育や高等教育などの学校教育の存在が浮かび上がってくる。

　現代社会においてこれらの教育システムは、その原点をイギリス工場法の教育条項のなかにもっており、労働時間の短縮や社会保障制度、人間発達を保証している[4]。工場法の成立に注目して論じると、労働時間と生活時間が区別され、自由な生活時間が保障された。その結果、都市を中心に、工場法の教育条項、保健条項などが教育制度や公衆衛生制度を生み出して、学習社会の人的能力形成と健康を支えてきたのである（十名, 2018）。

　本来は、労働者一人ひとりの発達や生きがい、生活の質をも取り扱わなければ稼得能力の形成の前提条件は解明できない（金子, 1990）。だが、大量現象としての高齢化に焦点が当てられた結果、超高齢者の評価は負担感ばかりが強調される。このような視点では、超高齢者の地域貢献を通じた家族や地域の発展、さらには少子高齢化社会からの脱却という未来への道筋は見出されない。

## 3-3　超高齢者の潜在能力

　人間発達の経済学における「潜在能力」の視点は、超高齢者への新たな理解を示唆してくれる。1980年代、アマルティア・センは、商品開発の経済学から人間発達の経済学へという、経済学のパラダイム転換を提起した。そこでセンは、人間の幸福な状態や福祉の水準は、人が達成に成功する「機能」（人がなしえること、なしうること）と、人がこれらの機能を達成する「潜在能力」に関心を寄せている。また、「貧困は単に所得が低いというよりも、むしろ基本的な潜在能力の剥奪である」と指摘する（セン, 2000: 99）。

　このことを、超高齢者の現実に当てはめるならば、年金等の充実で最低限度の所得は保障されているものの、活動の場や社会的役割から離脱して暮らす高齢者／超高齢者にとっては、自己実現や生きがい創造の機会は閉ざされる。そのような環境下では、物質的には豊かな生活であったとしても、いわば潜在能力のはく奪状態として、精神的な生きがいを感じられない人も出

てこよう。

　現に、祭りや伝統行事が希薄になった都市部では、日常的なつながりや共同行事も薄れ、それに伴い地域の多様な職人能力も衰退している。超高齢者が地域で潜在能力を発揮する機会も少なくなっている。これらが引き起こす、都市部における人々の孤独化や孤立は、大きな社会問題でもある。

　一方、文化経済学の視点からとらえる超高齢者は、地域コミュニティにおける自然や伝統文化から学びつつ、これまでの経験、熟練した技やノウハウを蓄積し、目には見えない無形の文化資本を身体化した存在としてとらえられる（スロスビー, 2002 : 78-102）。

## 3-4 超高齢者の幸福感

　幸福の基礎としての文化と経済の関係は、量産体制下では矛盾すると考えられてきた。しかし、両者は、多品種少量生産システム時代の到来のなかで、祭りや民俗芸能、農林漁業や地場産業などの発展と相互補完的であるとの研究が進んできた（池上, 2012）。

　文化経済学からは、心理学が発見した超越の境地を、幸福を実現する近道の発見と実践による文化資本の充実として位置づけることができる。そして、この道の生き方を構想する力量を身につけた人々として、超高齢者が位置づけられる。他方、超高齢者は文化資本を身につけているだけでなく、人生の各段階でそれぞれに自らの生き方を構想・創意工夫として蓄積し、最終段階では最適なものを選択するという事実も重要な意味をもつ。

　さらに、ここでは、人生における構想力、あるいはノウハウともいうべきものを経済学ではどのように位置づけているのかに言及すると、経済学において、このようなノウハウを生産の基礎的要素として位置づけたのは、K. E. ボールディングであった。彼は、経済資源の3要素（ノウハウ・物質・エネルギー）を最適に選択すれば、最適なエネルギーによる資源（自然・人間・産業・生活などの諸資源）の有効活用が可能であることを論じている（ボールディング, 1987 : 26）。この視点は、超高齢者の幸福（健康）と人間発達を実現しうる構想力ともなる。

加えて、スウェーデンの社会学者L.トーンスタムは、加齢に伴う幸福感の増大をポジティブな発達ととらえる「老年的超越」理論を提示した。超高齢者は、身近な人との別れや心身機能の低下など、社会的にも心理的にも喪失観が深まる。しかし人には、喪失を超えるポジティブな精神的発達があり、現役世代とは異なる価値観や世界観の変容があり、そのことが幸福感の増大につながることを実証したのである（トーンスタム, 前書, 2017）。

　またJ.エリクソンは、従来の8段階のライフサイクルに第9段階の超高齢期を設定し、この期の課題を老年的超越と位置づけた（エリクソン, 2001）。

　同様に、生涯発達心理学者のP.バルテスは、SOC（selective optimization with compensation：選択的最適化）理論から、人は加齢に伴う機能低下や喪失に対し、元の状態に近づける方略として一連のプロセス（目標の選択、資源の最適化、補償）を発達させ、それまでの水準を維持しようとすることを明らかにした（Baltes,1997）。

　これらの理論からは、超高齢者は構想力（ノウハウといえる）によって、少ないエネルギーを最適化した行動をとっていることが明らかとなる。

# 第4節　地域コミュニティへの視座

## 4-1　老いの経験に光を当てる

　高齢者が多数を占める今日の時代には、これまでの現役世代の価値観である経済的・物的財や資本への貢献度ではなく、老いの経験を無形資産（価値）や社会の共通資本として、社会経済的に考察するプロセスや老いの潜在能力を経済学的に考察することが求められている。

　しかし、近代化や高度成長、都市化の進行、農村における稲作文化の衰退などによって地域固有の文化は弱体化し、無形資産の有用性については文化財保護などの対象とされているにもかかわらず、社会経済的には一瞥もされていない。また、従来の社会経済学においては、無形資産の研究は、知的所有権や財産権を有する資産に限定される傾向にある（後藤, 2006）。そのため、自然資本と共生する文化資本としての無形資産の研究は、民俗学な

どで触れられてはいるものの研究の蓄積がない。

　このようななかで本書では、かつての日本の伝統的共同体に一般的にみられた、祭りや習慣、結いを媒介とした無形資産に注目する。これらは、互いの生命や生活を尊重しあう相互支援・互助の人間関係のなかで形成されていたものである。

　さらに社会経済的視点からみると、個人は孤立した存在でなくさまざまな経済・社会関係を築き、歴史的背景をもつ社会的存在である。自然や風土と共生し、家族や社会集団、地域コミュニティと関わりながら暮らすかつての生活では、超高齢者は知恵者としての役割があり、潜在能力を発揮する居場所があった。

　例えば、『老いへのまなざし：日本近代は何を見失ったか』の著者の天野正子は、民俗学者宮本常一の『忘れられた日本人』のあとがき[5]に触発されて、この本を書いたと述べている。その理由として、宮本の話には、「狭くて息苦しい、利害の衝突しがちな村共同体のなかで、常に共生の可能性を求めてきた老人の『知』のありようが見てとれる」と記している。その根拠に、

　　「老人の知が持つ有効性は、長年にわたる経験のなかで蓄えられてきたことだけにあるのではない。それが世俗の秩序に拘束されない自由さを持っているからである。そこにあるのは衰退した老いの姿ではない。村の歴史の流れを見通し、共生への志を持った老いの姿である」（天野，2006：20-24）。

　これは遠い昔の日本の姿ではない。5、60年前の普通の老いの姿である。老人は経験や叡智、ノウハウの発揮によって、地域で重要な役割を果たしていたことがみえてくる。共同体の基盤が残る奄美の超高齢者の、生き生きとした老いの姿を解明するうえでの重要な視点となる。

## 4-2　文化資本と経済資本の再分配

　超高齢者層の文化資本と次世代のもつ経済資本との相互連関・交流とし

ての文化資本と経済資本の再分配システムは、以下のように考えられる（序-4）。

　健康長寿を体現している超高齢者は、豊富な人生体験のなかで伝統・祭礼文化や仕事・生活における知識やノウハウ、職人の力量などを文化資本の核として蓄積している。超高齢者は地域の産業や文化を再生産する担い手でもある。

　一方、超高齢者がこのような機能を発揮しうる経済的な基礎は、前述したように、社会保障制度や敬老慰労金などの制度であり、次世代から超高齢者への所得の再分配が行われる。潜在能力を発揮できるコミュニティでは超高齢者は自己の文化資本を活かして、次世代との学びあい・育ちあいの交流の場を通じ、地域における文化の再分配システムが機能するのである。

　これら再分配システムに注目し、奄美のシマにおいて文化資本と経済資本の分配がどのように機能しているのか、実証を通じて明らかにする。

## 4-3 文化資本を活かした長寿地域の経営

　本書では、自然環境や社会・経済環境、地域での超高齢者の役割などについて研究の視野を広げていく。すると、超高齢者は自然環境を保全しつつ、人と人との信頼関係を持続的に発展させる力量を身につけた存在であることが明らかとなる。

　超高齢者は、先覚者の実践や知恵、徳などから学び・継承するなかで、

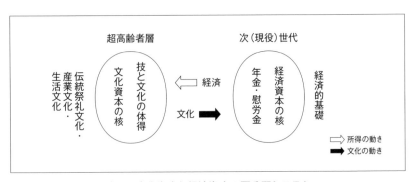

**序-4　文化資本と経済資本の再分配システム**

個々人は多様で質の高い文化資本を体得していることがみえてくる。さらに、体得したこれらの力量を活かして、目に見える（と目に見えない）文化資本を生み出すことができる。

遠野市や京丹後市の長寿地域では、目に見える自然資本（美的景観や健康環境づくり）、目に見える文化資本（神社仏閣、住まい、学校、文化財、建築物やまち並みづくり）、目に見える社会関係資本（公共の広場、公民館・公共施設など）は、集落の自治の力によって保全・維持・発展されていることがみえてくる（冨澤, 2015；2018b）。

このことを奄美のシマに当てはめてみると、奄美には日本の各地で廃れていった伝統的共同体の基盤が残っており、祭りや年中行事などが継承されている。環境整備への共同作業の取り組みも多くある。相互扶助や結い、きずな、つながりが強固で、そのようなコミュニティの基盤が地域要因や支援要因となって、長生きを楽しんでいる超高齢者の存在が明らかにされる。

柳田國男は、「祭りの最大の働きは共同の歓喜を与えることであり、それを次世代に伝える点にある」と記している（柳田, 2004：444-447）。つまり、祭りへの参加を通じて地域のきずなやつながりは強化され、それは自らの出自とアイデンティティを確認する場ともなって、地域への愛着も強くなる。超高齢者は祭りに欠かせない伝承者として、潜在能力をますます発揮させることになる。

長寿地域には、豊かな自然の恵みの「自然資本」、つながりや信頼の「社会関係資本」、伝統行事などの「文化資本」など、経済資本には還元できない豊かな資源が存在している。奄美のシマに着目し、文化資本が活かされた健康長寿の地域経営を考察する意味がここにある。

一方、都市部では、高度成長期の人口流入のなかで宅地化が進行し、伝統や祭りなども衰退している。退職後の高齢者／超高齢者は地域コミュニティの希薄化のなかで孤立し、地域のきずなが結べない状況にある。都市部におけるコミュニティの再興、役割や居場所の創出が、高齢者／超高齢者のみならず世代を超えた課題となってきている。

## 4-4 健康長寿のまちづくりへの視座

　昨今、従来の医療や福祉行政の枠にとどまらない、都市政策としての健康長寿のまちづくりが注目されている。国や自治体、先進企業では、超高齢社会への挑戦として、積極的な取り組みを始めている（辻総監修, 2017）。

　ここには、団塊世代が後期高齢者となる "2025年問題" に象徴される、介護問題への解決が急務だという危機意識が共有されている。加えて、健康長寿のまちづくりの推進には、健康寿命だけを取り上げても個人のモチベーションにはなりえないという認識がある。

　つまり、「人は長生きのために長生きするのではなく、家族と自分の関係や地域における自身の存在意義を背景として元気に活躍するのであって、そういう意味でコミュニティの有無は超高齢社会に大きな影響を及ぼす」という指摘である（辻, 前書, 2017: 7）。

　これまでの健康寿命重視という視点から、コミュニティのなかで自分がどう生きるかという視点も重要であるということが、認識されるようになってきたのである。今後、長寿超高齢社会にふさわしい健康長寿のまちづくりを進めていくには、地域コミュニティの再生によるつながりやきずなの構築、超高齢者と次世代との世代間共生・協働の課題が横たわっている。

　それゆえ、地域固有の自然や祭り、伝統行事や生活文化、習慣を再評価し、信頼のコミュニティづくりに活かす。つまり、家族・近隣・地域・多世代がつながって、そのような地域コミュニティを創造していくことこそが、長寿時代到来のなかでの誰もが幸せな健康長寿のまちづくりの創造となろう。

　そのためには、長寿地域の人々の経験と、地域のきずなが希薄になった都市住民が互いの資源を交換しあい、健康長寿を共有する新たな仕組みづくりも必要となる。


## 4-5 奄美の伝統と協働のダイナミズム

　超高齢者の長寿と人間発達を導く要因には、地域文化やノウハウを次世代へつなぐという主体的な役割意識と潜在能力を発揮しうる過程のなかで、受動的な幸福感だけでなく、能動的で超越的な幸福感を深化していくことが

解き明かされる。

　しかしながら、現状では、超高齢者の地域貢献や能動的な老いがもたらす健康長寿の効用や、それを支える地域コミュニティの役割に焦点を当てた研究は未開発であることが指摘しうる。本書が、伝統的共同体の残る長寿地域「奄美」のシマの文化資本や社会関係資本に注目し、超高齢者の長寿と幸福感を紐解く理由がここにある。

# 第5節　本書の構成

　本書の構成は、序章・終章を含めて3部、11章から構成される。序章では、長寿超高齢社会における人間発達と地域コミュニティ・アプローチとして、本書の中心となる課題を明らかにし、本書全体を通観している。

　第Ⅰ部は1〜3章で構成される。第1章は、超高齢期の機能と適応に関する章で、対象者である超高齢者理解を老年学分野をベースに、生物学的・心理学的・社会学的特性を明らかにするとともに、精神的次元にも注目する。本書での超高齢者理論の根拠や超高齢者に対する人間理解の枠組みを明確化している。

　第2章は老年的超越理論をベースに、老いの成熟の多様な側面、価値観や世界観の変容を経て幸福感の高まるポジティブな心性を整理している。第3章では、奄美のシマの伝統的共同体の今日的意義・役割、長寿時代の地域経営を実現している内部の諸要因を理論的に整理している。特に、祭りや伝統行事を継承してきた共同体の機能に注目し、長寿を支える地域経営の今日的意義、さらには、健康長寿のまちづくりへの可能性を探っている。

　第Ⅱ部は4章〜6章で構成され、第4章では、健康長寿の基盤には、奄美の歴史や自然との共生を軸とした生活があることが明らかにされている。特に、これまで注目されてこなかった奄美の閉じられた（秘められた）歴史を紐解くことから、現在の長寿と子宝を実現している奄美の人々の大らか（寛容）な精神性を明らかにしている。

　第5章では、奄美のシマの伝統文化と超高齢者の役割に焦点を当て、そ

の基盤にある祈りの生活空間や祭り、伝統行事が奄美の人々の精神的風土をどのように形作ってきたかを明らかにする。そのため、文化資本を活かしたシマの地域経営という視点と、そこに機能する社会経済システムに注目し、論じている。

第6章では、長寿多子化を支えるシマの現代版結いに焦点を当て、フィールド調査、インタビュー調査、アンケート調査から論じている。特に、超高齢者の自立が相乗効果となって、共同体と個（人）の良好なバランスが保持され、双方向の機能が現代版結いとなって社会関係資本を豊かに形成し、長寿多子化と幸福な老いを実現していることを明らかにしている。

第Ⅲ部は、超高齢者の老いと文化にかかわる実証で、第7章から第9章の3章で構成している。第7章では、超高齢者の老いと老年的超越に関するアンケート調査の結果から考察している。数量データを統計ソフト（SPSS）で分析し、高齢者と比較しながら、超高齢者の地域愛着度や生活満足感等の高さなどを明らかにしている。また、探索的因子分析からは「老年的超越」の下位次元として、「宇宙的超越」、「自我超越」、「執着の超越」の3つの次元を導出している。「執着の超越」は北欧の調査からは抽出されていない次元である。

第8章では、インタビュー調査である。超高齢者の語りの文脈に密着し、そこからコア概念を生成していく、質的手法の1つであるM-GTA（修正版グラウンド・セオリー・アプローチ）法で分析し、老年的超越を形成する三層構造を明らかにしている。コア概念として、「目標は100歳」が導き出されている。

第9章では、在宅死が8割を超える与論島の実態と看取りの文化に注目し、在宅死の継承要因と超高齢者の死生観や幸福感について、インタビュー調査やフィールド調査から明らかにしている。

終章では、本書で発見されたことの総括と、長寿多子化と生涯発達への展望についてである。

# 超高齢期の人間発達と
# 地域コミュニティ

　人は誰でも幸福で生きがいに満ちた、心豊かな生涯を過ごしたいと願っている。かつての人生50年の時代は、仕事に従事する「本生」に対し、引退後の生活は「余生」と呼ばれ、そう長くない隠居の期間を経て死を迎えた。

　しかし、人生100年を迎えようとする今日の時代は、現役で働いた期間と同じくらいの長い老いの時間が用意されている。

　そのため人々の関心は、長期化した高齢期の生活において、死までの長い老いの期間に適応して、いかに健康で幸福な老後を過ごすかにあるだろう。

　第Ⅰ部は、超高齢期における人間発達とそれを支える地域コミュニティをテーマに、老年学や心理学、社会学、経営学、文化経済学などの学際的分野の成果を踏まえ、理論的に考察していく。

　本研究の対象者である奄美の超高齢者の特性と人間発達、奄美のシマの地域コミュニティと地域経営を解読し、第Ⅱ部以降の実証編の分析基盤となる部分として構成している。

# 第1章

# 超高齢期の心理学的・生物学的・精神的理解

## 第1節 老年学の意義

　老年学 (gerontology) は人間の学である。老化を生物医学的、精神心理的、社会的に追及する包括的学問であり、人間の生き方、社会のあり方にも示唆を与える学問である (小澤, 2010)。なかでも、筆者の専門領域である社会老年学に課せられた課題は、幸福な老い (サクセスフル・エイジング) の実現のための必要条件を明らかにすることである (佐藤, 2000)。

　わが国の老年学の嚆矢は橘覚勝とされる。橘 (1971: 15-27) によると、高齢者に関する研究は19世紀に老衰 (senectitude) の発見があり、やがて「人間を老いと死からまもる」という考察から老年学が誕生した。老年学は、高齢化が早く進んだアメリカにおいて研究が進められ、1944年にはアメリカ老年学会 (GSA) が設立されている。

　橘は、老いや高齢期は老衰を意味するネガティブな含意から理解するのではなく、エイジング (ageing；歳を重ねる) という中立的な概念からみていこうという機運が、老年学を誕生させたと解説している。

　ところで、長寿先進国といわれるわが国の高齢者一般に対する評価はあまり高くない。この理由に鷲田清一は、急速な高齢化によって「老いの文化」を作り上げる前に介護問題、認知症への危機感など、長寿の陰の部分がクローズアップされたことを指摘する (鷲田, 2015: 3)。天野は、「人間が作り上げてきた文化や文明は長寿をもたらし、長寿を『老人問題』にしたてあげてきた」と批判する (天野, 2006: 11)。

　わが国の高齢者観が否定的であることは国際比較からも明らかで、特に

祖父母との交流がなく、「生身」の高齢者を知らない若い世代の高齢者像は、老化、ボケ、頑固などステレオタイプ化したイメージがある。若者が抱くこのような高齢者像はマスコミが作り出したイメージと、政府の高齢者対策の投影結果とみられている（古谷野, 2003）。

　一方で、このような高齢者観を生み出した一端には、社会老年学分野における研究不足が指摘される。柴田博は、大多数の自立した高齢者の"ごく普通"の老いのパターン（正常老化）を明らかにする研究が少ないことや、"ごく普通"の老いに対する正しい情報を提供してこなかったことなどをあげている（柴田, 2004）。

　加齢に伴う機能低下の側面ばかりが強調され、老いの経験や叡智、潜在能力に光を当てる研究が多くならないと、若い世代にとっても老いる未来は絶望でしかないだろう。本章では、超高齢者のポジティブな側面の理解を進めていく。

# 第2節　加齢と人格発達

　本書が対象とする超高齢者[6]は、長寿化のなかで人口の割合が増加している層である。しかし、超高齢期は生物学的にも社会的にもネガティブな時期、つまり、長寿のジレンマが現れる時期と位置づけられる。そのため、心身機能に研究の焦点が当てられ、超高齢期の心理適応に関する研究は少ない。さらに、超高齢者の幸福感に関する心理学的研究はさらに少ない状況にある（権藤, 2016）。ここでは、加齢と人格発達の側面の理解を進めていく。

## 2-1 「こころ」の加齢

　加齢に伴う負の影響のなかでも、「こころ」の加齢の影響は大きい。権藤恭之は、生物学的側面と社会的側面からなる「こころ」の加齢モデルを設定する（1-1）。生物学的側面からみた加齢には、正常加齢と病的加齢の2パターンがあり、正常加齢は、純粋に時間経過によって生じる生理的変化である。病的加齢は、認知機能の低下など、心理的加齢に対しマイナスの影響を与

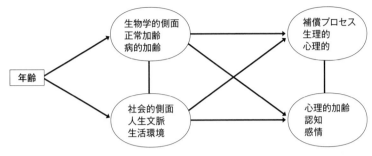

出所：権藤（2008：24）から筆者作成

**1-1　生物学的・社会的側面からなる「こころ」の加齢モデル**

える要因となるものである（権藤, 2008）。

　一方、社会的側面の加齢は、対人ネットワークや外出頻度、社会参加などの対人交流の減少に代表され、年齢が高くなるほど対人交流の量や機会は減少する。これらは加齢に関連する現象とされる。

　社会的側面の加齢が心理的加齢に与える影響には、直接的（配偶者との死別など）と間接的（趣味活動の中断による対人交流の減少など）なものがある。これらは、精神的健康度の悪化や認知機能の低下に影響する。ウイルソンらの高齢者追跡調査結果からの示唆として、本や新聞を読んだり博物館に行ったりするなど日常生活において知的活動が多いと、アルツハイマー症の発症リスクが低下することが紹介されている。また、スターンの「use it or lose it」（使わなければ衰える）という概念モデルを紹介し、日常生活において認知機能をより多く使う生活が脳のネットワークの発達を促し、脳の予備力も高まることを指摘している（権藤, 前書）。

　以上から、対人関係などの減少が「こころ」の加齢に与える影響は大きいことが確認される。このため、超高齢期には、①量より質の対人関係や親密な他者の存在、②周囲とのつながりを感じる環境、③趣味などの日常の楽しみを見つける暮らしなど、寂しさを感じない環境づくりが重要であり、いつまでも生き生きと活動する（心を加齢させない）要因として浮かび上がってくる。

## 2-2 SOC（選択的最適化）理論

　一方で、人はそれら喪失を甘んじて受け入れるだけではない。人は喪失に対し補償のプロセスを発達させ、加齢に伴う機能低下の影響を激弱化させようとする。前述したSOC理論である（Baltes, 1997）。その対処法を示すものとして、ピアニストのルービンシュタインが引用される（1-2）。

**1-2　80歳のピアニスト・ルービンシュタインのインタビューのSOC理論の適用**

> 質問：どうすれば、いつまでも素晴らしいピアニストでいられるのか？
>
> 回答1：演奏する曲のレパートリーを減らす（選択）
>
> 回答2：少ないレパートリーに絞って、その練習の機会を増やす（最適化）
>
> 回答3：指の動きのスピード低下を隠すためにテンポに変化をつける（補償）

佐藤（2007:22）から筆者作成

　このような実践例は、奄美の超高齢者の暮らしからもみることが出来る。


## 2-3　超高齢期の機能特性

　バルテスらの心身機能調査からは、超高齢期はさまざまな機能の喪失が特徴の年代と位置づけられている。高齢期に比べて疾病数の増加、基本的ADL（日常生活動作）の低下、要介護率の高さ、認知症の有病率などが増加する。加えて、正常老化の過程でも記憶力の低下、意味記憶の低下、対人ネットワークの縮小が顕著となる。このことからバルテスは、超高齢期は人間としての尊厳を保つことが困難な年代として、サクセスフル・エイジングに否定的である（Baltes, 1999）。

　日本における権藤らの都市部在宅の超高齢者調査からも、超高齢者の42％が何らかの介護が必要であること、介護を必要としない場合でもADLの完全自立は70％程度であるなど、脆弱者が増加する実態を明らかにしている（権藤ら, 2005b）。これらから、超高齢期は機能低下が著しく、依存・不活発の時期としてとらえられる。

　一方で、前述したエイジレス・ライフ実践事例では、年齢に捉われずに新たなことに挑戦し、生き生きと活動する超高齢者が紹介されている。さらに、

100歳を超えても仕事や趣味に活躍するスーパー老人の事例は枚挙にいとまがない。元気な超高齢者が身近に多数存在する時代が到来している（京丹後市, 2014; 2015）。

しかし、わが国の超高齢者研究は医療・福祉・介護の側面からの研究が主として展開されてきたことから、超高齢者のポジティブな部分はあまり明らかにされていない状況にある。

## 2-4 超高齢期の認知機能

超高齢期の認知機能の傾向では、日本における認知症の有病率は、65〜70歳では約3％であるが、85歳以上では30％になると推定されている（大塚, 2001）。90歳以上では約40％、100歳では50〜100％と研究によって幅があるが、加齢に伴って、認知症の有病率や発症率は上昇する傾向にある。

一方で、若年高齢者では秩序破壊的（徘徊、ものを投げるなど）認知症が観察される段階に達しても、超高齢者では行動的な認知症状が現われない場合がある。超高齢期の認知機能の特徴は、認知症の発症やその様態が若年高齢者とは異なるということである。

## 2-5 超高齢期の人格発達

超高齢期の人格発達と人格特性について、知能とエネルギッシュという特性は高齢期から超高齢期にかけて低下するが、一方で、調和性の人格は高齢期で上昇し超高齢期で維持される（下仲, 2002）。同様の傾向は、人生満足度の研究結果からも支持されている（鈴木ら, 2003）。

調和性は心が広く率直で明るいといった特徴や、あらゆるものを受容するといった特徴をもち、これらは長い人生経験のなかで育まれた社会化の成熟の成果とも解釈され、超高齢期の人々の穏やかさが反映されているとされる。

さらに、自己概念の年齢差分析からは、高齢者群も超高齢者群も中立的で客観的な自己評価が多く、また肯定的評価が否定的評価を上回っているなど、従来あった加齢に伴い喪失感情が増すというステレオタイプを否定している。

なお、百寿者は長寿の優等生として、これまで数多くの長寿と性格との関連研究がなされてきたが、一致した百寿者の性格特性としては、開放性の高さのみである（廣瀬ら, 1999）。

　一方で、長寿者にとっての弱点として、自信が強い、支配的、勝気、疑い深さが、いくつかの百寿者調査から確認されている。しかし、疑い深さは人生の前半では弱点となるが、逆に超高齢期では自分を保護する機能、人に騙されることを防ぐなど、生き残りの勝者である百寿者の上手な適応様式とも論じられている（下仲, 前書, 2002）。

　超高齢者を対象とした調査が進むにしたがって、これまでステレオタイプで理解されてきた超高齢期の人格特性が見直され、多様な超高齢期の人格特性が明らかにされてきているといえる。

## 2-6 超高齢期の幸福感

　超高齢期は機能側面では、加齢に伴う明確な低下が観察されるが、心理側面での加齢の影響は弱いことが報告されている（権藤ら, 2005a）。この傾向は、介護が必要な集団と介護が必要でない集団に分けても、両群での違いは確認されていない（権藤ら, 2005b）。

　超高齢者の健康観や幸福感には、機能低下が与える影響は少ないということである。さらに、鈴木瑞枝らは85歳と90歳高齢者の人生満足度の因子構造を調べ、85歳から90歳に向けての人生満足度の大きな要因として、楽天的気分が重要であること、また90歳の介護が必要な群においても、人生に対する積極的姿勢がうかがえたと報告している（鈴木ら, 2003）。

　加えて、超高齢期には身体機能の低下にかかわらず幸福感は高まる現象（エイジング・パラドックス）が明らかにされている。この現象は筆者の調査からも実証されている（冨澤ら, 2010）。

# 第3節 生涯発達からとらえた超高齢期

## 3-1 生涯発達心理学とは

　生涯発達心理学は、life-span developmental psychologyの訳で、一口でいえば「人間の一生涯を見通しながら発達を考えること」を提案する心理学である（高橋ら, 1990）。つまり「発達」は、青年期の「成長・成熟）」で終局するのではなく、生涯プロセス（社会的知識、知恵、叡智等の特徴とその変化）とする見方である。

　生涯発達心理学者のバルテスは、生涯発達心理学を特徴づける重要な7つの理論的観点を述べている。

① 生涯発達：個体の発達は生涯にわたる過程であり、連続的（蓄積的）な過程と不連続（革新的）な過程の両方が機能する。
② 多方向性：個体の発達を構成する変化は多方向性を示す。
③ 獲得と喪失としての発達：発達の過程は量的増大という成長ではなく、全生涯を通じて、常に獲得（成長）と喪失（衰退）が結びついて起こる過程である。
④ 可塑性：個人内での大きな可塑性が心理学的発達に見出され、その個人の発達の道筋はさまざまな形態をとり得る。
⑤ 発達は歴史に埋め込まれていること：個体の発達は歴史的文化的な条件によって多様であり得る。
⑥ パラダイムとしての文脈性：個々の発達の道筋は発達要因の3つのシステムの間の相互作用の結果であること。その要因とは、年齢に伴うもの、歴史に伴うもの、そのような規準のないものである。
⑦ 学際的研究としての発達：心理学的発達は、人間の発達と関係する他の学問領域（例えば人類学、生物学、社会学）によって理解される必要がある。

　以上の観点は、人生経験を重ねてきた超高齢者理解に示唆を与えてくれるもので、特に⑦は本書の学際的研究の展望につながる指摘と受け止める。

一方、やまだようこは喪失の発達的意義に着目し、人生前半の課題が「いかに獲得していくべきか」だとすれば、人生後半の課題は「いかに失っていくべきか」であると指摘する（やまだ, 2002）。超高齢期は機能低下や社会的役割、親しい人の死などの喪失とともに、自らの死が身近になる時期でもある。これらの喪失感が家族やコミュニティとの関わりのなかで、超高齢期の発達や幸福感にどのように影響し、人格形成に影響するかなどの検討も重要となる。

## 3-2 ライフサイクル論

エリクソンは、ライフサイクルを8つの段階に分類した自我発達の図式を提示している(1-3)。各段階には、心理社会的課題として、同調要素（発達課題）

| | | | | | | | | | |
|---|---|---|---|---|---|---|---|---|---|
| IX | 超高齢期 | | | | | | | | 老年的超越 |
| VIII | 老年期 | | | | | | | 統合<br>対<br>絶望<br>**叡智** | |
| VII | 成年期 | | | | | | 生殖性<br>対<br>自己没頭<br>**世話** | | |
| VI | 青年前期 | | | | | 親密性<br>対<br>孤独<br>**愛** | | | |
| V | 思春期 | | | | アイデンティティ<br>対<br>混乱<br>**忠誠** | | | | |
| IV | 学童期 | | | 勤勉性<br>対<br>劣等感<br>**才能** | | | | | |
| III | 児童期 | | 自発性<br>対<br>罪悪感<br>**決意** | | | | | | |
| II | 児童初期 | 自立<br>対<br>恥と疑惑<br>**意志** | | | | | | | |
| I | 乳児期 | 基本的信頼<br>対<br>基本的不信<br>**希望** | | | | | | | |

第9段階はエリクソンら（1990:35）より筆者が加筆

**1-3 ライフサイクル：自我発達の図式**

と失調要素（危機）がある。それぞれの段階で重要なのは危機の比率であり、そのバランスが同調要素に傾いた時に、生きて行く力（strength）が生まれると説明される（エリクソンら, 1990）。

さらに、ペック（Peck, 1975）は、エリクソンの高齢期をさらに細かい時期に分けて、各時期の具体的な発達課題と危機を定義している。それによると、①自我の分化対仕事役割への没頭の時期（引退の危機）、②身体の超越対身体の没頭の時期（身体的健康の危機）、③自我の超越対自我の没頭の時期（死の危機）である。①は前期高齢期、②は後期高齢期、③は超高齢期と理解することができよう。

生涯発達心理学の視点は超高齢者の内的世界を理解する物差しとなる。本書が対象とするのは、J.エリクソンが設定した第9段階の超高齢者である。

### 3-3 第9段階（超高齢期）の発達課題

J.エリクソンは夫エリクソンの死後、自らが93歳という超高齢期に達し、ライフサイクルに第9段階を設定する。（エリクソンら, 2001:151-165）。

> 「第8段階で出没した絶望は第9の段階では切っても切れない道づれとなり…第9段階の老人は、叡智が要求するような良好な視力や鋭敏な聴覚を持っていないのが普通なのである」。

加えて、「80歳代や90歳代には、多くの新たな困難や喪失体験、身近な人々の死に遭遇し、自分自身の死がそう遠くないことを感じるに至るが、これらの喪失を生き抜く確固とした足場がある。それは、人生の出発点で獲得した基本的信頼感という恵みが人には与えられているからである」と論じる。

彼女は、第9段階のさまざまな失調要素を甘受し、これを乗り越えるには「老年的超越」に向かう道に前進することであると示唆する。

また、老年的超越とは「メタ的な見方への移行、つまり物質的・合理的な視点からより神秘的・超越的な視点への移行である」と、トーンスタムの定義を引用して紹介している。一方で、「老年学者が『老年的超越』という用

語を使う時、彼らは、記述しうることを可能な限り明確に明細化して述べることをしない。彼らは老人が老年期の危機に向きあうなかで獲得し遺していくものに十分な考慮を払っていない。彼らはまた、（老人が与える）新たな肯定的な精神的贈り物についても十分な探究を行っていない。多分彼らは若すぎるのだ」と批判的である。

　本書では、J.エリクソンが示唆する「（老人が与える）新たな肯定的な精神的贈り物」について、第Ⅱ部の実証編で探っていきたいと考えている。

# 第4節　超高齢期における老いと死の受容

## 4-1 経験からくる老いの発達

　生涯発達心理学は、自我発達を生涯にわたる過程とみなす立場である。超高齢者が喪失の時期と対峙し、いかに適応していくかは重要な課題となる。

　デューイの「連続性の原理」では、現在の経験は過去の経験から生まれ、それが未来の経験へ流れていくと論じる。人は、経験の再構成を通じ成長していくととらえる（デューイ、2004:127）。

　森有正は、人間の経験について「体験」と「経験」の2つからその違いを解説する。体験は「経験のなかにある一部分が特に貴重なものとして固定し、その後のその人のすべての行動を支配するようになってくる」。しかし、本当の経験とは、「経験の内容が、絶えず新しいものによって壊され、新しく成立し直されていく」。したがって経験とは、「未来に向かって開かれるもので、経験の成熟は人間の内面を超えていくことを意味するものである」と解説する（森、1970）。

　デューイや森が指摘するように、本当の経験は固定化するものではなく、経験を重ねて発達していくものなのであろう。超高齢者は、経験から学びを深めそれらを蓄積していく。その過程で経験の層が厚く多様に変容していくのであろう。経験が潜在能力を開花させ、先駆的な価値観や世界観を形成していく。超高齢者が、若い世代にはない高い倫理性や利他性、深い文化

的考察を高めていく存在となりうる所以であろう。

## 4-2 超高齢期における老いの受容

　超高齢期には、身体機能の低下に連動して幸福感は低下しない。このことを、「老いの受容」の側面から紐解くこととしよう。

　臨床医の横内正利は、老いの受容について、「加齢によって生じる身体・生理・生活の全般的な機能低下を、老いに伴う生活機能障害としてやむを得ないと受容すること」と説明する。そして、超高齢者が満足した生活を送るカギは、「老いの受容」にあるとする。

　それは、自己実現に向かって生きてきた第一の人生から、他人の助けを借りながら、淡々と暮らすという生き方への転換とみる。そして、「老いの受容」は手段的ADLに援助が必要になった時期と関連すると述べている。したがって、老いを受容できた超高齢者は大筋で現状に満足し、非高齢者が想像するより、はるかに生き生きとした生活を送っていることを明らかにする。

　しかしながら、「老いの受容」は個人差が大きく、ADLの低下と共にいつの間にか受容する場合と、老いが受容できない場合も少数ながら存在する。一方で、欧米の自立を人生の目的とする生き方と異なって、日本の超高齢者は（完全自立を目指すより自分でできる範囲の自律を目指すので）、老いの受容を受け入れやすく、生きやすくなるのではないかと述べている（横内, 2001）。

　田中毎実は「"老いの受容"とは、自分の現在、膨大な過去、切り詰められた未来のすべてを含めて、"人生の全体を受け容れる"ことである」と述べる。つまり、老いの受容にはこれまでの自分の生き方・関係してきた人々、起こった出来事のすべてを「良し」として受容することにほかならないとする（田中, 1994）。

　奈倉道隆は、高齢期の精神機能のなかには、身体機能の低下と連動して深まっていくものがあるとする。人は歳をとるにつれ結晶性知能や感性が豊かになるのは、死を見つめ、限りある命に気づくことで、ただ生きるということに飽き足らず、生きることの意味を探求する所以ではないかと論じている（奈倉, 1999）。

このように、人は社会的・生理的機能の両面で喪失感が増大する時期を生きるために、心を変容していくという発達的視点や、老いが導き手になってこれまで見えなかったもの、これまで感じられなかったものを感じる感性が豊かになるという指摘は、奄美の超高齢者を理解する上で重要な示唆と言えよう。

　次に、死の受容との関係から超高齢期の心理理解を深めていくこととする。

## 4-3 超高齢期における死の受容

　前述の田中は、「高齢期において人は死を真に受け止めるようになる」という、ジャンケレヴィッチの言葉を紹介し、死を「真に受けとめる」とは3つの相からなるとする。1つ目は、抽象的な概念だった死が現実の出来事として当人に現われること。2つ目は、他人事であった死が自分自身の問題になること。3つ目は、身近な死に立ち向かわなければならなくなること。特に両親の死をきっかけに今度は私の番として死の接近を意識するようになると論じる。

　超高齢期に至る人生では、さまざまな別れや喪失が繰り返され、それらが精神的基底にゆっくり蓄積されていく。それらの別れや喪失感は、ただ無意味な苦痛だけではないだろう。デューイのいう新たな経験となって、内面世界にはこれまでとは異なる豊かさの次元が形成されるのだろう。そのことが、死という究極の別れへの穏やかな着地を可能にしていくのではないだろうか。田中の指す「人間としての成熟」の達成が死の受容なのであろう。

　このことを、実証研究からみると、在宅高齢者の60歳代と80歳代とでは死に対する態度が異なり、より高齢になるほど死の不安から解放されることを明らかにしている（河野ら, 1998）。より高齢の方が死を受容する傾向があること、信仰のある方が死の受容傾向が高いこと、子どもの数と死の恐怖と関連し、子どもがいないか少ないことが死の恐怖を高めるという傾向を明らかにしている。

　結果が示唆することは、自分の死後、安心してゆだねる存在の重要性である。超高齢者にとって、死後を安心して任せられる存在がいることは、超高齢期の生を全うするうえでも重要な要因となるということであろう。

超高齢期における死は、キューブラー・ロスの例示する臨死患者のような、深刻な出来事が短時間に凝縮された「死にゆく過程」ではない（キューブラー, 2001）。穏やかに、緩やかに、引き伸ばされて死にゆく過程である。そして、老いが、「穏やかに緩慢に死にゆく過程」であれば、「老いの受容」の課題のなかに、「死の受容」の課題も包摂されていくといえよう。

　超高齢期の精神的次元は、経験からくる老いの受容、そして死の受容がもたらす人間としての成熟的発達を促す過程とも理解されよう。

# 第5節　超高齢期のスピリチュアリティと人生の神秘

## 5-1 超高齢期のスピリチュアリティ

　超高齢期の幸福感として、スピリチュアリティ[7]の発達との関連が議論されている。アメリカでは、1970年代から高齢者のspiritual well-beingの議論が盛んに行われ、高齢期の生きがいと近似した概念ととらえられてきた（鶴若, 2002）。また、高齢者の spiritual well-being には、「意味への充足と応答」が含まれることが示唆されている（岡本, 2013）。

　窪寺俊之は、「スピリチュアリティとは人生の危機に直面して生きる拠り所が揺れ動き、あるいは見失われてしまったとき、その危機状態で生きる力や希望を見つけ出そうとして、自分の外の大きなものに新たな拠り所を求めようとする機能のことである」と定義する（窪寺, 2000）。

　高橋正実らはスピリチュアリティの3世代比較から、「高齢者が自らの死を含めた老いの過程のなかで、いかに全体的な健康バランスを保ちながら自己を見失わずに自分自身であり得るかは、まさに高齢者一人ひとりがもつスピリチュアリティの状況に依存することが大きい」とみる（高橋ら, 2004）。

　スピリチュアリティは、老いと死を身近に感じる超高齢期の個々人の、生き方そのものとみることができるのではないだろうか。

## 5-2 超高齢期の精神的次元：人生の神秘

　超高齢者は日々の生活基盤を基軸に、加齢に伴う身体的、心理的、精神

的次元を統合しながら、超高齢期に適応する人格を深めていく。過去の人々とのつながりや未来につながる生を洞察するなかで、人生の神秘への新たな学びがあり、スピリチュアリティの覚醒として深まっていく過程とも考えられる。

　スピリチュアリティは、健康長寿と幸福な老いに関わる要因として、人間存在の根底にかかわってくる。だからこそ、生の意味や死を強く意識する超高齢期の人々を真に理解するために、深く洞察されるべき課題であると考える。

　そういう意味では、奄美には海・山・川・水・岩に神を見出すアニミズムの世界が形成されている。奄美のシマのスピリチュアルな世界観から、超高齢期の人々の精神世界を照射し、幸福な老いの要因を解読する意義は大きいのだろう。

　コミュニティのなかで、老いの心が周囲とのきずなや信頼を深め、安寧の世界観を構築しながら、超越思考が形成されていくのであろう。奄美の超高齢者の長寿と幸福な老いを理解していくうえで、老年的超越の形成は重要な視点と考える。

　奄美のコミュニティ特性と併せて、次章以下で詳しくみていく。

**第2章**

# 超高齢期の人間発達
## ——老年的超越理論

　本章では、超高齢期の人間発達を老年的超越理論から紐解いていく。近年の研究からは、老いは一様に衰退でなく多様であること、主観的幸福感は高齢期には少し下がるが、超高齢期には高まることが明らかにされている。しかし、その要因の特定までには至っていない。本章ではその要因について、「老年的超越（Gerotranscendence）」理論[8]を踏まえ、検討していく。

　この理論は、従来の通説にはなかった、加齢に伴う人間のポジティブな精神発達に注目した理論である。大衆長寿化のなかで増加している元気な超高齢者の多様な活躍や、幸福感の源泉を理解する上で注目される理論である。筆者は、老年的超越理論は、超高齢期の心身の脆弱化に伴う機能低下や喪失を超えて老いに適応し、生きる技を獲得していく活動性や精神的次元、潜在能力を理解するうえで、有効な理論と位置づけている。

## 第1節　超高齢期を理解する理論の変遷

### 1-1 超高齢期のサクセスフル・エイジング

　生活の質を高め、良好な適応をしていくサクセスフル・エイジングは、超高齢期においても重要な課題である。鈴木忠は、サクセスフル・エイジングとは、「『歳をとるにつれてどうなるのか』だけでなく、『歳をとることに対して自分はどうするのか』」という（能動的な）視点から、生涯発達の重要性を論じている（鈴木, 2010:138-139）。つまり、どの段階に至っても主体的に老いをとらえ、主体的に（自分らしく）行動することが重要ということである。それゆえ、前述したSOC理論も「上手に歳をとる」ことの具体的な方略でもある。

なお、サクセスフル・エイジングの代表的な概念は、ロウとカーンが示した①病気や障害を最小にしていること、②心身の機能が維持していること、③社会的・生産的活動を維持していることの3要素である（Rowe & Kahn, 1998）。この概念は、心身共に健康で社会貢献することが望ましい老後とするもので、中年期の発達モデルである仕事を高齢期にも価値づけ、生きがいの中心に置く人間観である。

　しかし、この考えが超高齢期以降の人々にも適用できるのかの疑問が出てくる。秋山は、「successful aging = productive agingという画一的な考えでは、"生産的"でない高齢者には失敗者という自覚をもたらすだろう」と指摘する（秋山, 2000）。つまり、自立・生産性を重視する概念では、超高齢期の人々の多くが、サクセスフル・エイジングの対象者から外れることになるのである。

　一方で、クローザーらは、ロウとカーンの提示した3つのサクセスフル・エイジングモデルに対し、忘れられた4つ目としてスピリチュアリティを提案する。その理由としてスピリチュアリティは、健全な高齢者の健康促進に積極的に受け入れられており、重要な要因になると論じるのである（Crowtherら, 2002）。

## 1-2 サクセスフル・エイジングの2大理論

　かつて、社会老年学では退職後の望ましい生活に関し、2大理論が議論されてきた経過がある。いずれも当時、高齢化の先進国であったアメリカで議論された理論である。その一つの活動理論（activity theory）は、引退後も引退前の活動水準を維持することが幸福に老いるための必要条件とする理論である（Lemonら, 1972）。この理論は、社会活動と高齢者の主観的幸福感の関係を追及したものである。

　一方の離脱理論（disengagement theory）は、老化とは個人が社会体制や人間関係から徐々に減じて行く不可避な撤退（withdrawal）であるとして、離脱（disengagement）の過程に注目する。一方、社会は能力の減退した高齢者を排除することで均衡維持のメカニズムが作用し、離脱によって個人の

幸福感も高くなるとする理論である（Cumming & Henry, 1961）。

これに対し、アチェリーは、高齢期の適応に関して活動理論も離脱理論も共に適切ではなく、個人のパーソナリティの継続が重要とする連続性理論（continuity theory）を主張した（Atchley, 1989）。人は、中年期までに形成した行動パターンを保ちつつ変化に対処していくのが、高年期の望ましい適応様式とするものである。しかし、高齢期の適応に関するこれら理論は、結局未結着のまま、サクセスフル・エイジングのさまざまな研究が進展していくことになる（古谷野, 2003）。

## 1-3 トーンスタムの異議申し立て

これら議論に対する異議申し立てとして、トーンスタムは「老年的超越」理論を提示する。つまり、「これまでの社会老年学におけるサクセスフル・エイジングは白人中年世代がもつ価値観である。しかし高齢期には、中年期の活動の継続と安定ではない、加齢に付随した内的スピリチュアルな発達がある。それらが叡智へ向かう成熟であり、この老年的超越傾向は、人に一般的に認められる傾向である」と論じるのである（トーンスタム, 2017）。

彼がこの理論を提示した背景には、高齢者に対する一般的見方と社会老年学の実証から得られたデータとの間の齟齬（mismatch）をあげる。例えば、高齢期は惨めで、孤独の絶頂期で、退職の精神的なショックがあげられる。しかし、孤独は一般的なパターンではなく特殊なパターンであることを、自身の実証から明らかにする。孤独を感じる大きなグループは20-29歳であること、また、退職の精神的ショックは一般的でなく、むしろ少数派であることをあげる。

このような実証データにもかかわらず、人々は高齢期を惨めだと思っていると指摘する。これらの度重なった理論と実証データとの間の齟齬の原因として、彼は、中年期の価値観や活動パターンを高齢期に当てはめていることの過ちを指摘する。このことが、高齢期へ向かう見通しを誤って分析することになるという確信を導き出すのである。

# 第2節 老年的超越理論の提示

## 2-1 加齢と老年的超越

　トーンスタムが老年的超越理論の提示に至るには、かつて否定された離脱理論の新たな理解に到達したことがある。彼は、西洋哲学から東洋哲学における禅僧の哲学的視座に目を向ける。禅僧の瞑想に励む生活は独自の解放された世界であり、禅では主体と客体の分離が意味のないものとして消し去られ、また過去、現在、未来は分離したものでなく、同時に存在していると考える。

　このような考え方は、ユングの「集合的無意識」のなかにも見出される。祖先の経験が子孫に反映され、受け継がれ、心のなかに構造化される。そういう意味で、「集合的無意識」はいくつかの世代、個々人、場所とつながり、境界はないものと考える。

　つまり、禅者が住む世界は西洋社会でいう離脱とは異なる世界で、西洋社会の思考法からは認識できない「超越」の世界である。加齢を意識することなく禅者の感覚へ近づく過程とみなせば、禅や超越のことについて何も知らないにもかかわらず、我々はある程度の超越段階へと到達することができる。そして我々の幾人かは、さらに高次の段階へすすみ、現実についての新たな定義へ到達することができると考えるのである。

　トーンスタムは、加齢の進行は基本的には老年的超越へと向かう過程とみなす。そして、生活満足度の深まりは、中年期の物質主義的で合理的な観点から、加齢に伴う宇宙的でかつ超越的な観点へのメタ・パースペクティブ（高次な将来への見通し）の変化ととらえる。しかし、さまざまな社会要因や危機によって促進され、妨害されたりする。その妨害要因の1つに、「老年的超越」傾向にある人に対する世間の誤解を強調するのである（トーンスタム、前書, 2017）。

## 2-2 老年的超越の次元

　トーンスタムは、インタビュー調査から得られたさまざまなデータをもとに、

発達の兆候を3つの次元から示す（トーンスタム，前書 2017：77-78）。

## 1）「宇宙的なつながり」の次元

「宇宙的なつながり」の次元には、5つの兆候が認められる。

①「時間と幼年期」の兆候。時間の定義の変化や幼年期への回帰、現在と過去の境界を超越し、時には新たな意味が付加されるなどである。

②「過去の世代とのつながり」の兆候。愛着の増加、認識の変化、つながりから生命の流れ（鎖）がより重要になる。

③「生と死」の兆候。死への恐怖が減少し、新たな生と死の理解に達する。

④「人生の神秘」の兆候。人生の神秘を受け入れる。

⑤「悦び」の兆候。大きな出来事からささやかな経験へと、小さな世界を通して大きな世界を経験する悦びを感じるようになる。

## 2）「自己」の次元

「自己の次元」には、5つの兆候が認められる。

①「自我対峙」の兆候。自分自身の隠れた善悪の両面を発見する。

②「自己中心性の減少」の兆候。自己中心性が取り払われる。

③「身体的超越の発達」の兆候。身体のケアは継続するが、個人はそれに悩まされることはない。

④「自己超越性」の兆候。利己主義から利他主義へ移行する。

⑤「自我統合」の兆候。ジグソーパズルのような人生の断面が、全体を形成することを認識する。

## 3）「社会と個人の関係性」の次元

「社会と個人の関係性の次元」には、5つの兆候が認められる。

①「意味の変化と関係の重要性」の兆候。より選択的になり、表面的な関係に興味を示さなくなり、孤高の時間の必要性が増大する。

②「役割の遂行」の兆候。自己と役割の違いを理解し、時には役割を放棄することになる。結果、新しく居心地の良い役割の必要性を理解する。

③「解放された無邪気さ」の兆候。人生における無邪気さは成熟さを促進させる。社会の慣習を不要とする新しい超越への可能性である。

④「近代禁欲主義」の兆候。富の重荷を理解し禁欲という自由を発達させる。

⑤「日常の叡智」の兆候。善悪の表面的な区別を嫌うようになり、判断やアドバイスをすることをやめる。善悪の二元性の超越と広い心や寛容が増加する。

　以上のような兆候が老年的超越の発達によって見られると仮定し、トーンスタムはこれらの理論を量的な実証研究から深めていく。

# 第3節　北欧での実証

## 3-1 トーンスタムの実証[9]

### 1）調査の枠組み

　トーンスタムは、1989年にインタビューに基づく老年的超越の兆候を発表後、思弁的と受け取られかねない理論を検証するために、アンケート調査を実施する。①は、1990年のデンマーク人（男女912人）を対象とした回顧的研究[10]である。年齢は74歳から100歳である。②は、1995年スウェーデン（男女2,002人）人を対象とした横断的研究である。この調査は年齢20歳から85歳を対象としている。③は、回顧的研究で、1990年と同じ調査項目で行っている。対象は65歳から104歳のスウェーデン人（男女1,771人）である。

### 2）調査尺度

　研究①と研究③の回顧的研究に用いられたのは尺度1で、次の10項目である。研究②に用いられたのは尺度2である。いずれも、回答は肯定か否定の2件法で行われている。

［尺度1］

1. 50歳の時の自分と比較すると、今の私は生と死の境界線が曖昧になったと感じる。

2. 今の私は、個人の生とは永遠に続く生命に比べ、なんて取るに足らないものなのだろうと感じている。

3. 50歳の時の自分と比較すると今の私は、万物との相互のつながりをいっそう強く感じている。

4. 今の私は、物理的にどこか別の場所にいる人々に対しても、その存在を身近に感じることが多々ある。

5. 今の私は、過去と現在の間に隔たりはないと感じている。

6. 今の私は、過去と未来の両方の世代に対し、強い親近感を覚えている。

7. 今の私は、以前に比べてそれほど自分自身のことを重視しなくなった。

8. 50歳の時の自分と比較すると、今の私は物に対してあまり価値を見出さなくなった。

9. 今の私は、うわべだけの人間関係にあまり興味がない。

10. 50歳の時の自分と比較すると、今の私は考えたり思案したりするなど、自分の内的な世界に喜びを感じる。

[尺度2]

1. 宇宙全体とのつながりを感じている。

2. 自分は全ての生きているものの一部と感じる。

3. 他の場所にいる人々の存在を強く感じることができる。

4. 時折過去と現在に同時に生きているように感じる。

5. 以前の世代との強いつながりを感じる。

6. 人生は混沌としており混乱しているように感じる。

7. 人生は一貫しており、意味がある。

8. 1人のほうが他者といるよりもよい。

9. 新しい人々との出会いを好む。

10. 穏やかに思索することが人生にとって重要である。

## 3) 結果

### ①1990年の実証研究

　尺度1を用いて探索的因子分析を行った結果からは、「宇宙的な超越」と「自我の超越」の2つの下位次元が抽出され、高い段階にある超越者は生活満足感と社会活動がともに高いこと、また、思索のための孤高も必要であるという結論を導き出している。

### ②1995年の実証研究

尺度2を用いた調査で、人生の危機（Life Crises）は発達のプロセスを触媒するという仮説に基づいて行われた。結果、3つの下位次元（「宇宙的な超越」、「一貫性」、「孤高」）が抽出され、人生の危機は「宇宙的な超越」の発達に貢献すること、危機を経験することで「孤独の欲求」が増大し、「内的一貫性」の感情が減少することを明らかにしている。

一方で、「一貫性」と「孤高」は、個々人が危機を経験するかしないかにかかわらず、年齢の高い層では同じような状況を示すことを明らかにしている。

### ③2001年の実証研究

尺度2を用いた研究で、対象者は65歳から104歳。前回（1995年）の対象者が85歳までであったことから、この研究では高い年齢層に焦点が当てられている。結果、老年的超越次元として、前回と同じ「宇宙的な超越」、「一貫性」、「孤高」の3つの次元の発達的変化と、全般的に年齢の高い層での老年的超越の発達が深まることを明らかにしている。

さらに、この調査では、社会属性的因子（ジェンダーや結婚形態）と偶発的因子（病気や人生の危機）が、老年的超越の発達にどのような影響を与えるかを多くの因子で分析している。その結果は、「年齢、活動性、居住地」の3つのみに関連するという結論であった。

## 3-2 老年的超越とスピリチュアリティの関連

トーンスタムの研究では、老年的超越とスピリチュアリティとの関連を実証した記述はみられない。しかし、老年的超越理論は高齢期のスピリチュアリティの発達と関連するとした一連の研究がある（Dalby, 2006）。

アーマディは、老年的超越の発達に信仰や文化が与える影響について実証を試みている。その結果、個々人の神秘的な考え方の内面化が、老年的超越的な人生観に関係する因子であること、近代社会の個人主義や世俗主義が老年的超越へと向かう発達を遅らせる可能性があること、また、老年的超越への発達において文化の影響はないとする文化の普遍性を明らかにしている。加えて、長生きの経験は発達に必要であり、老いは老年的超越

へ到達する前段階として見逃しできないことを明らかにしている（Ahmadi, 2001）。

　ブラームらは、宇宙的な超越と人生の意味の枠組みには明確な関係が観察されること。この関係には宗教的な関わりはなく、女性や75歳以上の高齢者、未亡人で、より強く見られたことを明らかにしている（Braamら, 2006）。

# 第4節　超高齢期における発達課題：老年的超越

## 4-1 ライフサイクル第9段階（超高齢期）と老年的超越

　第9段階の発達課題として老年的超越を提示したJ.エリクソンは、超高齢期は多くの新たな困難や喪失体験、自分自身の死がそう遠くないことを感じるに至るが、これらの喪失を生き抜く足場は、人生の出発点で獲得した基本的信頼感という恵みが与えられていると論じる（J.エリクソン, 1997:162-164）。

　そして、第9段階のさまざまな失調要素を甘受し、これを乗り越えるには「叡智」ではなく、「老年的超越」に向かう道に前進することであると示唆する。賢明な老人は、身を引いて、「隠遁と孤独のなかで初めて自分のあり方についてゆっくりと考えることができる場所を見出すのであろう」と述べる。

　一方のトーンスタムは、J.エリクソンは老年的超越が哲学的パラダイム・シフトであることを理解することなしに、老年的超越に近づいたと記述している。つまり、エリクソンらの自我統合は、自分の生きてきた人生を基本的に受容する後ろ向きの統合のプロセスであるとし、老年的超越は現実の再定義を含み、前向きの発達的世界観であると論じるのである。

## 4-2 エリクソン仮説の実証

　J.エリクソンは、実証から第9段階の課題として老年的超越を導いたものではないが、エリクソンの仮説を実証した研究がある。ブラームらの第8段階と第9段階を比較した実証研究からは、老年的超越は第9段階で有意に認められたと、エリクソン仮説が支持されたことを明らかにしている（Braam

ら, 前書, 2006)。

　星野和美は100歳代の認知症女性へのナラティブ分析から、身体感覚の超越、他者とのかかわりの超越、利他性が見受けられたとし、老年的超越性は老年後期の死への移行過程に適応する途上に生じる現象と、位置づけている（星野, 2006）。

### 4-3 老年的超越：超高齢期を測る理論的道具

　老年的超越理論は、これまでの社会老年学では十分にカバーされていない個人の加齢のプロセスを理解するうえで有効であり、現実の一部を理解するための理論的道具になりうるとトーンスタムは説明している。

　筆者は、老年的超越理論は、特に、第9段階に達した超高齢者の人々の精神世界に寄り添うことのできる理論と考える。J. エリクソンが示唆するように、新たな肯定的な精神的な贈り物、それは喪失からもたらされ、また、老いや死の受容との関連で深まるものかもしれない。

### 4-4 老年的超越行動の実証：ケアの場での看護スタッフの見方

　トーンスタムらは、スウェーデンの介護施設入居者の老年的超越行動の「兆候」について調べている。看護スタッフがその兆候をどのように解釈するか、という実証がなされている。例えば、時間や空間の定義、身体の超越、自我の統合や解放された無邪気さといったことが含まれる。このような行動に気づいたとき、スタッフがそれらをどのように解釈しているかを聞き出している。

　看護教育を受けてきたスタッフの一般的な解釈からは、これまで慣れ親しんでいる病理学の知識が頻繁に引き合いに出され、認知症と間違えられることが多々あることであった。スタッフは、老年的超越行動は叡智や成熟へ向かうポジティブな発達の一部分というよりも、むしろ認知症や鬱、薬の服用の症状であるのではないかと理解していた。

　しかし、老年的超越行動は鬱や薬を服用していない高齢者にもよくみられるのである。スタッフが気づいたさまざまな老年的超越行動の程度は、全ス

タッフが気づくものから数人のスタッフが気づくものまで、幅広く分散している。
　以下に、入居者の徴候とそれに対するスタッフの解釈と老年的超越理論からの理解を示していく（トーンスタム、前書2017：154-168）。

## 1）時間の超越
　スタッフは、入居者が時々、過去と現在の時間の境界が消え去ったかのように行動することを語った。学生時代の話をまるで昨日のように、また、何年か前に亡くなった親戚をまだ生きているかのように。
⇒スタッフは、これらは認知症、混乱状態と解釈した。しかし、老年的超越
　理論では、時間の超越は健全な高齢者にもみられ、発達的現象と理解する。

## 2）孤高の欲求の増加
　スタッフは、入居者は多くの人との表面的な交際よりも1対1のコミュニケーションにこだわるなど、孤高の欲求が高まる行動を語った。
⇒スタッフは、これらの行動は引きこもりや、一緒にいるエネルギーがなくなっ
　たからと解釈した。しかし、老年的超越理論では、これら孤高を求める傾
　向は社会との関係性が再定義された結果とみる。孤高への高まりはwell-
　beingにとって重要なこととみなす。

## 3）小さな出来事の悦びに気づく
　入居者がささやかなことに喜びを見出す傾向を多くのスタッフが語っている。
⇒ スタッフは、これらを、社会的欲求が満たされていないことや、意図しな
　い孤立や孤独の兆候と解釈した。しかし、老年的超越理論では、超越した
　個人は、人生の悦びに対する見方が、目を見張るような出来事から自然体
　験やごくありふれたものに変わる結果と、解釈できる。

## 4）幼年時代への回帰
　入居者が、自分の幼年期について喜んで語っていることを多くのスタッフが認めている。
⇒スタッフは、これらを高齢者が多少脚色したり、辛い思いを避けるために
　は過去を容認することが必要だからと語る。しかし、老年的超越理論では、

これまでの人生で蓄積された経験に基づいて幼年時代を回帰し、再解釈する徴候であると、解釈する。

## 5）過去の世代とのつながり

入居者が、過去の世代や次世代との親近感が増える傾向については、全てのスタッフが気づいていた。

⇒スタッフは、こういう行動を肯定的にとらえ、活動理論と関連して理解されていた。しかし、過去の世代や未来の世代との親近感が増えることは、老年的超越への発達の特徴の1つである。

## 6）自我の統合

入居者が人生について考えたり語ったりすることは、スタッフ全員が共通の現象として語っている。

⇒スタッフはこの兆候はエリクソン理論と一致すると確信している。しかし、老年的超越理論では、回想の必要性の増大と関連して人生を語るのは、ポジティブに生きてきた人生を受容したということであると解釈する。

## 7）近代的禁欲主義

多くのスタッフは、高齢者が物質的ものへの関心が低くなったと語る。

⇒スタッフは、これらの行動をネガティブに理解し、人つき合いの減少や社会との距離を置く行動と解釈している。しかし老年的超越理論では、高齢者の価値観は物質的でないものをより優先する傾向になると解釈する。

## 8）自己超越

入居中の高齢者の利他的な自己超越に気づいたスタッフもいた。

⇒この兆候に対しスタッフは、利他的行動の多くは病気、諦めの兆候と解釈していた。しかし、老年的超越理論では、利己主義から利他主義への移行は老年的超越の特徴の1つである。

## 9）死への恐怖の減少

多くのスタッフは高齢者が死を怖がらないと思っている。しかし現実には、少数のスタッフのみが報告していた。

⇒スタッフは、歳をとるにつれて死が近づいてくるからと受け取っている。しかし老年的超越理論は、死を受け入れているのはポジティブな発達と解釈

する。

## 10）自己対峙

スタッフは、自己対峙というよりも高齢者の多くは頑なさを表しているとみていた。

⇒老年的超越の理論では、自分自身の新たな一面を発見する自己対峙は、老年的超越の発達の一部といえる。

## 11）身体の超越

高齢者の身体的超越に気づいていたという報告は、ほとんどなかった。一方で、多くのスタッフは、身体に対する強迫観念の事例を多く観察していた。

⇒スタッフの誰一人として、身体的超越を発達面から解釈していなかったことは注目される。身体的超越は、老年的超越理論では、"ノーマル"な老年的超越の1つの兆候として分類される。

## 12）日常の叡智

入居者の日常の叡智を見出したスタッフも数名いたが、スタッフはほとんどの高齢者を批判的に見ていた。

⇒日常の叡智は決して批判的なものではなく、寛容な傾向である。老年的超越理論では、日常の叡智は老年的超越の発達の一部である。


以上、スウェーデンでのケアスタッフの見方を事例に、老年的超越理論を紹介した。トーンスタムらは、別の実証研究として、ケアスタッフに老年的超越理論を紹介した後の、スタッフの変化（高齢者への理解や高齢者観の変化、ケア・処遇の変化）なども紹介している。

効果測定では、スタッフの半数は理論のお陰で特定の高齢者への新たな理解を得たこと、3割のスタッフはより寛大でより良い傾聴者になったことが報告されている（トーンスタム, 前書, 2017: 154-183）。


# 第5節　老年的超越：老いの成熟の尺度として

老年的超越理論は、長い人生の過程で形成される叡智、スピリチュアリ

ティなどについて発達という視点から光を当て、超高齢者のポジティブな心性としての「老いの成熟」の多様な側面を明らかにした理論と評価できる。

これまで、加齢に伴って超越傾向が高まることは、古代のライフサイクルにも多くの記述がある。タルムードの「箴言（しんげん）」には、長寿者が到達する特別の力として畏敬の念が示され、孔子の「論語」にも70歳を1つの完成像として示されてきた。インドのヒンデゥー教においても、理想的人生の理想的な過ごし方として、「四住期」というライフサイクルがあるなど、後半の人生の超越的な兆候が示されている（河合, 2009）。したがって、老年的超越という概念は特別新しい概念ではないであろう。

しかし、長寿者のもつ特別な力は、これまで科学的には解明されてこなかった。これに対しトーンスタムは、インタビューから得た老年的超越傾向の確信を基に、数量的な尺度を用いて科学的に実証した。彼は、特別の修行者でなく高齢者にも、加齢に伴って超越傾向がみられることを明らかにしたのである。

この理論によって、超高齢期の老いに伴う喪失感を超えた新たな精神的次元の発達や、若い時期とは異なる価値観や世界観の変容による新たな幸福感の形成が理解されるのである。加えて、超高齢者のライフスタイルは一様でないことも理解され、超高齢者の多様な生き方への理解や精神的な安寧に資する道を拓いたといえる。

老年的超越理論は、日本の介護現場においても有効な手法となろう。従来引き込もりと誤解された高齢者が、積極的に孤独を好む行動であることの理解につながるのである。この傾向は、筆者の調査でも、プログラムに興味・関心が持てないためにデイサービスに行かないという男性が多くいた。この場合、引きこもりで消極的と誤解されやすいが、老年的超越理論では自分の内的世界を楽しみたい、1人で過ごすことに価値を見出す人々と理解される。

老年的超越理論はこのような方々の行動を正しい理解につなげ、超高齢者の多様な世界観や価値観を発見でき、処遇に活かすヒントになる。超高齢期のポジティブな次元に注目すると、老いの未来に希望がもてる。

また一方で、超高齢者の潜在能力に注視したとき、超高齢者は過去の世

代から未来の世代をつなぐ、無形の文化資本として評価されうる。老年的超
越理論はそのような無形の財としての超高齢者理解にも資する理論でもある。
　第Ⅲ部において、奄美の超高齢者を対象に、量的・質的研究の両面から
検証を行い、シマを基盤とした超高齢者の老年的超越の形成傾向を明らか
にしていく。

**第3章**

# 長寿多子化を支えるシマの地域経営

## 第1節 「奄美」のシマへのまなざし

### 1-1 シマにおける長寿社会の基盤

　現在多くの地域コミュニティは、人間関係におけるつながりやきずなを失って人々が孤立し、地域の持続的な発展がますます困難になっている。特に、若さや経済的合理性を重んじる都市部では、地域固有の文化の崩壊、近隣との交流の希薄化などによって、高齢者／超高齢者は地域での居場所を失っている。彼ら／彼女らの潜在能力は評価されず、地域固有の歴史や文化、技やノウハウなどを次の世代に伝承する術と場とチャンスがない。

　しかし、日本の地域コミュニティの実態をより詳しく研究すれば、多くの困難に直面しながらも、祭りや伝統文化が継承され、相互扶助、結いの発揮など、つながりやきずなの強固なコミュニティを発見することができる。その典型例として、奄美のコミュニティに注目したい。

　奄美における持続的発展の鍵となるのは、「健康長寿を実現しうる地域経営」と呼ぶにふさわしいコミュニティであり、そこに根づき機能している社会経済システムである。ここでは、健康長寿を体現した超高齢者たちが、人生において継承してきた祭礼・仕事・生活などの知識・ノウハウ・職人の力量などが、目には見えない無形の文化資本となって蓄積されている。

　超高齢者はシマの文化を再生産する担い手となって、次世代との学びあい・育ちあいによって文化資本が継承され、地域の創造的発展に寄与する姿をみることができる。

　本章では、奄美のシマにおいて、健康長寿を実現しているコミュニティ内

部の諸要因を明らかにしていく。これらの要因を解明するうえで欠くことのできないのは、地域コミュニティにおける長寿社会基盤と、年金などの社会保障制度と関連する社会経済システムに注目することである。

そして、これら2つの接点にある固有の自然や文化資源に光を当てると、地域の自立的発展につなげる「地域経営」という視点と、それらを長寿超高齢社会にどのようにマネジメントしていくかという大きな課題が浮かび上がってくる。このような意味で、地域コミュニティと社会経済システム両者の解明の糸口ともなる「文化資本を活かした地域経営」に注目し、総合的に検討する。

## 1-2 「文化資本を活かした地域経営」とは何か

近年、経済のグローバル化のもと、地域経済の疲弊、国内産業の空洞化、国家財政のひっ迫化などを背景に、地域の再生や活性化、地域づくりの視点から、地域に企業経営的手法を導入する「地域経営」への関心が高まっている。これらは、国、都道府県、市町村がそれぞれの危機意識を背景に、これまでの公共財やサービスをパターナリズム（父子主義・干渉主義）的に上から下へ一方的に供給するのではなく、国が地方の自治体に独立採算経営を指導し、多様な主体が連携して地域全体を「経営」していくという潮流である。

つまり、これまでの地域活性化にみられた国土開発的な地域開発や地域振興ではなく、個々の地域が個性（地域力）を発揮してこそ、日本全体の持続的発展が保証されるというマクロな視点がベースとなっている（内閣府，2009）。人口減少対策と地域活性化が結びついた地方創生の議論（中川，2015）である。

そのような流れのなかで、本章で検討する「地域経営」は、自治体を単位とするのではなく、歴史的にも結束の基盤であった集落共同体を単位とするシマの地域経営である。そこでの、長寿時代の国民的課題である「健康長寿」を実現するための「文化資本を活かした地域経営」とそのあり方に焦点を当てる。

さらに、長寿地域を「文化資本を活かした地域経営」として注目する視野

の先には、経営学の対象の広がりがある。これまで、「企業経営を主な研究対象としてきた経営学は、20世紀の末葉から研究対象の拡大を図り、行政のほかに、NPO、さらに地域などの経営（マネジメント）をも取り扱い始めているという認識である（齊藤, 2007）。

このような研究対象の広がりは、これまでの企業経営中心に発展してきた経営学の知見や考え方を、今日的な課題解決に役立てようという胎動でもある。つまり、長寿地域の地域要因や支援要因を明らかにするために経営学の知見や成果を取り込むことで、これまでの老年学や経営学では見えなかったものが見えてくると思考するのである。

そのため、奄美のシマの地域経営とマネジメント力に光を当てる。シマにおける自治力（区長を中心とした自治能力の高さと一人ひとりの文化資本を尊重しあう全員参加の直接民主主義）、教育力（伝統を基盤とした次世代への文化・ノウハウの伝授力）、経済力（現物経済の機能）を含む地域力の諸要因を、長寿を支えている地域経営として考察する。そして、それらを基盤として、企業の「健康経営」への波及、さらには「健康長寿のまちづくり」への視点も入れながら検討する（田中ら編著, 2010）。

## 1-3 シマにみる社会経済システムと「地域経営」

元来、社会経済システムは、人々の日々の生活をより良くするために機能するシステムであり、これまでは市場経済システムを中心に機能してきた。しかし、近年のグローバル化や地球環境問題などの世界的潮流の変化に加えて、国内的には少子高齢化や価値観の多様化などの進行により、従来の政府や市場メカニズムだけでは対応できない社会的課題が噴出している。

これらを背景に、日本の社会経済システムの変革・活性化を促すために「新しいシステムによる価値の創出とその供給のためのあり方」などが議論されるに至る（地球産業文化研究所, 2003）。このような機運のなかで、今後は、NPO、ボランティア、社会企業家などの協働による、構造改革や新たな価値創造への取り組みが期待されている。

本章の社会経済システムは長寿超高齢社会の到来に対応し、「人々の健

康長寿と幸せな老いを実現するためのコミュニティで機能する結いのシステム」ととらえる。そこから、奄美のシマにみられる文化資本を活かした地域経営を明らかにしようとするものである。

　なお、ここでの「文化資本を活かした地域経営」とは、地域の全構成員（子どもからお年寄り）が主軸であり、産・官・学とのコラボレーションによって、「各自が風土・仕事・暮らし（生命と生活）のなかで体得した文化資本を活かしあい、健康長寿を実現するという結いの精神の地域経営」のことである。

## 1-4 奄美のシマの生活と超高齢者

　奄美の産業は第3次産業の比率が高く、郡民所得は県民所得の87.5％、国民所得の72.9％と低い（鹿児島県, 2017）。しかし、自然の恩恵とともに、近隣との野菜やおかずなどの交換が行われ、現金収入は少なくても生活できる環境がある。奄美のシマには、経済資本では測れないさまざまな資本がある。それらの資本は、人々が自然や歴史から学び、先祖とつながって蓄積してきた賜物でもある。

　奄美の超高齢者は、辛酸な歴史や自然の脅威に晒され、過酷なサトウキビ労働に耐え[12]、祭りや伝統行事を継承し、シマの文化と人々の結束を高めてきた。奄美に伝わる島唄や八月踊りはそのような歴史から生まれた労働歌であり、恋愛歌であり、親孝行の歌でもある（中原, 1997）。奄美の人々にとって祭りや伝統行事は、労働を再生するエネルギー源として必要なものであることを歴史から学んできたのである（桜井ら, 1984）。

　そして今日、若い頃の過酷な労働から超高齢期でも働ける丈夫な体をつくり、働くことに楽しみを見出す趣味ともなっている。加えて、祭りや伝統行事などでの役割があり、今でも地域貢献できる生活に存在意義を感じている。

　一方、超高齢者の潜在能力に注目すると、彼ら／彼女らは地域の無形の文化資本として、大島紬などの伝統産業を興隆させ、伝統文化を後世に伝え、地域振興に寄与してきた。そのような地道な努力が実って、健康長寿と幸せな老いを実現している。奄美固有の自然資本、文化資本、社会関係資本の存在が、超高齢者の長寿要因と関連する要因として浮かび上がってくる。

## 1-5 奄美のシマに機能する社会保障システム

　そのような超高齢者を支える暮らしのベースには、全国的な人権保障や社会保障制度がある。奄美の超高齢者の大半は少額の年金を基礎とする生活であるが、超高齢期でも自らの働きで得られる現金収入の場がある。そこには、年金額の少ない超高齢者への行政や集落の人々などの配慮もある。

　収穫した野菜は、行政が設置した無人市や手作りの店で販売することができる。集落によっては、収穫した野菜を若い世代が中央市場に持っていくシステムを作っている。加えて、行政の支援策として長寿祝い金や年金制度がある。このような敬老制度は奄美のほとんどの市町村で制度化されている。

　超高齢者がシマの祭りや伝統行事に関わる余力ができたのは、このような社会保障制度や健康保険制度が大きい。超高齢者は年金を現金収入の基礎としながら、自治体の祝い金などと併せて、衣食住、移動、交流の機会などを活かす経済力を保持するようになった。祝い金は、超高齢者にとっては長生きが評価されることであり、また、日ごろお世話になっている子や孫にプレゼントできる資金ともなる。

　超高齢者は、自立・自給・贈与経済をも生かし、経験や叡智、超越等の潜在能力を持続・創造する人々として、シマにおける文化資本と経済資本の再分配システムに寄与している。したがって、社会保障システムは長寿者を支えるとともに、世代間の共生・協働をも実現しているのである。


## 1-6 社会保障制度の都市から農村への波及

　社会保障制度は、各地における基本的人権の保障基盤として、個人の自立をも可能としてきた。さらに、旧共同体の負の遺産を克服し、文化資本を身につけた超高齢者層の教師的位置を支え、他方で、次世代と学びあい・育ちあう協働の関係をも生み出してきた。奄美においては、個の自立を損ないがちな共同体の欠点を克服し、外からの新たな風も入れながら、個と共同のバランスを確立させてきたのである。

　この視点から見ると、農村部における個の自立を支えた要因には、都市における工場法体系や労働法、社会保障体系が貴重な貢献を行ったといえる。

都市の労働者が勝ち取った成果によって、農村の伝統的共同体のもつ文化や技の継承、創造的発展の可能性が拡充してきたのである。

奄美のシマにおいても社会保障システムによって、次世代から超高齢者層への所得再分配が行われている。これに自給経済が付加されて、超高齢者層の貨幣資産＋現物資産、すなわち、経済資本が形成されている。

この経済資本を基礎に、超高齢者はこれまで蓄積してきた自己の文化資本を活かして、次世代との学びあい・育ちあいの場を生み出し、文化の再分配システムを機能させる。文化の再分配システムが、次世代の教養や職業能力の形成につながり、現役世代の所得を生み出す基礎、つまり、稼得能力としての経済資本を生み出すという、良循環が見えてくるのである。

さらに、これらの成果は、都市における工場法を出発点とする人権・学習システムや社会保障が、農村における社会教育や学校教育に波及し、義務教育の基礎の上に、地域コミュニティや伝統の技と文化の持続的発展が実現してきた。都市から入ってきた制度が農村の伝統芸能や文化を支えたのである。

これらの歴史を振り返ると、今後は、逆に、農村のコミュニティのきずなや持続的発展のモデルが、伝統文化が廃れ、つながりが希薄になった都市のコミュニティの再生や持続・発展に、どのようにつなげていくかが課題となっている。

## 1-7 農村から学ぶ都市のコミュニティ再生

しかしながら、今日、ファイナンシャル・ジェロントロジーや金融ジェロントロジーの動向や研究（清家, 2017）から見えてくるのは、農村のコミュニティにあるつながりやきずなを活かした地域の超高齢者の安心・安全ではない。これらは、超高齢者は脆弱な消費者・経済障害者として経済の安全をどう守るか、健康寿命と資産寿命をいかに伸ばすか、などの個人的課題に焦点化される傾向がある。

確かに、貨幣経済が普及し経済資本の重要性に力点が置かれがちな都市の生活では、ファイナンシャル・ジェロントロジーや金融ジェロントロジーから

学ぶことは重要ではあろう。しかし、健康寿命と資産寿命だけでは超高齢期の生活の質や生きがいを高めることはできない。

　超高齢者は、社会的弱者として守られる視点も重要であるが、同時に、超高齢者の主体的な生き方や生きがいを支援するという視点も重要である。そのような視点を農村コミュニティから学び、その成果を都市が取り入れるという、相互交流・学習システムが必要な時代となっている。

　つまり、コミュニティを基盤に自立しつつ学びあって成長する。そのことが超高齢者の生きがいや健康寿命の延伸につながり、医療費の削減にもつながり、現代的課題解決にもつながる。都市における文化創造とつながりを基軸としたコミュニティの再生こそ、超高齢者の幸福な老いと生きる目標につながるのである。都市にも、地域の伝統文化や祭りなどの水脈がある。再生すべき貴重な生活習慣があるのであるから。

　このことは、東北の復興の力に、地元の祭りや伝統文化が果たしている役割の大きさを見ればわかる。人々を一体化させ、勇気づけるのは祭りなのである。都市に置き忘れ、廃れている祭りの復興は今からでも遅くないと考える。

# 第2節　シマの共同体コミュニティ

## 2-1 シマの文化資本を活かした地域経営

　奄美の人々は、愛着を持って集落を"シマ"と呼んでいる。シマは、かつての日本の伝統的共同体である。全員参加の直接民主主義の原型があり、集落の自治が機能している。伝統や習慣を基盤とした、次世代への文化・ノウハウの伝授・教育力の高さがある。小規模でも年間の企画、予算、分担関係がある。

　みんなで選んだ区長を中心に、祀りごとや行事の日程をはじめ、決め事は全員の参加で話しあわれ、その結果が行政に報告されている[12]。

　（都市部ではネガティブな高齢者観が蔓延しているが、）奄美では年齢が重視され、年長者の地位は高く、会合や敬老会でも上席が用意される。町長でも会合の席は年齢順となる。元気な活躍を見ている若い世代は、年長者を

敬い、目上の人には尊敬の言葉が使われるなど、敬老意識が高い。

　いわば、奄美のシマには、「シマの人々による、シマの人々の幸せと長生きを支援する、シマのマネジメントが機能している」とみることができる。

　そして、シマの中心には、人々が一堂に会することのできる厨房設備を備えた集会所[13]があり、そしてその横に土俵がある。奄美のシマには、集会所と土俵はセットである。集会所は、シマの人々が集い、学びあい・育ちあいの場として身近な存在である。学習や情報を共有する場でもある（そういう意味ではシマには情報弱者はいない）。土俵は集落の象徴である。豊年祭や敬老行事での相撲大会、夜には、伝統民謡の島唄[14]や八月踊りが盛大に行われる。

　シマの暮らしは自然の営みとともに、スローに流れている。生まれ育った馴染みの人々との濃密な交流がある。モノを頂いたり、差し上げたり、相互扶助、結いの習慣が機能している。

　シマの祭りの儀式や伝統行事は、人々のつながりやきずなを強固にする一方で、個の自立を尊重する習慣もある。奄美では独立・対等の精神が旺盛である。この傾向は、一重一瓶（イチジュウイチビン）慣行と称される奄美独特の慣行にみられる（後述）。

## 2-2 長寿地域にみられる共同体機能と超高齢者の役割

　筆者の長寿地域（奄美群島や京丹後市、遠野市）の研究から共通して見出されたのは、長寿地域には伝統的共同体の基盤があり、祭りや伝統行事、年中行事が継承され、相互扶助の習慣が機能し、人々のつながりやきずなが強いことである。遠野市（冨澤, 2015）、京丹後市（冨澤, 2018b）、ともに、超高齢者は祭りや儀式を次世代に引き渡す役割がある。

　このように、長寿地域の超高齢者は支えられる側だけでなく、生活の技やノウハウ、潜在能力を開花させ、地域に貢献しているのである。そのようなコミュニティ環境が、超高齢者の生きる目標や自立を支えている。このような風景は、かつての日本各地の共同体で普遍的にみられたものである。

　かつてはこのような共同体は近代化のなかで負の遺産として切り捨てられ、弱小化していった。しかし近年、高度成長の負の部分がクローズアップされ

てきている。日本の各地では、自然や祭りが失われ、人と人とのつながりの希薄化から、社会的孤立が問題化している。(被災地をはじめとして、) きずなの再生が課題となってきているのである。

### 2-3 長寿時代の到来と共同体への関心

そのような潮流のなかで、つながりやきずなの再生・復活、持続可能な社会への構築など、全国的に生きる場の再創造として、地域コミュニティをとらえ直す動きが出ている (内山, 2010)。拡大成長路線ではない定常型社会のコミュニティへの提案 (広井, 2009)、里山に新たな事業可能性を提案する動き (藻谷, 2013) など、少子高齢化の危機感も加わり、地域再生に向けた地域経営のあり方への議論や模索がでている。あわせて、これまで否定的にみられてきた集落共同体のポジティブな側面に注目する、新たな動きが出てきている (内山, 前書, 2009)。

他方で、長寿社会のなかで元気な超高齢者の増大も顕著である。特に、長寿地域には健康長寿者が多い。長寿地域の若い世代は、自分たちの老いの未来像をポジティブな彼ら／彼女らの姿に重ねてみている。このような地域コミュニティ環境の創出こそ、長寿時代の世代間の共生・協働と、社会の持続的な発展を生み出す源となるであろう。

以下では、かつての地域コミュニティがもっていた機能を改めて見つめ直し、長寿超高齢時代の地域コミュニティの創造のあり方として、論じていく。

## 第3節 コミュニティ・集落・共同体の再考

### 3-1 コミュニティの概念

「共同体」を意味する英語は、コミュニティ (Community) である。社会学小事典 (有斐閣) では、「コミュニティの社会学的含意は、一定地域の住民が、その地域の風土的個性を背景に、その地域の共同社会に対し特定の帰属意識をもち、自身の政治的自立性と文化的独自性を追求することに示される」。加えて、「コミュニティの規定自体が多義的で、そのことがコミュニティ概念の

曖昧さにつながっている」と記されている。

　そもそも、コミュニティという概念は、R.H.マッキーヴァが社会学のなかで初めて用いたものである。彼は、アソシエーション（association）という社会集団概念（ある共通の関心、あるいは目的を追求するために組織された集団や社会）に対比する形で用いた。彼は、「コミュニティは、村や町や国とか、広い範囲の共同体のいずれかの領域を指すのに用いようと思う」とした。多義的な概念とされるコミュニティのなかで、「地域性」が看過できない重要な要素と位置づけている。

　加えて、「コミュニティは有機的な統一体でなく、精神的統一体である。コミュニティは社会的存在の共同目的と相互依存目的に依拠している。単一ではなく複数の心の連合である」と解説する（マッキーヴァ, 2009：101）。

　のちに、ヒラリーは、コミュニティの定義を詳しく分析し、94ある定義のなかで「領域」「共通のきずな」「社会的相互作用」の3つが最低限の共通項で、その順番で重要性が増すとまとめている（鈴木, 1978：111-123）。

　広井良典は、経済が成熟化し、人と人のあり方が流動化・多様化するこれからの日本社会の課題を考える中心には、コミュニティというテーマが重要であると指摘する。広井のコミュニティの定義は、「人間が、それに対し何らかの帰属意識をもち、かつその構成メンバーの間に一定の連帯ないし相互扶助（支えあい）の意識が動いているような集団」とする（広井, 前書, 2009：9-11）。

　今日、少子化・人口減少などの経済構造の変化や価値観の多様化などによって、人々の生活を安定させてきたさまざまな仕組みが機能不全を起こしている感がある。安心して暮らせるコミュニティの場の実現は、長寿超高齢社会の今日においてこそ、最優先されるべき課題でもある。広井の指すコミュニティへの帰属意識や連帯、きずなの再生は、これからのコミュニティに課された課題として浮かび上がる。このことを踏まえ、人間と自然が共生していたかつての日本の共同体について、再考してみよう。

## 3-2 日本の集落共同体の成立史

　日本の集落は、かつて、部落共同体、村落共同体、小地域共同体などと

称されてきたものである。シマと称される奄美の社会集団は、農村社会学者の鈴木栄太郎が地域区分したなかの、最小の集団である「字」にあたる[15]。

　日本の集落は、変化の激しい自然のなかで、日本固有の「自然と人間との共同体」として生み出されてきたものである。集落は、人間が自然のなかで生きていくための最小限必要な地域集団の単位であり、家集団の能力では不足なために、20〜30戸が同じ地域に寄りあってつくったグループである。

　集落はそれ自身、歴史と伝統を持った完全な民間組織であった。ある家が屋根の葺き替えとなると、自分の鍬と刈った藁を持って集まる。祝言や葬式となると手伝い、参列する。田植えや稲刈りも同様である。

　江戸時代に村役人や5人組制度ができても、こうしたルールは乱されることはなかった。明治以降も、上から町村役場や地方議会、隣組、町内会がつくられても、それとは一応独立した二重の組織として、ひっそりと生き続けてきたのである（色川, 1974:236）。薩摩藩の厳しい支配下にあった奄美のシマにおいても、役人は血縁共同体としての強い紐帯を弱めることはできなかった（名越, 2006）。

　そうした基底を形成する集落には、もともと「行政権」が割り込む余地はなく、理念上は各人が生産者であると同時に消費者であり、一人が全員のために、全員が一人のために働くという人間疎外のないタンジブルな（実態がある）世界として形成されていた。

　しかし共同体は、いつのまにか行政の末端組織である村落自治体や村機関と混同され、村役人の支配によって容易に変えうるものと誤解されてきた。この原因には、共同体が民俗学の世界とされ、歴史研究の対象とされなかったことにあると指摘されている（色川, 前書, 1974:237）。

### 3-3 日本の集落共同体の特徴

　日本の集落共同体の特徴は、①自然と人間の共同体であること、②生の世界と死の世界が統合され、自然信仰と神仏信仰が一体化された共同体である点にある（内山, 前書2010:16）。この点は、自然環境に左右されない風土から人間との契約で成り立つ欧米の共同体とはっきり違うことが指摘され

ている (和辻, 1979：17-18)。

　内山節はこのような日本の共同体の特徴について「進歩よりも永遠の循環を大事にする精神があり、合理的な理解よりも非合理的な諒解に納得する精神的基底が形成されている」と指摘する。そしてこの合意は、日本独自の自然と人間の間の矛盾 (洪水の被害と反面作物が育つ) に見られ、日本人はこのような矛盾を受け入れ、現実に生活する知恵を身につけてきたと解説する (内山, 前書, 2016：40-43)。

　内山の指摘する自然と人間の間の矛盾は、奄美のシマの生活にもみることができる。台風の常襲地である奄美では、台風によって収穫直前のサトウキビがたびたび被害にあう。しかし、台風がもたらす雨は作物の実りにとっては欠くことのできない恵みの雨でもある。自然の豊かさと脅威に共存しながらの生活がある。

　このように、日本の集落の自治は、自然への畏敬の念を毎年の儀式を通して再認識するとともに、自然に神の世界を見出し神に祈りをささげることによって、自然を自分たちの世界に取り込んできた。日本の共同体は自然への信仰を抜きにしては語れない理由である。

　柳田民俗学では、こうして死後自然となった人々を"祖霊""ご先祖様"と呼んで敬った。ご先祖様は、山々や自然の世界と一体となって、田植えや稲刈りを見届けて帰っていく。ここには、生の世界だけでなく死の世界をも含めて展開し、それをつないでいるものは自然という認識がある (柳田, 1978)。

## 3-4 日本の風土と集落共同体

　和辻哲郎が『風土；人間学的考察』のなかで述べているように日本の共同体は、風土によって規定された人間の存在構造の基盤である。人間の存在とは、「ある風土下におけるある時の断面の人間存在に他ならない」とする。人間は、歴史と風土の二重構造に強く規制されている。そこには、「歴史と離れた風土もなく、風土を離れた歴史もない」ととらえられている。

　和辻は、日本を含む東アジアの属する「モンスーン型」の風土は、暑熱と湿気とが結合し、しばしば大雨・暴風・日照りなどの荒々しい力となって人

間に襲いかかる。このような風土下では、人間は対抗することを断念させられ、忍従的にならしめられ、自然に対し受容的にならしめられる、と解釈する。

日本の共同体にある強い結集の風土は、「モンスーン型」のなせる業として、「砂漠型」や「牧草型」の欧米の風土から現れる戦闘性や合理性とは異なることを指摘している（和辻，前書，1979：17-18）。

一方、色川は、「日本の共同体は、数世紀にわたる底辺人民の叡智の結晶を宿し、おびただしい失敗の経験や惨苦の犠牲を通して考えぬかれ、創りあげられてきた、極めてダイナミズムに富む結衆の様式である」と論じる（色川，前書，1974：240）。

奄美のシマの人々は、豊かな実りを与えてくれる自然が、時には凶暴な自然に変身するという環境をも受け入れ、シマの共同体にこそ自分たちの生きる「小宇宙」があると信じてきた。そして、人々は、自然の猛威や抑圧された歴史を内蔵する風土や地形に規制されながらも、人間の共同体としての生と死を継承し、結いの力や伝統の力で、今日のシマの伝統文化を基軸とした生活をつくりあげてきたことが了解されるのである。

# 第4節 共同体への再評価

## 4-1 共同体のとらえなおし

近代化の過程では、日本の共同体は人間が自然に緊縛され、土地に隷属している前近代的な自然への隷属として描かれ、欧米の市民社会に比して、「遅れた資本主義」としてとらえられた。近代化はプラスであり、束縛から解放され、自由で生き生きとした個人となって、豊かな生活がもたらされると考えられてきたのである（大塚，1955）。

人々は、近代化や高度成長経済の発展のなかで、自由で豊かな生活、利便性の高い暮らしを実現し、謳歌してきた。このような潮流のなかで、共同体は弱体化し、各地の伝統行事や祭りは廃れて祭りを司ってきた長老の役割は消失し、経験や生活の技や叡智、潜在能力を発揮する場がなくなっていった。

一方で、経済の高度成長に伴って人々の所得は大きく増大し、経済的豊かの象徴として強大な消費市場が生まれ、大量生産・大量消費型の使い捨て文化が生活スタイルとして定着していった。農村から都市への人口移動の加速、農山村の過疎化、大都市の人口集中が進んでいった。

　奄美においても、働き口を本土・都会へと求め、若者の人口流出が進み、相対的には、伝統行事の担い手や祭りも少なくなった。しかし、本土ほどの衰退ではなく、人と人とのつながりが弱体化するものではなかった。奄美の環境には、大企業の進出するメリットはなく、また、気候条件などで本土と切り離される生活を余儀なくされる環境下での、離島ゆえの精神風土がプラスになっているとも考えられる[16]。

## 4-2 都会の荒廃と高齢者の地位の低下

　しかし今日、気がつくと個人がバラバラになって、人々は孤立、孤独、不安、空虚、ストレスフルな生活にさらされている。都市での人口集中・過密に伴い、高度成長の負の部分も見えてきた。地球環境の悪化、人体への影響、近隣との交流も弱体化していった。

　経済的豊かさを手に入れ、「公」より「私」の生活を重視してきた代償として、希薄な人間関係、空虚感、物足りなさなど、こころの喪失を感じ始めている。

　退職後の高齢者は、地域や近隣との対話やつながりの希薄な生活、地域や家庭での役割の喪失などによって、生きがい創造の場や活動の場が狭まって、社会的孤立も課題となっている。核家族化の影響や住宅事情から高齢者との同居も少なくなり、身近に高齢者と接触する機会のない若者の高齢者評価は低下している（天野, 2006）。

　人間と自然の関係が大きく変化した現代社会の閉塞感は、高齢者に限らず、都市では砂漠化社会と評されるようなストレス、不安感が蔓延している。一方、地球規模での環境問題や資源枯渇の問題が提起されている。明治以降、そして第2次大戦後の日本が国をあげて経済成長・拡大路線を走り続けてきた陰りがクローズアップされてきている。

このような経済体制下で、地域のつながりやきずなが弱体化した地域コミュニティでは、子どもの健全育成にも影響が出ている。いじめや不登校、非行は学校だけの問題ではなく、社会背景が地域や家庭に大きな影を落としているのである。高齢者だけでなく、若者にとっても生きづらい時代になっている（森田, 2010：121）。

　人々は、成長経済システムがもたらした負の部分に気づき始めている。内山は、次のように記している。

　　「資本主義の駒として人間が使われるばかりで、孤独、孤立、不安、行き詰まりという言葉のほうが、個人の社会にふさわしいことが明らかになってきた。代わって、関係性、共同性、結びつき、利他、コミュニティ、そして、「共同体」が未来へ向かった言葉として使われるようになった。農村=遅れた社会という観念も消え、むしろ都会の荒廃のほうが話題になってきた」（内山, 前書, 2010：2）。

## 4-3 共同体の評価：否定から肯定へ

　人々の意識と社会は、今、大きな転換期にある。そのようななかで、共同体への評価も否定から肯定へと大きく変わってきている。ローカルな人と人とのつながりやきずななどの関係性が見直され、持続可能社会の構築などの生きる場の再創造として、共同体をとらえ直す動きが出ている。

　国をあげての経済成長から、生活の場におけるつながる幸福感やコミュニティづくりへの提案がされてきている（広井, 2013：9-14）。例えば、里山資本主義では、役に立たない「高齢者」から生きる名人としての「光齢者」に光が当たり、お金ではない大きな力となって、里山を活性化させている（藻谷, 2013：58）。長寿超高齢社会の進展のなかで、経済資本に頼らない地域のあり方への議論や共同体のポジティブな側面に注目する動きである。

　このような動きのなかで、奄美のシマに注目する意義は大きい。例えば、今日の社会では少子高齢化への危機感が大きい。しかし奄美は、「長寿で子宝」の島である。その理由には、百寿者率の高さと合計特殊出生率の高さが

ある。出生率では、伊仙町の2.8人をトップに全国市町村の上位を奄美の市町村が占めている。この「長寿」で「多子化」は、奄美の島々の全域に共通してみられる傾向である。

### 4-4 協働の持つ力

　奄美はGDP（国内総生産）の経済的指標では低位ながら、超高齢者の暮らしの満足感は高い（冨澤, 2009a）。この要因には、果物や野菜、海の幸を交換しあう結いの習慣など、現物経済が機能していることがある。これらは、市場経済にはない地域の協働の持つ力でもある。

　加えて奄美には、自分たちの環境は自分たちで管理するという自治意識（道路の管理や清掃、結いの労働、危機管理）が強い。都会では何を買うにもお金が必要となるが、奄美では、自らの労働や気持ちの交換で成り立っている経済がある。労働奉仕でも、ボランティアという概念ではなく、共同体の当たり前の行為として成り立っている。

　これらを地域経営という視点からみれば、自分たちの主体的な取り組みや自分たちの力で地域環境を保全・創造するという、経営感覚がある。その意味でも奄美には、経済資本を使わなくても労働力が創出できる結いの社会経済システムが機能しているのである。地域経営の原点にある「経営者は住民」という地域のプラットホームの基盤が、シマには既にあるということである。

　さらに近年、地域コミュニティのありかたとして、健康長寿のまちづくりが模索されている。奄美のシマの実態から、健康長寿のまちづくりへの課題を若干検討してみたい。

# 第5節　奄美の地域経営の可能性

## 5-1 地域創生から地域経営へ

　今日、地域に軸足を移行した地方創生、地域づくりの議論が盛んである。しかし一方、地方創生という漠然としたとらえ方ではなく、地域という顔が見えるコミュニティの再生、そこから地域が自立していくという地域経営の視点

の重要性が論じられている（寺谷ら、2015：11）。

　そして、消滅するのは「自治体」であり、「民」ではない。地域には確かに危機がある。集落の規模が小さい、高齢化率が高い。しかし、消滅の可能性は集落ではなく、「ふれあう機会がなくなった社会」が危機なのであると。

　この指摘は、地域活性化の議論において、重要な指摘であろう。

　一方で、日本政策投資銀行チームが行った、地域振興プロジェクトでは、従来型の地域開発から、地域経営の時代としての成功事例が紹介されている。ここには、地域のなかでどれだけの人が行動し、どれだけの価値を生み出すことができるのかという、経営的発想が背景にある（日本政策投資銀行地域企画チーム，2004）。

　これらに共通して指摘されるのは、ふれあいの重要性と顔が見える関係性である。それらは、奄美のシマには既に形成されている。強固な紐帯があり、老若男女がともに自立し、役割を持って、顔の見えるコミュニティが形成されている。奄美のシマが、新たな地域経営のモデルとなりうる可能性があるといえる理由である。

## 5-2 奄美における「地域経営」と「健康経営」の可能性

　近年、長寿時代を背景にESG（環境・社会・統治）投資の視点から、企業の「健康経営」への取り組みに関心が高まっている（尾崎、2017）。これは、2006年の国連において、投資家のとるべき行動として責任投資原則が打ち出され、ESGに配慮している企業を重視・選別して投資を行うことが提唱されたのが契機とされる。なかでも、「健康」はESG投資の大きな項目である。

　「健康経営」とは、企業が従業員の健康を配慮することによって、経営面でもプラスになるという経営戦略のことである。従業員への健康管理を単にコストと考えるのではなく、生産性や創造性を改善する手段ととらえる。健康経営は企業イメージの向上やリスク管理の観点からも、重要性を増してきている。

　この背景には、長時間労働などの労働環境の悪化によるストレス、うつや自殺、生活習慣病の増加、若年退職者の増加がある。このような環境では、仕事の効率や発想力も低下させる。企業にとっても優秀な人材の確保からも

マイナスとなる。

　本来仕事は、経済力の確保だけでなく、生きがいや幸福感などの人生の質にもかかわるものである。生涯を通じ、健康で生き生きと働き続けられることは、長寿の時代に生きる国民共通の課題でもある。加えて、従業員の健康への積極的な取り組みや働く環境に配慮することは、企業にとっても重要なステーク・ホルダーへの投資として、プラスとなることでもある。

　したがって、健康回復の地として奄美のシマの生活を体験することは、従業員にとっても価値観の多様性に覚醒し、生き方や心のほぐし方への示唆を受けるだろう。ストレスを抱えた従業員を年のうち数か月奄美に居住し、体もこころも健康を回復し、生きがいと人間力、発想力を豊かにして都会に帰っていく。開放的な奄美の風土やシマの人々の大らかさ、伝統行事や祭りを楽しむ生活スタイルから、都会にはない豊かさや刺激、気づき・学びが大いにあるだろう。コロナウイルスと共存する時代を迎え、リモートワークの地としても、可能性があるのではないだろうか。

　一方で、奄美の人々にとっても企業従業員を受け入れることは、経済的にも、また、伝統文化の継承においても地域の活性化につながる。都会からの風は大きな刺激となり、双方にとって学びの場・協働の力が発揮されるという相乗効果があろう。

## 5-3 長寿時代の人生の一時期を奄美で暮らす

　加えて、Uターン、Iターン、そして二地域居住の地として、また、高齢期の一時期を奄美で暮らすという選択肢もある。あるいは、シマの人々の手で、ドイツなどで行われているクラインガルテン（滞在型市民農園）の日本版を運営するという地域経営の方策も考えられる。

　ある時期を奄美で暮らすという選択は、数日間の滞在型観光型では味わえない醍醐味がある。シマの祭りや伝統行事を一緒に体験し、苦労と喜びを共にする生活も、一度しかない人生を豊かにするチャンスとなろう。長い生涯の一時期、退職後の新たな故郷として、奄美の自然、文化、人との交流を人生の一コマに取り入れるという、新たな生き方への転換でもある。

奄美のシマが蓄積してきた祭りやきずな、結いの習慣などの地域資源は、健康長寿時代の到来のなかで、現役世代も退職世代も、そして、都市の住民にとっても、人生を豊かにする資源となるだろう。それらを提供するという、文化資本を活かした地域経営の可能性も広がってみえてくる。奄美のシマの人々が守り継承してきた生活文化は、都市部の生活で忘れられた本当の豊かさとは何かを、今日の人々に示してくれるはずである。

　本章では、第2部以降で実証される、長寿を支える仕組みについて明らかにする前に、そこへ着地するために、伝統的共同体や地域コミュニティの意義、地域経営、社会経済システムなどに注目して論じてきた。

　ゆったりとした生活リズムが流れている奄美のシマの営みは、長寿時代の幸福な老いを支えるうえで、他の地域の地域経営へと反映できる貴重な示唆となるであろう。

# 奄美の歴史・文化と
# シマのコミュニティ

第Ⅱ部（4.5.6章）では、従来のGDP（国内総生産）の経済指標では低位に属する奄美群島の島々において、百寿者率[17]の高さ、合計特殊出生率の高さを実現し、「長寿で子宝の島」と称されている奄美の超高齢者の健康長寿と長生きの歓びの源を解明する。

そこにおいて、現在につながるシマの結いや分かちあいの伝統、互いの人格を尊重しあう習慣に注目する。また、このような人格の相互尊重や成果の分かちあいの習慣を持つ、「個を尊重しあう伝統的共同体」ともいうべき奄美のシマのコミュニティにも注目する。

現在の奄美の超高齢者を、仕事や生活、祭りや生活空間、年中行事や信仰、習慣などにまで立ち入って研究すると、そこには、奄美がたどってきた特異な歴史や固有の地理的条件がみえてくる。奄美は、本土の歴史区分とは異なって、常に外部権力から抑圧されてきた。海上交通の要衝として重要な拠点にありながら、道之島として従属支配や砂糖島として搾取された過酷な歴史が明らかとなろう。

このような特異な奄美の歴史を紐解くならば、日常の暮らしのなかからも、シマ[18]の人々の苦労と抑圧からの解放における歓びに至る、貴重な経験を認識することができる。

歴史と地理（場）における、それらの文脈を踏まえつつ、現在の仕事、生活、祭りなどから「大らかな精神性」を見直すならば、今日の奄美における超高齢者の長寿と幸福な老いの客観的要因をも明らかにできると判断する。これらを検討することが、第Ⅲ部の実証研究における、奄美の長寿の環境要因を解明する理論的根拠を提示してくれるであろう。

第Ⅱ部では、そのような奄美のシマの事例から、共同体のなかでの超高齢者の居場所、長生きを楽しむ主体的な生き方、そして、それを支えるシマのコミュニティの実際に光を当てる。

## 第4章

# 奄美の歴史と人々の精神性

## 第1節　奄美を照射する

　本章では、奄美の人々の苦労や歓びの歴史を紐解きつつ、歴史に翻弄されながらも、現代につながる仕事や生活、祭りや伝統行事を伝えてきた奄美のコミュニティに注目する。そしてそれらは、奄美の人々をたくましく育て上げ、人格として形成され、知恵やノウハウとして蓄積されていることにも注目する。

　さらに、奄美の超高齢者の超越的思考あるいは「大らかさ」ともいうべきものに昇華されている実態にも、注目して論じていく。

　奄美の人々の歴史に寄り添い、奄美の人々が歴史から形成してきた「大らかさ」（それは本土では消えつつある）に密着し、今の奄美が「長寿と子宝」の島と呼ばれる要因を探っていく。そして、超越や大らかさの背景にある、超高齢者の仕事や生活、祭りや習慣などにまで視野を広げると、その精神性を客観的要因まで立ち入ってみることができる。

　加えて、奄美のシマに脈々と受け継がれている仕事や生活の技や文化、祭り、年中行事、習慣、価値観、文化性、自然への敬虔など、文化資産の存在が明らかにされる。それらを通じ、加齢に伴う身体機能の低下にかかわらず、超高齢者が健康長寿や満足感を維持している背景要因が浮かびあがってくる。

　さらに、超高齢者の幸福感の醸成に関わる文化資産を民俗学的視点から学びつつ掘り下げることで、奄美のシマに残る文化資本の役割や結いの習慣などが、現在まで継承されている背景が解読可能となる。そしてそれらは、

奄美の社会関係資本を豊かにし、実質所得だけでは測れない幸福度を高める要因として機能していることが考察される。

# 第2節　奄美の地域特性

奄美の地域特性について「平成29年度奄美群島の概況」（2018）を踏まえて考察する。

## 2-1　自然環境・人口

### 1）位置

奄美は鹿児島県大島郡に属する。北方は北緯28度32分、南方は北緯27度1分、東方は東経130度2分及び北方は東経128度23分の海域に、飛び石状に連なった島嶼である。鹿児島市から航路距離で377km～592kmに位置し、離島のなかでも特に本土から遠隔の地にある。群都機能のある奄美大島は、佐渡島に次ぐ第2の広さを有している。

有人島には奄美大島、加計呂麻島、請島、与路島、喜界島、徳之島、沖永良部島及び与論島の8島がある。総面積は約1200km²である。

### 2）人口・世帯数

市町村数は2006年の合併を経て現在は1市9町2村。人口は110,147人（平成27国調）である。人口の39.2％が奄美市に住んでいる。人口の増減率は、平成22年から～27年の5年間で7.3％減（県平均3.4％）で、県平均より減少率は3.9ポイント高い状況にある。

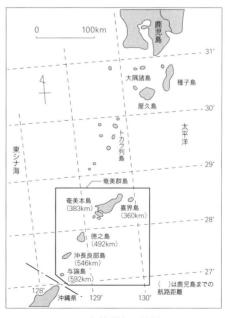

**4-1 奄美群島の位置**

世帯数は、49,517世帯で、1世帯当たりの世帯人員は2.2人（全国2.38人）である。高齢化率は31.3％（全国26.7％）と高く、町村によっては高齢化率が40％台もある。これらを全国と比較すると、世帯人員では0.17ポイント少なく、高齢化率は3.6ポイント高い状況にある。

## 3）地形と気候

地形上では大きく二分される。奄美大島、加計呂麻島、請島、与路島、徳之島の5島は、主として古成層と火成岩からなる急峻な山陸性の地形である。喜界島、沖永良部島及び与論島の3島は、琉球石灰岩（サンゴ礁）で低平な段丘状の地形である。

気候は亜熱帯・海洋性に属し、温かい黒潮が豊かな珊瑚礁の海を育み、魚や貝藻類の宝庫となっている。年間平均気温は摂氏21度前後で、鹿児島と比べると3.0℃高く、冬でも7〜8℃で推移している。降水量は東京の約2倍で約3,000mm。四季を通じ温暖多雨である。

## 4）自然環境

亜熱帯の温暖多雨な自然環境のなかで、多くの森は太古の姿で保存されている。なかでも、奄美大島にある金作原（キンサクバル）原生林は、最も原生的な森林の1つとされる。日本を代表する亜熱帯広葉林として樹齢130年の天然林のイタジイ（オキナワジイ）・イジュ・タブノキを主要樹林に、珍しいシダ類も多くシダ・ヒカゲヘゴは高さ10メートルを超えるものもある。

イタジイは奄美の人々の暮らしに昔から関わって、炭焼き用や線路の枕木に使用されたり、実は煮たり炒って食用にされてきた。また、奄美の至るところで見られるソテツも奄美の人々の暮らしに深く結びつき、飢饉の時には種子や幹からでんぷんを取って食用になっている（ホライズン編, 2000）。しかし、毒抜きが十分でないと命を落とすことにもなる。

また、貴重な天然記念物の野鳥類は291種類に及ぶなど、人も動物も豊かな奄美の森から恩恵を受けてきた。天然記念物のアマミノクロウサギは奄美大島と徳之島に生息している、生きた化石とも称される夜行性のウサギである。

## 5) 自然の脅威

　奄美には、貴重な大自然が島のいたるところにある。このような太古の自然が保全されてきた要因には、自然と共生した奄美の人々の暮らし方がある。奄美の人々は自然の恩恵に感謝し、自然の生態系を大事にしてきた。自然との一体感をもった生活が営まれてきたのである（蘭, 2004）

　一方で、豊かな自然には脅威がある。奄美は台風の常襲地域である。1981年から2010年の30年間に767個の台風が発生し、そのうち奄美市の500km以内に接近した台風は全体の2割を占め、年平均5.2個が接近している。基幹産業のサトウキビは収穫直前に被害を受ける。特に近年はサトウキビだけでなく、家の半壊・倒壊などの被害も多く発生している。

　加えて、珊瑚礁でできた沖永良部島、与論島、喜界島を除いた5島には、人の生命を脅かす毒蛇（ハブ）が生息している。現在でも年間50人近い咬傷患者が発生している。このように、奄美の暮らしには自然の豊かな恵みと自然の暴挙、そして日常の暮らしのなかに生命の危険が潜んでいる。近年では、ハブを退治するためにマングースが導入されたが、逆にマングースによる生態系への被害や農業被害など大きな問題となっている[19]。

## 6) 産業と就業

　奄美の農業はサトウキビを基幹作目に、野菜、花き、畜産、果樹などの複合経営が営まれている。近年は、たんかん、マンゴー、パッションフルーツ、プラムなど温暖な気候のもとでの果物栽培も盛んになっている。

　奄美の伝統産業である大島紬は、我が国の染色織物で最も古い伝統を持つといわれ、今日では文化財的貴重な織物である。高度成長期には奄美の基幹産業としての地位を築いたが、昭和47年をピークに大幅な減産となっている。

　大島紬に代わって伸びてきているのが、黒糖焼酎である。黒糖焼酎は、昭和28年の日本復帰に伴い、唯一奄美だけに生産が認められたものである。焼酎ブームに乗って需要が拡大したが、現在はピーク時を下回っている。

　奄美の就業構造をみると、第1次産業15％（全国4.2％）、第2次産業14％（全国25.2％）、第3次産業71％（全国70.6％）と第1次産業従事者

の割合が高く、第2次産業従事者の比率は低い（厚生労働省, 2013）。

## 7）人々の暮らし

　奄美の人々の郡民所得は2,090千円で、県民所得との差は87.5％、国民所得との差は72.9％と低い状況にある。データでは所得は低いが人々は大らかに暮らしている。その背景には現金が少なくても暮らせる生活環境がある。超高齢者にとっても生活満足度（93.4％）や地域愛着度（93.7％）の高い暮らしが実現している。超高齢者の一人暮らしは4割（39.4％）と高く、畑作りなど、超高齢期においても自立した生活が営まれている（冨澤, 2009a）。

　収穫した野菜を分け合ったり、おかずを分けあったりするいわば自給自足的な習慣は、GDPの経済指標にはカウントされないが、現金収入が少なくても暮らしを成り立たせるとともに、思いやりの心を交換しあうことで、生活満足感を高める一因とも考えられる（第6章で詳述する）。

## 8）暮らしの叡智

　人間が自然の猛威や脅威に立ち向かう術は、自然との共生と人々の連帯であることを、奄美の人々は日常のなかで体得している。奄美の人々の自然に対する敬いの心が、多くの動植物を残存させている。一方で前述したように、人々の暮らしには、台風による自然災害、農業被害、住居の損壊、物資不足、そして生命を脅かすハブの危機がある。

　後述するが、薩摩藩の支配下での圧政という社会的要因とともに、自然災害や生命の危機に対し、シマの人々は団結して対峙し、相互扶助や結いの精神で困難に抗してきた歴史がある。これらは形を変えて現在に続く営みでもある。シマの人々には、災害・困難に対処するための生活の知恵やノウハウ、結いの習慣が先祖から受け継がれている。超高齢者は、それらを体化した存在であり、知恵者としてシマの暮らしの中心に息づいている。


## 2-2 島の構成

　奄美の島と島ごとの特色をみると次のとおりである。

### 1）奄美大島

　奄美群島の最大の島で、加計呂麻島、請島、与路島を合わせた面積は

712.35 km²（全群島面積の57.9％）、人口は61,242人（群島総人口の54.3％）を占め、奄美市、大和村、宇検村、瀬戸内町、龍郷町の1市2町2村からなる。郡都的機能の奄美市名瀬地区には、鹿児島県大島支庁をはじめ国や県の出先機関が集中し、商業、運輸業、製造業、建設業の中心となっている。

### 2) 喜界島

奄美大島の東側に位置し鹿児島本土に近い島で、周囲50.0km、面積56.76 km²、人口7,358人。1島1町で構成されている。平坦地が多く、サンゴ礁の隆起した新世代の島尻層で、耕地（耕地面積40％）に恵まれ、サトウキビを中心に花卉、野菜、肉用牛との複合経営が営まれている。日本最高長寿者田畑ナビさんが存命していた島である（2017年9月逝去117歳）。

### 3) 徳之島

奄美大島の南西部に位置し、名瀬港から航路距離で109km、周囲89.1km、面積247.85 km²の島で、人口は24,377人、3町（徳之島町、天城町、伊仙町）で構成されている。耕地面積は群島最大で、サトウキビを主体に野菜、肉用牛との複合経営である。3町ともに合計特殊出生率が全国市町村の上位を占める。闘牛の島としても知られている。

### 4) 沖永良部島

徳之島南西部に位置し、名瀬港から航路距離で163km、周囲55.8km、面積93.67 km²の島で、人口は13,064人。2町（和泊町、知名町）で構成されている。産業はサトウキビを中心に、きく、ソリダコ、ゆりなどの花卉栽培や馬鈴薯を中心に生産性の高い農業に取り組んでいる。花の島として有名で、エラブユリは世界に輸出されている[20]。

### 5) 与論島

沖永良部島の南西部に位置し、名瀬港から航路距離211kmで、沖縄に最も近い島である。周囲23.7km、面積20.56 km²の円形の小島で、人口は5,339人（1町構成）である。観光は海洋性の一大レクリエーション基地として全国に知られている。農業はサトウキビを主体に肉用牛、野菜との複合経営である。

## 2-3 経済環境

　奄美は沖縄と同様、終戦後米軍の信託統治下に置かれた。しかし沖縄よりも早く、8年間の軍政下を経て1953年12月に日本復帰を果たした。日本復帰時のエンゲル係数は82.6%という、辛酸な貧困状態にあった。

　経済的遅れを取り戻すために1954年に「経済格差の是正」を掲げた「奄美群島振興開発特別措置法（奄振）」が制定された。5年ごとに法律の一部を改正しながら、現在に至っている。この50年間で交通基盤、産業基盤、社会資本、産業振興、教育環境等の整備はされたものの、過疎化・高齢化、伝統的な基幹産業の衰退等で、「本土との経済格差」はむしろ拡大の方向とも指摘される（皆村, 2003）。

　その要因は第1次産業の比率が高いことで、郡民所得も低い水準で推移している。加えて、離島ゆえに生活物資の多くを移入に依存するため消費者物価は全体に高い（鹿児島地域の1.21倍）。現金収入が低く物価が高いという、経済的には厳しい条件下にある。

　このような状況下で、生活保護率は被保護世帯及び人員共に高率で、群島平均は48.4%である。これは、国の2.9倍、県の2.5倍となっている。

　しかしその状況は島や市町村によって異なっている。奄美大島（加計呂麻島、請島、与路島を含む）では63.0%、徳之島では41.0%と高い一方で、喜界島は22.8%、沖永良部島19.7%、与論島17.1%で、この3島は比較的低位にある。これらの島は農業基盤の整備や観光産業基盤などで、所得水準が高いなどの要因があげられている（朝日, 2006）。


## 2-4 暮らしと伝統行事

　シマは、周囲の海や山と共存した生活を営み、人々は集落の中心に一群になって暮らしている。シマは交通機関が発達する以前は、険しい山に囲まれ隣のシマとの交流はなかった。閉ざされた空間のなかでシマはそれぞれが独立し、「ことばが違い、祭事習俗が違い、極端に言えば、人々の歩き方まで違うように見える」のである。

　それゆえ、奄美の人々にとって自分の生まれ育ったシマは、出自を確認で

きる唯一の場所である。いうならば生の原点としての意味をもっている。「奄美の人にとってのふるさとといえば、それは一つの島でなく、島のほんの一部を占めるシマ」なのである（山下, 1998：25）。

シマの景観は、暮らしと祈りの空間（カミ山、カミ道、ミャア／広場、墓所、ジョグチ／集落の出入り口など）がある。カミや祖霊と共に暮らし、守護されているありようがシマの至るところに見てとれる。

奄美では、月2回（旧暦1日と15日）の墓参りが一般的である。日常のなかで使われる「トウトゥガナシ」という先祖の神に感謝する言葉はその象徴である。人々は、海の向こうに五穀豊穣をもたらすネリヤカナヤ（カミの国）があると信じ、海や山、シマの入り口にある岩には神（立神）が宿る、アニミズム（自然崇拝）の世界が色濃く残っている。

シマの造形は人々の精神世界が反映し、文化的景観を形成している。奄美の人々は、シマ／島が世界であり宇宙である、という原型的な世界認識を持っているのである（喜山, 2009）。

シマの生活には旧暦（太陰暦）が使われ、祭りなどの「ハレ」と日常の「ケ」が1年の生活リズムのなかで繰り返されている。そのようにして、人々が築きあげ、継承してきた伝統文化や習慣が根づいている。近年、伝統行事は日・祝日に移行する傾向にあるものの、厳格に旧暦のその日に行うシマもある。シマごとに伝統の継承の形や強弱に差異がみられるものの、これらの伝統行事は奄美全土に残っている。

奄美独特のシマ口（方言）で歌われる島唄や八月踊り[21]は、祭りを通じて超高齢者から若者、子どもへと継承されていく。先祖が残してくれた宝として継承することを通じ人々の紐帯は強まり、シマ社会を強固に維持する機能となっているようだ。超高齢者はシマの栄に貢献してきた歴史の語り部でもある。

## 2-5 精神文化と習慣

奄美の人々の精神文化を理解するうえで重要なものに、ノロ（祝女）とユタの存在がある。ノロは各シマで祀りを司る女性神官のことである。琉球王朝

時代に王府から辞令書（インバン）で任命され、政治的・宗教的権威を持つ公的存在であった。

　一方ユタはノロと異なり、個人的事情から神を拝むようになった人である。突然、何らかの霊的に憑かれた状態（カンガカリ）となり、次第に霊的能力を備えるようになる。個人の禍福吉凶を占ったり、死者の意思を遺族に伝えたりする民間のシャーマン的機能の霊能者である。奄美の人々は教養の如何にかかわらず生活の実感として、ユタの存在を理解している（山下，前書，1998）。

　奄美独特の価値観に通じる習慣として、前述した「一重一瓶」慣行がある。現在の奄美の人の生活全般に見ることができ、人々の考え方を現している。加えて新生活運動での冠婚葬祭の簡素化など、負担感の少ない習慣も根づいている。

## 2-6 長寿要因

　奄美の特徴は100歳以上の長寿者の多さである。泉重千代さんや本郷かまとさん、田島ナビさんなどの世界最高長寿者を輩出した島である。百歳以上の百寿者は157名。長寿地域の目安となる百寿者率（人口10万人当たりの100歳以上の割合）は144.50人で、全国平均（53.43人）の2.7倍を超える（厚生労働省，2017）。

　4-2のとおり、奄美の百寿者率は12市町村ともに高い。なかでも伊仙町、天城町、与論町の3町の百寿者率は200人を超え、顕著に高い。この要因は、実証編で詳しく分析する。

## 2-7 子宝要因

　一方で、奄美は合計特殊出生率も高い。厚生労働省の2008年～2012年の人口動態保健所・市町村別では、全国市町村第1位の伊仙町（2.81）、2位の徳之島町（2.18）、3位の天城町（2.12）など、上位30位内に奄美の8つ町村が占めている。全国と比べ各市町村ともに高い状況にある（4-3）。

## 2-8 長寿・子宝プロジェクトの推進

　奄美には、自然資本の豊かさ、風習や生活習慣、先祖崇拝や信仰、祭りなどの文化資本の豊かさ、これらを支える社会関係資本の豊かさがある。奄美の長寿で子宝の島を形成する源にあると考えられる。

### 4-2 百寿者率 (%)

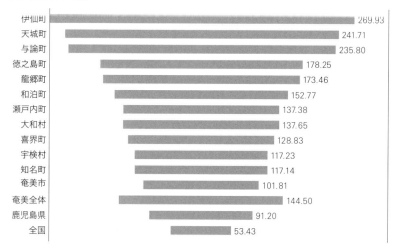

平成29年度奄美群島の概況 (2018) から筆者が作成

### 4-3 合計特殊出生率 (%)

鹿児島県 (2004) から筆者が作成

鹿児島県では、奄美の「長寿」と「子宝」を「まちづくり」や「産業の振興」、「観光の振興」に活用するために、2006年から10年間、奄美の市町村と一体となった「長寿・子宝プロジェクト」を推進してきた。この成果は、第5章で触れる「奄美の結い」につながっていると考えられる。

### 2-9 課題は男性の平均寿命

　一方で課題もある。女性の平均余命は全国平均よりも高いが、市町村によって差がある。男性の平均寿命は全国平均を下回っている。奄美の男性の飲酒者の割合が高く、飲酒量も多いことなどがある。このことは、100歳以上の割合においても女性が93％（全国88％）を占め、男性は全国平均より低い。今後においては、男性の飲酒への健康管理意識が奄美の長寿を伸ばす要因であることが浮かび上がってくる。

　以上、奄美の自然環境、気候、人口、暮らし、精神文化・習慣から、長寿・子宝へとつながる奄美の地域特性をみてきた。次節では、奄美の長寿要因を解明する上で大きな示唆となる、奄美の歴史をたどることとする。

# 第3節　奄美の歴史

### 3-1 歴史の持つ意味

　柳田國男は史学のもつ意味について、次のように述べている（柳田, 1976：16）。

　　「史学は古いことを穿鑿する技術ではけっしてない。人が自己を見出すための学問であったのだ。…現在のこの生活苦、もしくはこうした争い、また闘わねばならぬことになった成行を知るには、我々のもつところの最も大なる約束、すなわちこの国土、この集団と自分自身との関係を、十分に会得する必要がある。それを解明する鍵というものは、史学以外には求めえられないのであった」。

柳田が「人が自己を見出すための学問としての歴史学」というとき、それは、各地で現実に生きている人々が、今の生活における苦労や歓びなどの原因を、「過去の成りゆき」の研究によって知ることを意味する。したがって、奄美の「過去の成りゆき」の文脈を解明することこそ、現在の奄美のシマと人々の長寿と幸せな老いを理解する鍵だと考える。

## ３２ 奄美へのまなざし：島尾敏雄の視点
　奄美の歴史の全体を理解するために、作家島尾敏雄[24]の『島にて』の語りを借りようと思う（島尾，1966：20-32）。

　　　「わが日本は、…（アジア大陸の）はじっこに、ふりおとされまいとしてしがみついている。…大海原のまっただなかにほうりだされないで、大陸のそばにくっついていられるのは、たぶん、上と下（つまり北と南）の部分に、支え綱の役割をした弓なりに、点々とつらなる島々の帯があるからにちがいない。…そのなかの南の部分にあたる弓なりにそりかえった列島の（それを琉球列島もしくは南西諸島と呼んでいるが）北の部分にあたる、われわれが奄美群島と呼んでいる地帯の島々…その大洋のただなかにも人間生活のひとつのタイプがあることを理解したいと思う。つまり、よく目をこらして見ると、けしつぶほどの小さな島々が、孤独を紛らそうとより添うようにいくつかのグループをつくってかたまりあっているのを見つけることができるはずである」。

　島尾は、日本列島を大陸にしがみつこうとしている姿ではなく、太平洋のなかでゆったりと手足を伸ばしているもう１つの姿としてとらえ、その連なりをメラネシア、ミクロネシヤになぞえ、ヤポネシアと名づけている。そして、本土ではあまり知られていない奄美の歴史に触れる。

　　　「琉球列島は、日本本土にとって長いあいだ忘れられた島々であった。この島々の事情は伝わらず、無視と誤解のなかで処遇され、本土にとっ

ては余分な、厄介者とみなされてきた。…しかし果たしてそうなのだろう
か。まえに書いた比喩を使うなら、この琉球列島のつなぎとめの花かざ
りの弧がなかったなら、日本本土は大陸の遠心運動にふりまわされて…
崩壊していただろう。…この列島は先史の時代から、日本本土への文
化的、政治的な影響を石伝いに運ぶ海上の道であった。…にもかかわ
らず、本土はこの島々の役割を見抜き評価することができなった…」。

　「この島の置かれた悲しい歴史の根に横たわっているひとつの宿命は、
それはこの島々に砂糖黍が栽培でき、そして砂糖ができるということだ。
…薩摩藩主の島津は、…この島々に砂糖のできることを知ってどれほど
喜んだことだろう。奄美の悲劇的な運命はそのとき方向を定めたといっ
ていい。…薩摩藩は2世紀以上も奄美を砂糖島としてとじこめ、しかも
いろいろな方法を講じて一片の砂糖をも島のなかに留めおかず藩の倉
庫に収容し、…島の人々は自分で作った砂糖を、ひとかけらも法にふれ
ずに食べることはできず、それを敢えてすれば屈辱的な処罰を受けなけ
ればならなかった…」。

　「また薩摩藩は、島々の生活・風俗のはしばしまで本土と差別化して
取り扱った。結髪のかたちや衣服、…苗字があたえられる場合も…一字
だけで表すことを強いられた。さらに、その時代全体を通じて、藩は島々
に武士階級を正式には認めようとしなかったのである（つまり奄美の島々
は封建制を充全には経験しないことになった）…奄美の人々は、長いあい
だ自分たちの島が値打ちのない島だと思い込むことになれてきた。…し
かし、明治維新…（薩摩）藩の経済を支えていたものが、奄美が島々を
挙げてゆがんだ砂糖島にさせられた犠牲の上になっていること知る者は
少ない」。


　島尾が明らかにする奄美の人々がたどった悲惨な歴史は、本土の人々に
はあまり知られていない史実である。しかし、日本の近代化のなかで薩摩藩
が演じた役割の大きさを考えるとき、その成果は奄美の人々の大きな犠牲の
上に成り立っていたことが理解できる。後世の奄美の人は言う。

「もしも奄美がなかったなら、薩摩は植民地を持つことができず、従って、明治維新を起こすことなど、到底、おぼつかなかっただろう。いやその前に、奄美がなかったら、南北200キロの「道之島」が存在しなかったら、大和勢力も沖縄島とは無縁だったかもしれない。そう考えれば、奄美は、日本の多様性と近代化の無言の立役者なのです」と（喜山, 前書, 2009：195）。

### 3-3 奄美の近世までの精神史

　奄美の歴史について昇曙夢の「大奄美史」[23]から紹介する。奄美の名称は、古くは阿麻弥（古事記）、又は海見（日本書紀）[24]とも書く。阿麻弥の名は南島の祖先神で開闢の女神と伝えられる阿麻弥姑（アマミコ）からでている。

　奄美の歴史は、原始から幕末までを「奄美世」「按司世」「那覇世」「大和世」の4つに区分される。奄美がたどった歴史は、我々が知っている日本の歴史の流れとも沖縄諸島の流れとも異なっている。

#### 1）奄美世（アマンユ）

　「奄美世（アマンユ）」は、奄美の文化の始まりとされ、奄美が唯一誰にも占領されなかった時代とされる。考古学的にみると、旧石器時代25,000年～30,000年前のものと推定される打製石器等の出土品が発見され、天城遺跡は約3万年前、南東諸島では最古の遺跡とされる。

　島内の各地から、縄文前期、縄文中期、縄文後期とする土器が出土しており、奄美は孤島ではなく、古くから独自の文化の形成や他地域との交流があったことが示唆されている[25]。

#### 2）按司世（アジユ）

　「按司世（アジユ）」は、8、9世紀ごろ島の有力者按司（アジ）によって支配割拠された階級社会の時代とされ、沖縄同様にグスク（城）が成立していた。しかし、沖縄の主流が城郭だけであったのに対し、奄美のグスクは拝所・墓所・集落・館の性格を有し、シマ単位に作られ、集落住民の共有施設の性格が強かったとされる。

　按司は島の有力者となり、海上運輸と流通に深くかかわって勢力を広げて

いく[26]。この頃、奄美のサンゴ礁は夜光貝の宝庫で、酒杯や螺鈿などの工芸品として珍重された。按司のオナリ（姉妹）はノロ（女性神官）となり、祭司長となって支配を強化する役割を担っていた。

　11、12世紀以降、徳之島産のカムィ焼（類須恵器）は奄美から琉球に広がり、12世紀には奄美産の夜光貝の螺旋が中尊寺金色堂で見られるなど、11、12世紀の奄美の産出物は島外にも流通している。13世紀の初頭から14世紀にかけての奄美は、鎌倉幕府の得宗領[27]とされていた。

　15世紀には、奄美を挟んで琉球王国と日本勢の往来が盛んとなり、15世紀の半ば以降奄美をめぐって琉球王国勢と日本勢が合戦し、琉球王朝勢が勝利を収めることになる。

## 3）那覇世（ナハユ）

　奄美大島は1440年前後、喜界島は1461年、徳之島以南はそれ以前に琉球王朝の支配下に入っており、14世紀からの2世紀の間、奄美は琉球王朝の統治下に入る。この時代は「那覇世（ナハユ）」と呼ばれている。

　奄美は琉球王国の地方行政機関に組み込まれ間切[28]（地方行政単位）され、間切り役人は王の公文書により任命された。ノロは祀りを司る女性神職として辞令書で任命され、最も古い辞令書は1529年とされる（永山, 2004）。ノロ制度を有効に使った神権国家として、ノロは冒険航海者の男たちの守護者としての強力な霊力が要請され、奄美のオナリ神信仰[29]と海神信仰が強化されていく。

## 4）大和世（ヤマトユ）

　島尾の記述にあるように、薩摩藩に支配された「大和世（ヤマトユ）」と呼ばれる時代は、奄美の人々にとって最も悲惨な世である。この時代は薩摩藩による支配が確立し、奄美は道之島として琉球への水の供給や明の密貿易を含む海上利権など、次第に砂糖島として植民地化されていく。この時代は16世紀から19世紀後半まで2世紀半にわたって続く。

## 5）砂糖島としての植民地

　薩摩藩は、当初（1633年）は年貢上納体制で、水田の管理や田地開発などに力を注いでいた（弓削, 2004：43）。しかし、次第に黒糖生産量は増えて

いき、1745（延亨2）年には貢米はすべて黒糖で上納するいわゆる「換糖上納制」となり、砂糖生産が中心となってくる。

　奄美全域で稲作は禁止され、水田や畑は全て黍畑に変えられ、藩の財政確保を目的にサトウキビの単作化が進み、奄美は完全な植民地となっていく。「すべては薩摩藩の借金返済と財政力強化のためで、黒糖収奪は搾取以外の何物でもなかった」と指摘される（稲野, 2008：127）。

　加えて薩摩藩は、砂糖増産のために奄美古来の習俗・信仰を廃止し、鹿児島的封建社会への編成替がされ、奄美の習慣であった遊日を禁止していく。遊日とは島内の男女が仕事を休んで遊ぶ休暇のことで、正月元旦、三月三日、八月節句など、当時は年間35日に及ぶとされていた（昇, 前書, 1949）。

　厳しい農作業の間の束の間の楽しみも薩摩藩の論理で剥奪されていくこととなる。一方で、奄美が「薩摩」へ同化することを許さず、貨幣や往来も禁止し、衣服や身なりは琉球風で、姓を許された一部の支配層も一字姓に限定された。宗教上ではユタは弾圧されたが、ノロは否定されず政策的統治の目的で温存されている（高須, 2003）。

## 3-4 近代の精神史

### 1)「黒糖地獄」とヤンチュ（家人）

　薩摩藩の奄美の人々への厳しい抑圧、過酷な労働環境など、強権的でゆとりを欠いた島政の展開と関連して、奄美では災害や飢饉が多発した。この時期の飢饉について、「徳之島前録帳」の記録には、宝暦5（1755）年の餓死者は3,000人を超し、同12、13年の飢饉、明和3（1766）年の凶作、同7年の害虫発生、安永元年の熱行流行による1,700人余の死亡、同6年の台風・高波の被害による飢餓など、列挙にいとまがないほどの記録がある（松下, 1983）。

　この頃の奄美は「黒糖地獄」と呼ばれ、島民にとって重くつらい時代であった。年貢が払えず借財を抱えた者は債務奴隷として豪族に身を売り、この隷属者は「家人（ヤンチュ）」と呼ばれた。ヤンチュは奄美独特の階層制度である。一度ヤンチュになると終身ヤンチュとなり、その子どもも終身ヤンチュの身分

から逃れることはできないとされていた。幕末の頃には、総人口に占めるヤンチュの割合は、奄美大島で2割から3割、あるいは3割から4割であったともいわれている（前利, 2004）。奄美に伝わる島唄は、彼らが仕事を終わった後に口ずさんだものが始まりとされている。

　薩摩藩は、奄美から絞り取った黒糖によって借金を次々返済し、1848年には250万両の金がたまり、実に収益の97％が奄美の黒糖で占められていたことが明らかにされている（稲野, 前書, 2008：260）。本土では名君とされた島津斉彬は、黒糖の惣買入制を1853年には沖永良部島まで広げ、奄美での搾取を強めていく。

## 2）奄美と西郷隆盛

　ここで、奄美と西郷隆盛との関連に触れる。奄美の近代にはたびたび西郷隆盛が登場する。西郷隆盛は島津斉彬に仕えるが、1856年大老井伊直弼との政争に敗れ、奄美大島へ島流しになる。そこで、奄美大島龍郷町の豪族の娘、愛加那と結婚し3年間を過ごす。2人の間には菊次郎[30]と菊草という一男一女が生まれている。西郷は1862年に許されて帰藩し、2人の子どもは西郷家に引き取られる。愛加那は島妻[31]制度により島に1人残ることになる。愛加那は、終生、子どもと暮らすことはできなったという悲劇の物語がある。

　一方、帰藩した西郷隆盛は、島津久光の逆鱗に触れて半年後再度、今度は沖永良部島に流され、そこで1年7ヶ月の牢生活を送る。沖永良部島の牢生活では、人々に学問を教え、自身も座右の銘となる「言志録」を読みふけるなど、「人間的に深みを増した」と言われている。座敷牢から地元の若者に学問を教え、西郷の教えは島の教育、文化に大きな影響を与えたとされる[32]。

　今日、沖永良部特産のエラブユリは世界各国に輸出され、東部地区（和泊町）で多くの篤農家を輩出している。その要因には流島された西郷隆盛が座敷牢から若者たちに学問や政治、道徳や倫理観を教え、それが島の人々の自立へとつながる勤勉性、倹約性、貯蓄性の気風を培ったとされる（金山, 2011）。

西郷は沖永良部島から薩摩藩に帰藩が許され、その直後、廃藩置県により薩摩藩は鹿児島県と改められる。しかし、鹿児島県は明治の新政府が出した黒糖の自由売買を認めた通達を奄美の人々には伝えず、奄美の人々は新政府になっても安値で黒糖を買い上げられ、一方高値で生活物資を買わされる状態が続いていた。西郷はそうした支配構造にも関与した人物とされる（稲野, 前書, 2008）。

## 3）奄美の人々の抵抗史

　薩摩藩は260年の間、奄美の人々を権力で威圧し搾取し、黍作1本を強制してきた。厳しい藩政のもとで、前述したように、徳之島では3,000人に上る餓死者が出るなど悲惨な状況が続く。しかしながら、これに抗し、人々は立ち上がっている。

　三木靖は、「近世島民の自給的生業と島津藩政」のなかで、「特筆、大書すべきは他の地域には見られないような薩摩藩への抵抗運動が具体的な形をとって現れたことである」と記している（三木, 1974：53）。奄美の人々の我慢の限界を超えた、抵抗の歴史が浮かび上がってくるのである。

　これらの抵抗の歴史を見ていこう。1734年には、奄美大島において代官排斥運動が起こり、つづいて30年代後半では、徳之島の伊仙町検福での越訴、島民逃散が起こっている。これらは、「自給的生産体制が藩権力によって破壊され、黍作一本への島民の根強い反対の気持ちが示されたもの」とされ、19世紀の農民闘争への導火線とみられている。

　19世紀になると、薩摩藩の権力によって露骨極まりない搾取体制に移行させられ、「惣買入」という制度が実施される。これは、島民に黍の一定量の耕作を強制し、一定量以上の砂糖を製造させたうえで、一切の売買や消費を禁じる内容であった。奄美の実情を一切無視して、藩庫を潤すための財政改革の一環として、実施されたものである。

　このような藩権力の一方的な強権発動に対し、1816（文化13）年には徳之島の母間で一揆が勃発している。続いて1833年には、奄美大島の猿化の一揆、1864年には徳之島の犬田布の一揆があげられる。これらに対し島民は決起し、薩摩藩は未曾有の島民の攻撃を受けることとなる。

これら島民の行動は、島民が主体性を失ったのではないことを示すものと評されている。例えば、島民は黍の強制に逆らって密かに水田地や畑を維持する努力を捨てていなかったことや、彼らは実力を行使して闘うことを辞さなかったことなどをあげている（三木，前書，1974：54）。

### 4）母間騒動にみる受け継がれるアイデンティティ

　前述した1816年の徳之島母間の一揆は、「母間（ボマ）騒動」とも言われ、その内容は、母間村の人々が隣の轟木村に持っていた田地に対し、島役人が不当に高い供出米（村への臨時の負担米）を要求した。このことに対し、当時の母間の本掟（区長）は、筋を通して抗議談判する。だが聞き入れられずに、同年5月に亀津の代官所に直訴するも「筋違いの訴え」として、即日入牢させられることになる。

　これに激昂した母間村の人々630人は、6月9日、鉄砲・竹やり・魚突きなどを持って代官所を襲って本掟を救出する。翌10日夜、本掟を先頭に、村人15人が鹿児島の藩庁に直訴すべく板付け舟で出帆し、重罪覚悟の決死行に出る。しかしその裁定は、入牢3年が下り、6人は無罪で帰島。8人は遠島、残る1人は獄死したとされている。

　しかしながら、この事件を後世の人は忘れてはいなかった。この事件は、「公権力の不条理」に抵抗して村人が蜂起した歴史的事件として、200年後、徳之島町母間地区の住民組織「母間校区振興会」によって、「母間騒動の記念碑」が建てられた。

　除幕式であいさつした地元の会長は、地元史観も交え、「不正を正す大義のために闘った先人たちを称えるのが目的。我々のアイデンティティの源の"母間正直・母間魂"は15人の烈士からきていることを知って欲しい」と述べた。母間小学校校長も、「児童ら学校に息づく母間正直・母間魂の精神を今後も受け継ぎたい」と述べている（奄美新聞，2014年12月13日付）。

　悲惨な過去の歴史の真実は、未来の人々によって勇敢な行動として称えられ、受け継がれ、未来に向かって地元の人々の生きる指針となっているのである。

## 3-5 明治の精神史

### 1) 明治以降のヤンチュ（家人）解放運動

　明治2（1869）年になっても、同4（1871）年の廃藩置県後においても、奄美では一切の改正布達などが遅れて公布され、久しく新政の恩恵を受けることができなかった。これは鹿児島県が中央政府の命令を隠して島民に示さず、奄美を以前と同じように扱い、奄美の人々に新制度の権利を与えることはなかったからとされる（昇，前書，1949：421）。

　これに抗して明治の前半期、長らく苦しめられていた束縛からの解放を求めた社会運動が起きた。それは「全島沸騰」するほどの盛り上がり方で、一種の世直し的「勝手（自由）世騒動」と名付けられている（原井，2005：14）。

　この運動の1つはヤンチュ解放運動である。明治4（1871）年に奴隷解放令が出されたものの、奄美ではその後も旧態以前の状態が続いていた。明治11年に解放運動が起こり、ヤンチュの完全な解放は明治の末期である。

### 2) 黒糖勝手（自由）売買運動

　もう一つは黒糖勝手売買運動である。明治政府は、明治6（1873）年に黒糖の自由売買を認める「勝手売買」の通達を出している。しかし鹿児島県は藩政時代と同様に、奄美の黒糖は鹿児島県が独占する仕組みを作っていた。

　このような藩政時代の支配意識に抗し戦ったのは、名瀬出身の丸田南里[33]である。彼は、明治8（1875）年に西洋の進んだ経済事情を見聞して10年ぶりに帰郷する。しかし、目の当たりにしたのは封建の世と変わらない重税にあえぐ哀れな同胞の姿だった。丸田は、県の保護下にある鹿児島の商人を中心とする大島商会の砂糖売買独占に反対して、黒糖勝手売買運動（勝手世騒動）を起こし、奄美の解放に貢献する。

### 3) 独立経済とソテツ地獄

　黒糖勝手売買運動、公的自由売買、そして、明治21（1888）年から鹿児島県は、「新たな島差別」というべき「独立経済[34]（奄美独立予算）」施策を昭和15年までの53年間にわたってとり続ける（西村，1993：16）。独立経済は「島差別」＝「切り捨て」の論理とされる。鹿児島県は内地の産業基盤整備を最重要視し、奄美の産業基盤整備を無視するという内容であった。

つまり、鹿児島本土での公共事業や産業基盤の整備に莫大な資金を必要とし、余計な産業基盤の整備にまで手が回らないという理由で、奄美は自給自足的な小規模財政運営を強いられる。結果、本土と奄美の経済格差は更に広がっていくこととなる[35]。

　明治34（1901）年に成立した砂糖消費税法[36]によって、奄美の貧困化はさらに進み、島民は身近にあるソテツの実を唯一の食料として、その日その日の飢えをしのぐほかない状況にあった。この状態は、大正末期から昭和初期にかけて「ソテツ地獄」と称され、東北地方以上の疲弊を余儀なくされた。ソテツの実には毒があり、食し方を間違うと悲惨な死亡事故につながる。死者を出した悲劇が繰り返される。

　このような状況のなかで島民は立ち上がり、砂糖消費税全廃の懇願は昭和3年になって実ることとなる。しかし、経済不況脱出の効果までには至らず、この状況を見かねた国と県は昭和4年度から「大島郡振興計画」を策定する。産業振興をベースに、教育・衛生・交通運輸・土木などあらゆる分野の救済政策が10か年計画で打ち出されるが、予算の実現率は低く、同15年には振興計画の終了とともに救済策は中途で終了することとなる。

　そして、日本は戦時下に入っていく。明治の新政府になっても、そして、大正、昭和と年号は変わっても、奄美の人々にとっては、不条理にも困難な時代は続いていったのである。

### 4）奄美の近世と人々の抵抗

　奄美の近世の歴史を象徴的に映し出すひとつとして、奄美でのカトリック教会の多さが指摘される。黒糖の自由売買も認められず不当な圧力を受けていた奄美の人々に、新しい理念や考え方の必要性を痛感した奄美出身の検事であった岡程良は、「万民平等」という西洋思想を奄美の人々の精神的支柱として広げようと、本土のキリスト教各派に布教を要請する。

　仏教などの影響もなかったことから、キリスト教は砂に雨水がしみこむように人々はカトリックに関心を寄せ、大正12（1923）年には信者数4千人にものぼっていた（西村, 1993:154）。その後、大正から昭和にかけて軍部は西洋思想への警戒からカトリック弾圧を行う。抵抗する信者に対し、軍部に加

担して嫌がらせや激しい排撃運動を行う住民らの様子は、『悲しみのマリアの島』(小坂井, 1984) に描かれている。著者は、「純粋日本」としての自信喪失とその裏返しの「日本人化」への近代奄美人の葛藤とみる。

　「日本人」になることに必死だった人々の思いは、奄美独特の一字姓を二字姓に改姓する動きにも表れている。大正12 (1923) 年の関東大震災をきっかけに、東京の奄美出身の青年を中心に改姓運動が始まった。一字姓では朝鮮人や中国人に間違えられるという理由もあった (前潔, 前書, 2004)。

　他方で、近世社会を通じ、島民が主体性を失ったのは誤りであったとされている。その根拠に、富山県の米騒動が口火となった全国的な暴動の勃発は、南九州ではただ1か所、奄美大島の住用村で起こったこと。また、徳之島の松原鉱山で賃金ストライキが発生していること。あるいは、大正13 (1924) 年には、アナキスト大杉栄の1周忌が奄美大島の瀬戸内町古仁屋で行われ、地元の若者らによって記念碑の建立がされたこと、などがあげられる。

　交通機関の未発達の時代に、鹿児島県本土では全くみられないにもかかわらず、このような一揆が奄美で次々に勃発していた。これらの行動に対し長澤は、直情径行でしかも時代を敏感に反映する奄美人の特色をよく示している、と述べている (長澤編, 1974: 62)。

## 3-6 占領下の精神史

### 1) 復帰運動に示した人々の団結

　昭和21 (1946) 年2月2日の行政分離 (二・二宣言) によって、奄美は昭和21年から同28年12月までの8年間、米軍による直接占領下に入る。この間人々は軍政府による低賃金政策[37]などにより厳しい統治生活を強いられ、困窮を極める。特に教育面は悲惨な状況で、これに抗し島民は団結する。

　昭和26 (1951) 年には、奄美大島日本復帰協議会 (会長泉芳朗) が結成される。奄美の全市町村で実施された満14歳以上の住民による復帰祈願署名者は139,348人 (拒否者56人) に達し、署名率は99.8％を記録した。いかに奄美の人々が祖国日本への領土復帰を熱望しているかが実証されるものであった。この署名の推進には高校生が大きな力を発揮した。授業後積

極的に署名活動に参加し、主体的に復帰運動の一翼を担ったのである（花井編, 2014）。

　復帰協主催の「郡民大会」は悲願達成まで27回開催された。日本復帰の歌も作られ、祖国復帰祈願への民衆の思いが託されていく。併せて島外の出身者を中心に郷友会組織のある東京、関西、鹿児島でも復帰運動が展開され、奄美内外で復帰運動が盛り上がっていく。

　昭和26（1951）年8月1日には、復帰協の泉芳朗会長自らが身をもって復帰切望を示したいと、120時間の断食祈願に突入する。このことは全島民の共感を呼び、全島各地で、断食祈願が行われた。

　このような全島一丸となった祖国復帰運動の結果、昭和28（1953）年8月8日アメリカのダレス国務長官が奄美群島を日本に返還することを発表した。昭和28年12月25日午前零時を期して奄美の島々は日本に復帰した。島民の非暴力民族運動の勝利の象徴とされている。

　人々は「ダレス声明」を心から喜び、各家々で日の丸の旗をかかげ、日の丸の旗と提灯行列が町や村を埋め、万歳の声が高らかに沸き起こった（林, 2004：86）。こうして、奄美は沖縄より19年早く念願の日本復帰を果たすことになった。昭和27（1952）年9月30日の新聞では、復帰後は「奄美県」の可能性も報じられたが、日本返還で奄美が選んだのは、長年苦渋を強いられた鹿児島県への復帰であった。

　占領下での奄美の人々の極貧生活は、日本復帰直後のエンゲル係数が82.7％だったということにも表れている。日本経済の伸長が著しいなか、奄美群民一人当たりの所得は全国平均の47.5％、県平均の79.2％という状況であった。食べるものにも事欠くなかで、支えあいのなかで耐え忍んできたという歴史が奄美にはある（薗, 2004：101-110）。

　それゆえ、奄美の人々は、本土復帰の日を忘れはしない。復帰運動は語り継がれ、毎年記念の集会がもたれている。平成25（2013）年は復帰60年の記念の年であった。全島挙げて、復帰の記念行事が行われた。南海日日新聞の社説には次のように書かれていた（2013年11月8日付）。

「復帰運動が繰り返し語られるのは、自立的、創造的、主体的、奄美同胞の今日的で普遍的な響きを伴っているからにほかならない。復帰の扉は、私たちが関心と理解を持って臨めば60年後の今も、明日も常に開かれている」。

　本研究が対象とする85歳以上の超高齢者は、青・壮年期を米軍の直轄下で辛酸な生活を体験した世代である。

## 2）奄美ルネッサンス

　一方、日本本土から行政分離された8年間、奄美はかつてないほどのエネルギーが湧き出した時代でもあった。この時代は、「あかつち文化」あるいは「奄美ルネッサンス」と呼ばれ、復帰運動は文化興しや自分興しを土台に発展し、奄美の人々が一番エネルギーを持った時代とも言われている[38]。

　本土との文化・娯楽が隔絶され、閉塞された社会状況のなかで、昭和21（1946年）には同人誌「あかつち」や奄美青年団の機関紙「奄美青年」、昭和22（1947）年には文化雑誌「自由」、昭和26（1951）年には、名瀬市婦人会文化部の機関紙「婦人会報」などが次々に発刊され、島民にとって、文学や社会科学、経済等の勉学の機会の場が実現したのであった。

## 3）復帰下での新聞社の創設

　占領下での言論統制や食糧難、物不足など、困難の極みのなかで、奄美では2つの新聞社が創設されている。1つは南海日日新聞社で、昭和21（1946）年に「南の海の日輪たらんとの志を掲げ、郷土の文化の向上に力を尽くす」を掲げて創設された。もう1つは奄美タイムス（現奄美新聞社）である。

　「南海日日新聞」、「奄美タイムス（現奄美新聞）」の2社は、文化を断ち切られた人々にむさぼり読まれ、祖国の実情を知る唯一の光とされた。両新聞社が主催する芸能祭や音楽コンクールや「奄美文化協会」などの劇団も誕生した。

　本土からの物資が途絶え、経済的には苦しい占領下ではあったが、文化は人々に癒しと励ましを与え、復帰運動の原動力を担ったとされる（林，前書，2004：88-90）。

#### 4）復帰運動に貢献した地域婦人会

　地域婦人会もまた、本土復帰運動に積極的に関わってきた。彼女らは、復帰後もシマの生活改善運動や、シマの伝統行事から高齢化、過疎化問題、環境問題、子育て問題など、地域全般の問題とつながって活躍し、地域社会に不可欠な位置を占めてきた。地域婦人会は、シマごとに組織され、地域での「母親」的役割として家庭とシマをつなぐ重要な接点となっている（李,2015）。

　一方で奄美では、女性は霊的な力をもつとされ、女性の信仰上の地位は高く、男性より優位に位置づけられてきた。現実世界では女性の地位は低いが、奄美の女性は「とにかく働き者」である。家事、育児はもちろん、農業、サトウキビ、酪農や果樹に従事し、そして大島紬[39]の織り子として、一家の家計を支えてきた。奄美の女性の生活について描写している長田須磨の『奄美女性誌』では、「奄美の女性にとって、機織は遊びであり、仕事であり、生活の一部であった」と記されている（長田,1978：15）。

　筆者の調査した奄美の超高齢の女性たちも、ほとんどが大島紬に従事し、機織りしながら苦労して子育てをしたことを話してくれた。その頃を思い出す彼女らの表情は誇らしげでもある。奄美の100歳以上の百寿者の94.2％は女性である。彼女たちは若い頃の過酷で厳しい生活のなかで丈夫な体を作り、今日の長寿を得て暮らしているのである。

#### 5）占領下の教育

　占領下の奄美でも、終戦とともに児童・生徒の通学が開始されたが、学用品や教科書が不足がちで、劣悪な教育環境にあった。このような状況を見かね、昭和23（1948）年には、2人の小学校教諭が本土の教育教材収集のために辞表を出して密航し、約3か月後に2人は目的を果たし帰島する。しかし、教職には戻れなかった（永田,2015）。また奄美では、高校を卒業しても上級学校に行くことができない状況にもあった。復帰運動は、このような窮状のなか、学校の先生、高校生も一丸となって取り組んでいく。

　特に、奄美の人々にとっての教育は、歴史的に蓄積された貧困を脱却する最も確実な方法として認識されている。「最も確実な最高最大の成功をお

さめることの最良の方法は教育を受け学問に励むことであるから、貧しいときは何より教育を受けるのがよい」に代表される（長澤, 1974: 84）。

　少しでも進学の可能性があれば、家庭を挙げてその子の進学に奉仕する姿勢が共通する。しかし高校を卒業しても島外の上級学校に進学できない占領下では、親にとっても子どもにとっても、未来が描けない閉ざされた状況にあったのである。

　それゆえに、奄美の全市町村で実施された14歳以上[40]の署名率がわずか2か月で99.8％の署名が集まったのである。まさに祖国復帰は、全島民の悲願であった。奄美の人々の一致団結した熱い思い、願いが詰まった歴史的署名である。

### 3-7 復帰後・戦後の暮らし

**1）奄振：奄美群島振興開発特別措置法と奄美の人々**

　復帰当時の奄美は、甚大な戦災とそれに引き続く行政分離、政情不安にさらされていた。復帰の翌年（1954年6月）から国の支援による振興開発事業として、「奄美群島振興開発特別措置法（奄振）」が制定され、「急速な復興」「民意の安定」「産業・生活基盤の整備」「本土なみ」[格差是正]を目標に「基盤整備」中心の公共事業が進められた。以降、名称を変えながら延長を繰り返している。

　しかしながら、「奄振」事業は「本土なみ」を掲げて進行するが、本土に目を向けるのに夢中で地元の良さを失った、奄美群島挙げての開発事業であるという指摘がある（実に、全計画の95％が産業・社会基盤の整備であった）。復帰後半世紀の間に、奄振事業によって奄美の自然は深刻なダメージを受け、無駄な公共事業の予算は本土に流出し、結果、奄美は利権で食い物にされる島になったと嘆かれている（薗, 前書, 2004:105）。

　一方で、奄美群島振興開発アンケート調査の結果では、奄美群島のイメージについて地元住民の約6割が「（10年前と比べて）良くなっている」と回答している。群島外に転出予定の高校生等の75％は将来島で暮らすことを希望しており、その割合は5年前より10ポイント程度増加している。これまで

の振興開発の成果に対する一定の評価の反映という見方もある（平成24年度奄美群島の概況, 2013: 78）。

　高校卒業後は、島に大学や就職先がないことで島を出ざるを得ないが、将来島で暮らすことを望む背景には、ハード整備はもちろん、幼い頃から親しんできた祭りや伝統行事、温かい人々に包まれた伝統的コミュニティの魅力ではないかと考える。

### 2）復帰後の暮らしのエネルギー

　奄美の人々は、終戦後もアメリカ軍の統治という外部権力によって翻弄され、辛酸な生活、希望をもたらす教育を受ける機会も閉ざされていた。しかし、孤立した環境のなかでも、創意工夫し独自の文化を花開かせている。

　奄美の人々の、抑圧された状態のなかでも楽しみを見つけ、みんなで享受するというエネルギーは、過去から積み上げられた生きるノウハウが次の世代に伝わっている証であろう。ユングの分析心理学でいう集合的無意識[41]とも理解できる。つまり、人々の祖国復帰という一致団結した民族運動で祖国復帰を果たしたそのエネルギーは、奄美の歴史から獲得・堆積されてきた生きる技と読めるのである。

　一方で、本土復帰後も奄美の生活水準と本土との格差は大きく、人々の暮らしはあまり改善されなかった。復帰した時（昭和28年）の郡民所得は対国民所得の28.3％で、10年後の38年は40.9％、昭和46年でも49.6％と本土の半分以下である（村山, 1974: 69-70）。本土なみを目指して奄美復興・振興開発事業が展開していくが、本来の「開発」とは、人間の福祉の実現のためのもので、産業・経済の開発・進行はあくまでもその手段である。しかしながら、開発が目的化していき、多くの自然が失われた（薗, 前書, 2004: 101-110）。一方で、現在でも、所得格差は解消されていない。

## 第4節 「一重一瓶」にみる独立・対等

### 4-1 一重一瓶慣行

　奄美の人々は過酷な暮らしのなかで、どのような知恵を出しあってきたの

であろうか。それは、前述した奄美独特の「一重一瓶」に、生きる知恵とノウハウを見ることができる。

　奄美の人々のこのような価値観は、各世帯の独立性、対等性、主体性のみならず、集落内の生活の多くの側面に一貫してみられる。この価値体系は、奄美の人々の暮らし方、土地所有、労働組織形態において、統合されているものとみられている（石川, 1993）。

### 4-2 世帯構成に見る独立・対等

　奄美の独立性、対等性は世帯構成にも表れている。日本復帰後の昭和30〜31年に初めて行われた九学会調査[42]は奄美の社会人類学的研究の嚆矢とされる。その調査でも、奄美は従来の日本農村の類型（「同族型」と「組型」）のいずれにも属さない社会であることが明らかにされている。

　例えば、土地所有においても階層的な所有は行われず、平均的に細分化されていること、共同労働の組織は、ハロウジと呼ばれる双性親族の範囲内をベースに、友人関係や近隣関係を含め、そのつど当事者の主体的選択によって形成されるなど、個々の世帯・個人の独立対等性が重要視される。

　世帯規模においても、一般的に農業世帯の比率が50％を超える地域では、直系家族を主とする大家族形態が多く見られる。一方、総世帯数に占める農業世帯数が10％以下の地域では、核家族を主にする家族形態が圧倒的に多いとされる。ところが奄美は例外的で、奄美の総世帯は75％が農業に従事しているのにかかわらず、家族形態では直系家族は著しく少なく、核家族にみられる縮小指向型に近い傾向にあったことが指摘されている。

　この傾向は、昭和50年代の大和村集落の調査からも、87世帯中75世帯（86.2％）は一世代又は二世代の小家族であったことが明らかにされている。

　また、単身世帯20世帯のうち19世帯は60歳以上の高齢者世帯で、そのうち7人は集落内に別世帯を構える子がいるが、積極的に同居しようとする意図はうかがえなかったと記述されている（石川, 前書, 1993：147）。

　奄美では、親子の同居・別居は制度化されたものでなく、さまざまな条件のなかで主体的選択により小家族形態になっている。ただし、世帯が独立的

であるが孤立でもなく、近隣に住む子どもや親族、友人の世帯との対等性に基づく互助的連帯がある。現在でも条件が許せば親子は独立して別居志向が強い。

この傾向は、筆者の奄美の超高齢者調査からも明らかにされ、90歳代でも一人暮らしが多い。しかし、近くに子や孫が住んでいる。本人の自立意識を尊重しながら日常的な関係性は濃密である。

## 4-3 家意識の強弱

奄美の家族は伝統的に双性家族的[43]傾向が強いが、相続財産や名声などの先祖の偉業に価値を置く家族連続性に対する志向は弱い。祖先祭儀の実行が大切とされ、親の後を取る人（ウヤワズレといわれる）は、親の地位財産の相続継承という意味でなく、親の面倒をみる人、親の死後墓や位牌を祀る人の意味で使われ、子どものうち、最も向いている者がなる。

奄美における家族連続性は、祖先祭祀の側面で強調され、位牌祭祀における三十三年忌の弔いあげで、死者の霊は一般的祖霊（カミ）となり個性は喪失する。一方、三十三回忌の祭祀を受けられなかった場合は、霊は行き場がなくなって集落のなかを飛びまわるとされる。

したがって奄美の人々は、自らの死後誰に霊を拝んでもらうかが重大な関心事となる。奄美では、自己に隣接する一世代上と一世代下位にわたる連続性への志向は強いものがある（石川，前書，1993：149）。

## 4-4 暮らしのなかの祈り

奄美では、先祖との距離が精神的にも物理的にも近い。生活のなかに、ヤホウガナシ（自分の先祖の神様）に感謝するという意識がある。墓は海に向かって建てられ、それぞれの自宅から近いところにある。朝夕2回、先祖をはじめとした神様にお祈りをし、また、月2回、旧暦の1日と15日は墓参りの習慣がある。亡くなった人の月命日も大切にされる。こうした日常的な祭祀を経て、三十三回忌以降は祖霊（カミ）となる。

なお、奄美の宗教法人総数は72である。その内訳をみると、神道系30、

仏教系6、キリスト系12、諸教系（その他）24で、仏教系寺院が極端に少ない。本土と大きく異なる傾向にある（平成29年10月1日現在）。人々は先祖信仰を中心に墓地を構成し、各家の墓地内には仏教形式の大和墓と十字架が違和感なく混在している。信仰に対しても大らかで、個人の自由が認められている。

　4-4の写真は、徳之島町母間花時木名（ケドキナ）集落の墓地である。奄美はクリスチャンが多い島である。一方、与論島や沖永良部島は神道である。

# 第5節　歴史に培われたアイデンティティ

　本章では、これまであまり注目されてこなかった奄美の、閉じられた（秘められた）歴史を紐解くことから、奄美の人々のアイデンティティの源が明らかにされてきた。奄美の歴史はあまりに悲しい。奄美の位置するヤマト（本土）とナハ（沖縄）に挟まれた地理的・宿命的な環境ゆえに、常に外部権力に侵略され、翻弄され、搾取されてきた。人々は過酷な労働、自然災害、飢饉や飢えなど、食べ物にも事欠く辛酸な生活を強いられてきた。

　一方で、奄美の人々は権力に抗し戦う術を蓄えてきた。人々は単に忍従するのではなく、圧政に対し団結して戦ってきた抵抗の歴史も浮かび上がってきた。後世の人は、社会正義のために立ち上がりながらも、権力に倒れた人々

の悲惨な歴史を忘れてはいない。先人たちの勇敢な行動は、伝統が受け継がれるシマのなかで人々に語り継がれている。それらは、シマの人々のアイデンティティとなって、未来に向かって生きる指針となっている。

一方、奄美の文化に注目すると、文化は奄美の人々の過酷な生活の精神的癒しとなって立ち現れてくる。植木浩は文化について「人間に生きる喜びを与え、人生に意味を与えてくれる源泉」であり、「人間が人間らしく生きていくために、欠くことのできない本質的なものである」と論じている（植木,1998：214）。

超高齢者はそのような奄美の歴史の生き証人であり、次の世代の生活環境を整えてきた。コミュニティのつながりのなかで、人間らしく生きる歴史を拓いてきた超高齢者のエネルギーが、奄美の長寿を実現しているように思われる。

次章では、奄美の各シマで継承されている伝統行事を取り上げ、超高齢者の健康長寿と幸福な老いとの関連を検討してみることとする。

**第5章**

# 奄美の伝統文化と超高齢者の役割

## 第1節　シマに注目する

　本章では、奄美の超高齢者の長寿と幸福な老いの源泉を明らかにするために、超高齢者の人間発達や潜在能力を媒介するシマの機能に焦点を当てる。奄美のシマと超高齢者に着目すると、以下のことが見えてくる。

　つまり超高齢者は、過去の過酷な歴史に培われた生きる技やノウハウを蓄積し、「トウトゥガナシ」という感謝の言葉に象徴されるシマの文化資本を体化した存在ということである。

　例えば、民俗芸能の島唄や八月踊りはシマ口（方言）で唄われ、超高齢者は多様なテンポで踊られる八月踊りの達人である。若い世代が島唄や八月踊りを自在にこなす超高齢者の所作や技を真似しながら、伝統文化が引き継がれていく（中原, 1997: 120-121）。奄美のシマの事例を考察すれば、地域のコミュニティ特性が長寿と幸福な老いに関連する要因として導かれるのである。

　翻ると、本土では高度成長経済の進展のなかで地域コミュニティは弱体化し、地域の祭りは消え、祭りを司ってきた老人は、経験や技・叡智などを蓄積しながら自らの潜在能力を発揮する場がなくなっている。生産性や効率性を重視する経済社会では、超高齢者は、非生産的、依存的存在として、身体機能の低下や介護の側から語られる。

　一方で、奄美のコミュニティでは、超高齢者には求められる役割があり、潜在能力を開花させる人間発達の場がある。シマでは行事や会合の際には、年長者は上座に座らされる。年齢が序列を決めるのである。町長でも例外

はない。このような人格の相互尊重や成果の分かちあいの習慣を持つ、"個を尊重しあう"奄美のコミュニティに注目する。

　これらを子細に観察することで、奄美の集落に脈々と受け継がれている仕事や生活の技、祭りや年中行事、習慣や価値観、長寿者への敬愛などの文化資産の存在が明らかにされる。そして、加齢に伴う身体機能の低下にかかわらず、超高齢者が健康長寿や満足感を維持している要因が明らかとなる。

　超高齢者の幸福感の醸成に関わる文化資産を民俗学的視点からも学びつつ、掘り下げる。そのことによって、奄美のシマに残る文化資本の役割や、結いの習慣が明らかにされる。それらは、奄美の社会関係資本を豊かにし、実質所得だけでは測れない幸福度を高める要因として機能することが考察可能となる。

　これらの研究成果が、社会学や心理学、老年学における先の知見と総合化されるならば、GDPの経済指標では測れない、高齢化や過疎化が進む地域における超高齢者の幸福研究に新たな展望が拓かれうると考える。奄美の超高齢者とシマにおける自然資本、文化資本、社会関係資本の形成に着目する意義がここにある。

　本章では、奄美のコミュニティを社会学の視点にとどまらず、人間存在の場の重層的要素として、風土や民俗的視点を加えて、広い概念からもとらえる。ここでは奄美のコミュニティを、「風土や伝統文化、習慣、信仰から形成された帰属意識と自己了解、相互尊重や成果の分かちあいの基盤をもつ個を尊重しあう伝統的コミュニティ」と定義する。上記の定義を踏まえ、奄美のシマの構造と機能を考察していくこととする。

## 第2節　シマに残る祈りと生活空間

### 2-1　シマの形状

　『名瀬市誌』(現奄美市) によると、奄美の古代シマの構造には4つの基本的道具立てがあるとされる。

　「第1は、モリ、オデ (御岳)、ウガン (拝ん山)、オボツ山、カグラ山などの

呼称をもつ"聖林"で、そこは神が下りると信じられている神聖な場所である。第2は、キユッキョ（清い川）、カンギョ（神ん川）、ミゾリ（身そぎ、水ごりの転）、ヤンゴ（屋ん川）などの呼称を異にする"清めの泉"である。第3は、シマを貫く"神ん道"である。聖なる林（カミ山）に発し、海浜に出て海のかなたのネリヤに通じることになる。シマを訪れる海神等を送迎する"神聖な通い路"である。第4は、"祭り庭"で、シマのなかにあるミャーという広場等からなり、トネヤ、アシャゲという聖屋がある。シマは、聖林の麓の里から時代とともに海岸の方（金久：かねく）に発展している。日本で最も濃厚に海神信仰の保たれている地方とされる」（名瀬市誌, 1996：122-123）。

　以上の古代シマの痕跡は、今も奄美のシマに多く残っている。シマの山寄りには神聖なカミ山があり、女性神官ノロによって迎えられた神々はカミ山に降り、そこからカミが通るカミ道があり、ミャーと呼ばれるシマの祭事を行う広場に通じる。カミ山から垂直軸にカミ道、ミャーという広場に達し、さらに海辺に至り、五穀豊穣をもたらす神の国ネリヤに通じる。

　中心の広場には、四本柱で吹き抜けになった祭場（アシャゲ）がある。広場の一番近くにシマの神祭を担当するノロの屋敷がある。また、トネヤ神祭りの際は祭場になる建物がある。ノロの屋敷やトネヤが廃れた今でも、祭りの際の祈祷場の役割を持つ家がある。

　奄美の居住空間には、自然とともに生きてきた共同体が蓄積してきたノウハウが有形、無形の資産となって息づいている。自然への祈りの空間は、シマの文化的景観を形成している。その姿が色濃く残る奄美大島宇検村阿室集落（5-1, 5-2）。まず、カミ山の特徴は頂上に傘の形状になった琉球松の植生である。遠くからでもよくわかる。

## 2-2 シマと暮らし

　奄美の8つの有人島には約380ものシマが点在する。シマは前面を海に、三方は険峻な山が迫っている。そのため、交通機関が発達していなかった昔は隣のシマとの交流はなく、人々はシマのなかで生まれ、結婚し、一生をシマのなかで過ごすのが一般的であった[44]。シマの生活には、自然の生態系

5-1 カミ山（上）
5-2 カミ道（下）

を持続させる知恵、自給体制、地縁・血縁で深く結びついた伝統的共同体（ゲマインシャフト集団）の要素が色濃く残っている。

　隣のシマとの交流がなかったために、シマ毎に言葉や習俗、シマ口も異なり、八月踊りやリズムにも差異がある。前述したように、奄美の人々にとって、シマは自分の出自を確認できる唯一の場所であり、生の原点でもある。奄美の人にとっての故郷は、「島のほんの一点を占めるシマなのである」（山下，1998）。

　奄美の人々は、シマを離れた後にも自分のシマに対する思いは熱い。シマを出て本土や他所で暮らす出身者の組織である郷友会[45]（ゴウユウカイ）は、シマ単位に結集されている。高齢化や過疎化の進むシマへの伝統行事の参

加や担い手だけでなく、共同墓地・記念碑の建立の際の寄付など、何かある時の大きな力となっている。奄美には、現代版の結い・知識結が機能している。

## 2-3 人々の精神性

奄美の人々は外部勢力からの支配・収奪・差別を受け貧窮の極にあっても、自然に対する畏怖と畏敬を忘れることはなく、自然の循環を大切に、豊かな自然を守ってきた。そこには、人間は自然に生かされているという認識から、森・川・海との一体感を持った生活が継続され、そのことが独自の豊かな文化をつくり伝えきたのである。

人々は月や太陽までを含めた宇宙観を持ち、特に水の立体的な循環を大事にしてきた。奄美のユタ神の親ユタである亜世知照信氏は、「石から砂の浜まで ぜ～ぶ水がなくちゃいかん」、「神に頭を下げるのを忘れても、水や太陽に頭を下げることを忘れるなっちゅうのが奄美」と繰り返し語っている。そのことを表す言葉に、「水や山おかげ、人（チュ）や世間おかげ」ということわざがある（薗, 2004）。

シマの人々は奄美の厳しい自然、社会制度のもとで、互いに助けあうノウハウを蓄積し、祈りとともにある居住空間を大切につくりあげてきたのである。

## 2-4 暮らしの祈り

近年、高齢化と過疎化のなかで先祖のお墓を守る取り組みとして、合同墓に移行する動きがある。将来、お参りに来なくなったお墓をどうするかの危機感が人々のなかに共有されているのである。先例を作ったのが宇検村（屋鈍）の共同墓である。人々の共同墓への移行の意思は強く、まだ新しい墓も壊され、旧墓地の跡地に共同墓が建てられた。墓の前の広場は海の見える場所で、シマの催しなどが行われるための広い空間がある。シマの人は、「死んでも誰かがお参りしてくれるので安心」という。

## 2-5 ネリヤカナヤと聖なる水

　奄美の人々の精神性は、海の向こうにある幸せな国ネリヤカナヤ信仰に象徴される。そこは死者の魂の行く国であり、人々に富をもたらす国でもある。ネリヤカナヤ信仰は、祖霊祭と豊年祭が一体化した伝統行事となっている。

　例えば、徳之島町の井之川集落の伝統行事「夏目踊り」では、朝、親族一同で先祖のお墓参りをしたあと、夜更けから集落全体を1軒1軒練り歩き太鼓を叩いて歌って踊り、海の向こうのネリヤの国の神様に豊穣祈願をする。

　龍郷町の秋名集落で行われる「平瀬マンカイ」の伝統行事も、東シナ海に面した海で、ネリヤの国から稲霊を招く行事である。国の重要無形民俗文化財に指定されている。

　また、「聖なる水」は、今でも奄美の女性たちに大切にされている。女性たちは、生まれた時にそれぞれのシマの聖なる泉から汲まれた水を大切にする。これは女性の生理に根ざした健康祈願でもあるとされる。コップの水のなかに3つの石を入れて、その水を大切にする。

　その水は、昔は、毎日泉まで汲みに行っていた。現在では水道水に変わり、泉の水と交換するのは1か月ごとと語ってくれた[46]。毎年12月の末になると、女性たちは健康を祈願するために、それぞれの泉の水場に祈りに行くという。


## 2-6 ハレとケ

　シマの暮らしには、祭りなどの非日常行事の「ハレ」と日常生活の「ケ」が1年のなかで生活を楽しむ工夫として息づいている。ハレは晴れ着のハレで非日常の特別の時を意味し、ケは日常や普段を意味する。祭りや年中行事はハレであり日常生活と区分される（谷口, 2006）。

　こうしたハレとケの概念に対立するものとして、「ケガレ」がある。ケが農業を可能にするエネルギーととらえ、そのエネルギーが枯渇する状態をケガレだとする。ケガレを回復するのがハレの儀式であり、ケからケガレへ、ケガレからハレへ、ハレからケというように循環する。祭りや年中行事は、日常生活のエネルギーが減少した状態を、活力が充満した状態に回復するために執行されるものである（桜井, 1984: 219-235）。

また、ハレとケは、欧米のように聖俗二元論で明確に区別してとらえられる
ものでもない。ケの空間がハレの空間に転換するなど、特定の空間を互いに
すみ分けながら、イレカワリの原理で、ハレのなかにケ、ケのなかにハレが内
在する。奄美のカミ道がそうである。

　薩摩藩の圧政と抑圧された生活のなかで、奄美の人々にとっての祭りや
年中行事は、厳しい農作業にとって欠かせないエネルギーの源であった。そ
れは苦楽を共にする相互扶助や結いの習慣となり、きずなやつながりの基盤
を強固にし、永続化する源でもあった。まさに奄美のシマには、昔の人の生
活の知恵がノウハウとして積み上げられている。

## 2-7 奄美のノロとユタ

　奄美の人々の精神文化を理解する上で、ノロとユタの存在がある。ノロは
シマの神々や先祖を祀る女性神官として、政治的・宗教的権威をもってきた。
しかしノロは世襲制のため高齢化で減少し、現在では奄美でのノロの神祭は
姿を消し一部の地域で残っているのみである[47]。

　一方ユタは、ノロと異なり個人的事情から神を拝む人になる。ユタは女性
が多いが男性もいる。民間のシャーマン的機能を持つ霊能者である。

　過去の歴史からは、ユタは度々弾圧にあってきた。山下は『奄美のシャマ
ニズム』の冒頭で、「奄美のユタの歴史は悲しい。それは偏見と侮蔑と、はた
また、シマの人々の熱烈な信仰と支持の狭間で、穏便な存在を取りながら、
ひそやかに受け継がれた歴史がある。奄美の人々は生活の実感としてユタを
理解している。それは、シマの人々の精神生活を基底する存在だからである」
と記している（山下, 前書, 1998）。

## 2-8 超高齢者とスピリチュアリティ

　シマのゆったりとした時間の流れは、超高齢者のスローな暮らしに適合し
ている。過ぎてきた過去とこれからいく世界が、現在の暮らしのなかでゆっく
りと確認できる。このような、ゆったりした流れが濃密なスピリチュアリティを
生む基盤となって、超高齢者の大らかな精神性を育んでいるのかもしれない。

稲野は、奄美のシマを小宇宙と表現し、奄美の人々の生活にはスピリチュアな精神世界があるという。それは、「奄美の風土や日常生活に根ざした精神的な宇宙のようなもので、死に対する恐怖から解き放ち、精神的・肉体的な安定をもたらす効果がある」と述べている。そして、「有」でも「無」でもない、「空間」も「時間」もない、「自愛に満ちた絶対的なもの」に溶け込むような深遠な意識の状態が、スピリチュアリティを指すと論じている（稲野, 2008：46）。

筆者は、奄美のスピリチュアリティを、「歴史・風土・習慣、生活に織り込まれた一体感、人々の精神世界、超越観を軸とした生き方から醸成されたもの」とみる。超高齢者の幸福感もまた、死へと導かれる世界が自然との営みのなかで一体化し、濃密なスピリチュアリティを形成しているのであろう。

# 第3節 祭りや年中行事の実際

奄美の伝統行事は、農耕文化を中心とした収穫の豊年祭、長寿を祝う行事、盆の祖霊行事、そして毎日の祈りの習慣がシマごとに少しずつ形を変えながら、現在も行われている。行事の際に歌われる島唄は、歴史でみたように多くのヤンチュがいた時代の、厳しい仕事の後に歌った慰みことから始まったとされる（松元, 2004：137）。

島唄や八月踊りは地域や家族の集まりの機会に、高齢者から若者、子どもへ継承されていく。奄美に伝わる民俗行事は稲作と連動した伝統行事がほとんどで、現在の基幹作物のサトウキビにかかわる行事はみられない。

## 3-1 シマの文化資本：伝統行事

過去の歴史が物語るように、奄美は薩摩藩の圧政と抑圧のなかで、人々は厳しい農作業に欠かせないエネルギーの源を年中行事に見出し、生きるエネルギーとして蓄えてきた。また、慢性的に欠乏する食料難の暮らしは、人々が飢えをしのぎ、生きていくための食料を分けあう結いの習慣を構築してきた。

人々は生き延びる技を、先祖とつながる行事のなかで学んだのである。ま
さに伝統行事は、先代の人の生活や知恵やノウハウが詰まった集落の文化
資本である。それらはシマごとに住民の手で大切に継承され、生活に根づい
ている。奄美は伝統行事など無形の文化資本の宝庫である。

　一般に所定の祭日に行われる儀式は年中行事と呼ばれる。行事は祖霊祭
祀、農耕儀式、跋浄（フツジョウ）の3つの区分から成り立つが、跋浄は、こ
の2つの行事に先立って行われるものであるので、大きくは祖霊祭祀、農耕
儀式の2つに分けられる（宮家, 1974）。

　祖霊祭祀は正月と盆に代表され、農耕儀式は春先に里に下って農耕を守
り続け、秋の終りに山に帰る田の神を稲作の折り目の時期に待って祈るもの
とされる。しかし奄美の伝統行事の特徴は、お正月と盆を主軸にした行事と、
三八月（ミハチガツ）と呼ばれる農耕行事に関連した行事の2つに分けられ、
いずれも祖霊祭祀と農耕儀式が一体となっている。以下、筆者が取材した
行事を中心に記述する。

### 3-2 年齢に関する伝統行事

### 1）子どもの成長を祝う「七草」の行事

　1月7日、奄美では、数え7歳になった子どもを祝う「七草」の行事がある。
その日7歳になった子どもが、親類7軒を回って雑炊を貰い、祖霊に供えて
成長を祈願する。上のきょうだいは粥を入れる鍋を持つ役として付き添う。
家では親戚が集まって盛大なお祝いが行われる。七草粥を食べることで、
神の子から人間の子になるとされている。

　この習慣は「七つまでは神のうち」で、七つまでは産神様が守ってくれる
という、いわれからきている。昔は、子どもは亡くなりやすかったので、死ん
でも人間の死と見做さなかった。一種の緩衝地帯を設けて、悲しみを軽減す
る知恵ともされる（大藤, 1982）。七草の行事は、今でも奄美では広く行われ
ている。5-3〜5-5の写真は龍郷町秋名集落での様子である[48]。

　粥を頂いた7歳の子は、「バッケイ、バッケイ、ナナツニナリョータ、ナンカン
ドスヲ、モラットーレ」（おばさん、おばさん、7つになったので、七草粥をもらい

5-3 集落を回る（左上）
5-4 親戚に挨拶する（右）
5-5 頂いた七草粥（左下）

に来ました）と、あいさつする。

## 2）シマの成人式

　奄美では行政の主催する成人式とは別に各シマでも人々が集まって成人の祝いをする。かつての小・中学校の先生たちも教え子の成人式とあって参加する。成人の宴は、「一重一瓶」慣行で行われる。会費制で、多額の金品のお祝いはしない。それぞれが対等・平等に参加する。婦人会が食事づくりを担当する。「単独だとそれぞれにお金がいるけど、合同だから1,000円でみんなのお祝いができる」と参加者は話していた。現金収入が少ない生活の知恵でもある。

### 《龍郷町（秋名集落）の成人式》

　秋名の集落の成人式では、「今年の成人の子の親は接待係、来年の成人の子の親は受付を担当する」というルールが決められていた。 宴は島唄で始まり、最後は八月踊りで盛り上がる。婦人会の方々の作った手料理が並ぶ。成人式の振袖はこの地の伝統である大島紬が多い。

5-6 踊りがある（左上）
5-7 本人も出演（右）
5-8 全員で（左下）

## 《龍郷町（円集落）の成人式》

　円の集落の成人式も参加者であふれ、婦人会の料理が並んでいた。両親
も舞台でお祝いの島唄を歌う。

5-9 両親もお祝い

5-10 参加者であふれる

## 3) 年の祝い

　「年の祝い」[49]は、その年と同じ干支に生まれた人のお祝いで、正月最初の
干支の日に祝う。最近は正月2日か5日に祝うところが多い。数え年13歳か
ら始まって12年ごとにやってくる。特に盛大に行われるのは、61歳からである。

現在はシマの合同行事であるが、戦前は各個人宅で行っていた。年の祝いの床飾りには鶴、亀、笹、本土の松竹梅、鶴亀が出される。鶴は大根で作り、尾は大根葉、亀はソテツの幹を削って甲羅に見立てる。頭は里芋、尾はゆずり葉と身近な材料で作る。一方、沖縄は、奄美と違って88歳の米寿の祝いからが長寿の祝いとされている[50]。

### 《小宿集落の事例》

　調査を行った2013年の干支は巳年で、最初の干支の日が1月3日で、年の祝いは1月3日に行われていた。住民約600人のうち約1/3の200人が参加していた。この集落では、61歳以上の干支の人が招待される。その年の招待者の人数が多いほどお祝いにかけつける家族が増え、参加者は多くなる仕組みである。

　招待者・参加者とも会費制で、婦人会の作った料理が出されていた。「一重一瓶」慣行がここでもみられた。この日だけは小学校の講堂でもお酒が許される。三々五々、交流が始まる。島唄や八月踊りが披露されていた。

　この会場の参加者で最年長は100歳。「一人暮らしで自転車に乗って名瀬まで買い物に行くよ」といろんな人が教えてくれた。集落に元気な100歳がいることを誇りに思っていることが理解できた。

5-11 年の祝い

　この集落では、年の祝いの担当は、シマを4つのブロックに分けて担当制で行われて、毎年、趣向を凝らす。今年は当人の若い頃の写真が映され、参加者らから歓声が上がっていた。

## 3-3 旧暦八月の祖霊祭

　旧暦8月の最初の丙（ヒノエ）の日をアラセツ（新節）とよび、ここから奄美では、お正月の行事に次ぐ、三八月（ミハツガツ）の伝統行事が始まる。アラ

セツは火の神を祀り、火事がないように祈願する。

　アラセツから7日目の壬（ミズノエ）に来るのがシバサシ（柴挿し）で、家の屋根・屋敷・田畑に柴（トゥズキ）を立てかけて悪神を払う土の神の祭りである。

　アラセツからシバサシの間、夜は八月踊りを踊る。シバサシの後の最初の甲子（キノエネ）の日がドゥンガ（先祖祭）で、早朝墓参りをする。アラセツ、シバサシ、ドゥンガンが三八月の行事で、甲子（キノエネ）で終わる。

　これらの伝統行事はシマで多少異なり、簡略化されながらも、奄美の人々の暮らしに息づいている。

### 1）アラセツ行事（秋名集落）

#### 《ツカリ（祭りの前日）》

　龍郷町秋名では、アラセツの日に、ショチョガマと平瀬マンカイが行われる。

　秋名のアラセツ行事として、国の重要無形民俗文化財に指定されている。祭りの前日、各家では高祖ガナシ（先祖）へ供える料理を作る。外からやって

5-12 高祖ガナシへのお供え　提供：龍郷町役場

くる先祖をもてなすため、「逆膳」として、外へ向けて用意する。料理はその家の女性から女性へと代々伝わって、5つ膳、2つ膳などそれぞれの家で異なっている。

　材料は畑で採れるものが中心で、そして、煮た魚（深海魚）も載せる。「アラセツ、マッテ、オアスリョウタ」（アラセツの祭りです。どうぞ、召し上がってください）と、声を出していう。

#### 《ショチョガマ祭り》

　ショチョウガマの祭りは、旧暦8月の最初の丙（ヒノエ）の日の明け方に行われる。かつて、秋名は奄美随一の田園地帯であった。田んぼを見降ろす山の中腹に、ショチョガマと呼ばれる萱や稲わらを敷いた片屋根を前日に作ることから始まる。

　祭りの日の早朝、男たちはショチョガマの上で太鼓を打ち鳴らし、シマの人々に祭りを呼びかける。この1年間に生まれた男の子を屋根に乗せ、健康祈願をする。成人男性や男の子が太鼓に合わせ豊年の歌を歌い、豊作をもたらすとされる稲霊を招く。

　午前6時半ごろ、太陽が山の頂に上ると同時に屋根をゆすり始め、倒す。

　倒れた屋根の上で、人々は輪になって八月踊りを踊る。

　ショチョウガマが倒れた合図で、各家では先祖の食事を片づける。ショチョウガマは毎年新しく作られ、そして壊される。ショチョウガマ作りは、たくさんの工程があり大変手間がかかる仕事であるが、その作業は分担しながら、高齢者が若い人に技を引き継ぐ場となり、継承されていく。

### 《平瀬マンカイ》

　その日の夕方（午後4時頃）、満潮にあわせ、東シナ海に面した秋名の海岸に立つ2つの岩で行われる。ショチョウガマは田や山の神々への豊作祈願であり、男の祭りであるが、一方の平瀬マンカイは、海の彼方のネリヤの国から稲霊を招き神々へ豊作祈願する、女の祭りである。

　マンカイは「招く」から来ている。左手の神平瀬はノロに扮した女性5人が上がり、右手のメラベ平瀬にはノロを補佐する男性3人、女性4人が上がり、太鼓を打ち鳴らし、双方が歌の掛けあいをする。神平瀬では合掌し神事を唱え、ネリヤの神に対する礼拝で祭りは終了する。行事が終わると、それぞ

5-14 平瀬マンカイ（左）　5-15 祭り後（右）　提供：龍郷町役場

れの家で準備したお重を囲み、親戚・知人が車座になって頂く。一重一瓶の習わしである。この日に合わせシマに住んでいない人も帰郷し、浜は賑やかになる。

　この祭りは、今から450年前琉球の時代に、この地域で行われていた稲作祭儀である。一時途絶えたものを地元の人々が昭和35年に復活再現し、国の重要無形民俗文化財に指定されている。

## 2）八月踊り

　アラセツ、シバサシの間、各シマでは八月踊りが開催される。奄美市の笠利地区では、アラセツの前の日（ツカリ）から始まり3日間踊り、3日間休んでまた3日間踊る。笠利1区（約100人）は前日が踊り初めで、公民館で行われる。2日目、3日目の踊りはブロックに分けて各家の庭で踊る。歌詞はシマ口で唄われるのでシマ口を知っている超高齢者の出番である。男女相互の掛けあい唄で、シマ口の分からない人たちのために、歌詞のノボリの持ち手が2人いた。

5-16 八月踊り　提供：奄美市役所

そして、その年初盆を迎えた家には必ず訪問して踊る。その家では、ミキ（神酒）を振うのが習慣となっている。集落のほとんどの人が参加する。最高齢は100歳であった。

奄美の人々にとって、三八月（ミハチガツ）の八月踊りは、シマの一大イベントとして盛大に行われている。

また、八月踊りの場は、年間の公民館活動の資金を得る場でもある。余裕のある人は花代（寄付のお金）を持ち寄る。お披露目の担当が竹に串刺しされた花（現金）を高く掲げていた。踊りの合間には花代の披露があり、名前を呼ばれた人は前に出て踊っていた。自前で祭りを行っている気概を感じた。

花代の寄付は行事の際の付き物のようである。大和村の湯湾釜集落のキトバレ（祈祷払い）の祭りでは、祭りを復活させた青年団の1年間の活動費を捻出する場となっていた。

## 3-4 旧暦九月の豊年祭

奄美の各シマにある土俵は、シマの人たちが大切に守ってきたもので、目に観える形の文化財である。豊年祭は、毎年旧暦の9月9日前後に行われ、豊作をもたらしてくれる自然や神に日ごろの感謝を行う行事から始まる。豊年相撲が始まる前に、祭りを司る女性神官ノロによって土俵を清める。ノロ

5-17 油井の豊年祭
提供：瀬戸内町役場

のいない「津名久」集落では、力士たちが揃って聖なる水場まで行って、水を汲み、そして、その場所で奉納相撲を行い、その水を土俵まで運んでいた。

「油井」集落の豊年祭は、集落内で収穫された稲わらで作られた綱引きから始まり、稲作の諸作業を芸能化している。県の指定民俗文化財になっている。豊年祭では、高齢者は行事の主賓として扱われ、お食事と特別の席が設けられる。高齢者を上座に据え、集落の人々によるさまざまな催しが行われる。この祭は、集落を支えてきた長寿者たちを敬い日頃の感謝を伝える場でもある。夜には土俵を囲んで八月踊りが始まる。

# 第4節 祭りを支える人々の語り

　国の重要無形民俗文化財に指定されている秋名アラセツ行事を継承している秋名アラセツ行事保存会の会長他4名の方々に、シマの歴史やお祭りの取り組み、日常生活などについて話をうかがった。70代後半から80代後半の方々で、いずれも祭りの中心メンバーである。

## 4-1 祭り：先代の思いが今に生きている
### 1）祭りのいわれ
Aさん：ショチョガマが残っているのは、稲作の田んぼがあるからね。ここ秋名は、昔、奄美一の稲作地帯だった。

Aさん：ショチョガマは、昔、集落に3つあって、里と幾里とアガレ。向かいあって立って、先にどこが倒れるか、競争した。今残っているのは我々の幾里だけです。

Cさん：ショチョガマには、女は乗ってはいけないという決まりがあります。女は生理があるから穢れているって。釣り竿なども、女がまたがったら、ダメとか、ありますよ。

Dさん：鹿児島では風呂も女が最後。女が大事なのに。

Bさん：豊作を招く行事が2つあって、朝、潮が引く頃の行事がショチョガマで、夕方、潮が満ちるときが、平瀬マンカイ。

Aさん：ショチョガマは、山の神様に祈るよ。田袋（田んぼ）に向かって、田んぼが見下ろせる場所で、行いますよ。

Aさん：平瀬マンカイは、この辺はノロが親分だから、祀りを司るのはノロです。ノロの男兄弟のグジが代って行う。今は、わたしがグジ役をしています。

Aさん：昔は、一晩踊り明かして、夜明けに、ショチョウガマを潰して、2、3軒で飲んで、酔っ払って寝て。夕方、平瀬マンカイに行った。今は勤め人が多いから、無理はできんけどね。

Eさん：平瀬マンカイは稲作文化。豊作になったお礼と、来年豊作をしてくださいとお願いする。珊瑚礁の石に新米をサンドイッチにしてお供えします。

　1年の行事はノロさんが仕切っていた。ノロの親は沖縄の県知事のようなもの。お礼は、ネリヤの国に対するお礼ですよ。ネリヤの国でお米を作りよった。ネズミの国だったんだろや。

　80代後半のEさんのネズミの話は、柳田國男の『海上の道』の「鼠の浄土」のなかに、「奄美大島の農民たちが、是ほどにもひどい毎年の害に苦しみながら、なお鼠に対し尊敬の意を失わず…」（柳田，1978：170）の記述がある。先代から続くネズミへの思いが今も生きている。そんな感慨に浸る話であった。

## 2）ショチョガマの準備：やる方も見る方も楽む

Aさん：ショチョガマづくりの作業をする人で、最高齢は90歳。作業人夫、裏方。祭りには参加していないけど。人手がたくさんいるから、青年団、老人会が手伝ってやっている。おのずと、どの作業をするか決まる。先輩がその場で教えるよ。やりながら、覚えていくもの。

Bさん：準備は、祭りの前の日の日曜日にするよ。

Aさん：（最後には小屋が崩れないといけないから、そのような工夫があるのですか）いや、屋根に25人も上ると、崩れるけど、もったいぶって、状況を見ている。途中で歌を歌ったりして、やって。見ている人にも、楽

しませんと。

Ａさん：一度崩れないときがあって、大変な年があった。もう、学校に行く
時間なのに、崩れない。その時はね、最後は柱を切ったね。そうい
うことはめったにないけどね。


　皆さんの語りからは、祭りは集落みんなの参加で成り立つもので、年長者
から若年へ、祭りを通じ技やノウハウが伝わっていく。やるほうも見るほうも
楽しむ。

　まさしく柳田國男のいう祭りの機能は「共同の歓喜と次世代に伝えること
である」ことが語られた。


## 3）祭りはヤンチュの楽しみだった

Ａさん：昔、豪族がいたね。古仁屋の林家、ここは伊藤家、笠利からいらし
ていた。みんな、米を収穫して一旦は納めるけど、なくなると前借り
をする。借りた人は、米が納められないと、人夫に出た。それがヤ
ンチュ（家人）。

Ａさん：昔は、親の葬式は豪勢にしたから、悔みが出るとその賄いが大変。
親戚は喜んでいたけど、米が食べられるから。葬式の費用を借りた
けど、返せるはずがないから、ヤンチュになって、向こうで働かない
といけない。長男とかが行くけど。借りて1年、人夫になる。その途
中で、悔みが2、3回続くと、もう、何年も人夫を続けることになる。

Ａさん：屋敷には、ヤンチュが入る門があった。祭りごとは、ヤンチュの思い
つきで始まった。365日買われているけど、その日は、踊ってよいと
いう休む日を決めた。ヤンチュウの楽みとして、お祭りを作ったと言
われている。


　Ａさんの話からは、地域の歴史が生き生きと語られ、生きた民俗の世界
が現実として伝わってくる。親から子へと語り継がれる愛着の歴史がある。

## 4) 三八月（ミハチガツ）・八月踊りのこと

Aさん：旧暦の八月に入って、丙（ヒノエ）が祭り日、シバサシ、ドンガは、根切るで、最後の子（ネ）の日にする。ことの始まりは、丙（ヒノエ）で、終りは、子（ネ）で切る。農業は旧暦でないとできないよ。海の潮もあわないし。

Cさん：毎月旧暦の1日と15日は大潮。大潮のときは、漁船を持っている人は海に行かない。だけど、リーフができて、1キロほどの近海まで歩いて行ける。潮にのって、近くに獲物がくるの。歩いて、魚捕れるよ。潮に乗って獲物がやってくる。ウニや貝、たくさん採れて楽しいよ。

Eさん：（八月踊り）もう何十年も、ここで生まれて、じっちゃん、ばっちゃんやっていたので、引き継いでいる。絶えさせることはできないよ。

Dさん：行事があるから、踊りを教えたりする。種おろし（秋の農耕まつり）や、お祭りを通してね。踊りは、数多く場数を踏まないとうまく踊れないよ。こうして、生に伝授する。身体で、自然に。年齢を超えて集まるから、コミュニケーションの場になっている。ばっちゃんがしよったから、自然に習うよね。

Bさん：お袋が機織りしていて、小さい時は機の下にいたから、歌は耳に残っている。おじいさんが歌って聞かせてくれて、頭に残っている。一遍で習うのは、大間違い。

Aさん：子どもたちには、小さい時から祭りごとを伝承している。30代や40代は忙しいけど、60歳代になると帰ってくるだろうと思っている。

　　参加者全員がそれぞれに祭りの話をしてくれた。共通の話題があると、性別や年代は関係なく、会話は自然に汲みあがって出てくるものだと感じた。そして、踊りが長年の積み重ねであることに誇りをもっている。祭りを伝授された次世代はきっと帰って来てくれるという、未来へつながる確信があった。

## 5) 奄美の「七草の祝い」：人間の子への仲間入り

Cさん：七草のお祝いは、秋名は夕がたに行う。名瀬の方は朝だから、（粥）

早く炊いて、待っていた。七草は、神様の子から人間の仲間に、大人と同じになること。学校に入る年だから。これまで神社に預けていて、7つになったら貰い受ける儀式だから、昔は、武運崎までもらい受けに行ったの。昔、武運崎の上に神社があったよ。

　Cさんの話は、まさしく生きた民俗の世界である。奄美の子どもは周囲の大人の温かい見守りのなかで成長している。

## 4-2 長寿の祝い、親孝行の歌

Dさん：（長寿）それは、精神的にくよくよしないこと。食べ物は野菜を作って食べること。農作業は運動になっていると思う。

Cさん：食べ物あるし、年中行事のときは、みんな決まったものを食べる。1月11日は魂入れの日で、紅白のちいさな餅を福木に挿す。そのためにお餅をつくる。鏡開きは14日。15日は小正月。18日は、豚の酢漬け。みんな同じものを食べる。塩をして保存したものをみんな食べるの。田植えの時まで残していて、田植えは忙しいから簡単に食べられるように、それを加工して賄いして、食べられるようにする。もろもろの行事があるたびに隣同士にあげあうよ。

Aさん：年の祝いは、昔は、大根で鶴。ソテツで亀甲にして、亀。人参と大根で飾る。88歳では、畳を裏返しして、仮の葬式をしていた。今はせんね。祝い節は、あさばな節。集落で音がちがうけど、あさばな節ね。今日の良き日に、祝いするという内容。親に対しての尊敬がある。親があって子どもがあるから。生んでくれた親を、100歳まで長生きしてもらおう、親孝行の気持ちの歌ですよ。親の寝顔をみていたら、皺だらけだけど、幸せ、という歌詞があるよ。

Cさん：ここは、薬草が何十種類もある。薬草は採らないけどね、ハマナ、ツルナ、自然に生えている。食べられるものがいっぱいあるね。七草も、アシタバ、ハンダマも。ハンダマは裏が紫色。長寿の食べ物といわれてる。土に挿したら、どこでも、生えるよ。

長寿は、奄美の豊かな自然と食べ物、そして、子の親を思う気持ちであることを語ってくれた。島唄に親孝行の歌がある、奄美ならではであろう。

## 4-3 海の神様と大工の神様への祈り

Aさん：海の神様と大工の神様へのお祈りは旧暦の正月の2日にする。ネリヤの神は海の神様のこと。大工の神様は、高い所で祀るもの。大工道具は大事なもの。巻尺は墨や紐でしるしをつける大事なもの。間違ったことをしないというので、この辺では、きちんとする人のことを、大工の神様というよ。

Cさん：火の神、水の神は、自分たちの生まれた日に拝みに行く。石とお酒を持って拝んでいる。その時には、年と名前を言って拝む。2か月に1回は、私と私に関わるみんなが無事でいれますようにと祈るよ。

Dさん：拝む時は気をつけないと、草の生えているところには、コジャラゴという、マムシでなく、姫ハブがいる。毒は小さくても普通のハブと一緒だからね。

Cさん：ここでは、海のものは誰でも採っていいからね。この辺の人は、海に入る時と出るときは、拝んでいるよ。浜下り（ハマウリ）の3月3日は、海のものを食べないと、ふくろうになると言われている。行けない人には、お裾分けするわけ。


　奄美の人々の神様への感謝の思いが語られた。生活のすべての場面にカミがいる。日々の所作のなかに。それらは祈りの行動となっている。奄美大島の西の端の大和村で聞いた女性の泉への祈願は、東の端の龍郷町でも同じように行なわれていた。


## 4-4 若い頃の機織りの話

### 《Eさん（女性）85歳の話》

　この地域は、大島紬が盛んに織られ、そのなかでも難しいと言われている秋名柄（バラ）を織っていた。昔は機を織るときには綺麗にお化粧し

て、白い割烹着を着て、やっていたよ。汚さんように、身だしなみ大事に
していた。そういうふうにして紬を仕上げていた。この辺でも、あちこち
に工場があったよ。遅くまで、やっていた。夕ご飯食べてから、また、物
差しを持って、ランプ下げて、機織りしていた。何度もランプのホヤを磨
きながらやっていた。その頃、みんな紬を織っていたね。子どもは機の
中にいてね。子どもが退屈になると、機の中から足踏みを押えて、織ら
せてくれんわけ。その頃は羽振り良かったよ。みんな、家を新築した。男
は土方で、村々が栄えた。高校に行かなくて、シマに残って機織りした。
足が機に届かん時からやってたの。機を織らん人は出稼ぎに行って、お
盆しか帰ってこないね。

《Dさん（女性）79歳の話》

　旦那は出稼ぎで、2人の子は一人で育てた。60歳くらいまでは機織っ
ていた。平成の初めまでね。機があるからやっていたけど。今やってい
る人、秋名で、5、6人かな。秋名バラはむずかしくてね。横と縦の糸あ
わせて、絞めるの。織は、スタートが大事。段々、絞め織の技術がよくなっ
た。織りの半分は柄。柄はひっぱりすぎてもだめ。秋名バラは他の地域
の人は織りきらん。織りきらん。むずかしいから、秋名の人しか、できん。


　Eさん、Dさんからは、大島紬が全盛だった頃の話が飛び出した。そのこ
ろは、女性が中心の働き手としてシマを支えていたこと。彼女たちには、大
島紬のなかでもさらに難しいとされる秋名バラを織っていたという誇りが今も
ある。そして、機を織るときの神聖な気持ちが伝わってくる話であった。


## 4-5 Eさんが語った秋名の民話

　平瀬マンカイでノロ役をしているEさんは、メンバーのなかで一番の高齢。
民話をたくさん知っていた。

### 1）秋名に伝わる民話

　「お爺さんが物知りでね。いろんな話を小さい頃聞かせよったから、記憶
にあるわけ」といい、息子さんも、テレビがない時代、寝つくまでお母さんや

おじいちゃんの民話を聞いて育って、1冊の絵本を出版されている。『島クダマルとコウジン様』というタイトルの絵本である。

　その内容は、「奄美をつくった神様の島クダマルが、ネリヤの国から遣わされたコウジン様という神様に、色々な島づくりのアドバイスをしてもらいながら、奄美の島をつくっていくお話。そのなかで、ネリヤの国はネズミが稲を実らせている豊かな国で、ネズミに田のつくり方を教えてもらう代わりに、ネズミを大事にするよう約束をする。

　だから、もともとネズミが持ってきたお米だから、遠慮なくお食べと言っている」というお話だ。

## 2）立神様の由来のお話

　立神様は、島クダマルが創ったよ。昔、村は台風が来て流され、島クダマルが心配して泣いていたら、コウジン様がやってきて、「どうしていいか自分が教えてあげるから」と言ったので、島クダマルが、「どうしたら人が安心して住めるのか」と尋ねると、「岬の先端に石を置いたら、島が流されん」と。島クダマルが、岬の先に石を置いたら、島が流れんようになった。

　それが、立神様。シマクダマルがおいた立神様がそこら中に、あるよ。

## 3）サンヤの神様のお話

　「サンヤの神様は、力持ちの神様で、その石を運んできたかもしれないよ。『よいとこまかせ』は、3いとこ4（ゆい）いとこ（こども、まご、ひまご、そのつぎの4いとこ）までは、サンヤの神様が力をくれると。『サンヤがゆいとこ』、『サンヤがゆいとこ』といえば、軽く乗せてくれるわけ」。

　Eさんの話を聞いていたCさん（70歳後半）が、突然声を発した。

　「平瀬マンカイの行事の時、『サンヤのマータイ』と歌をうたうけど、歌いながら、『サンヤのマータイ』の意味が分からなかった。それ、サンヤの神様のことね」。

　祭りの歌の意味が伝わり、共有された感動の瞬間に筆者は臨席していた。地域の伝統はこのように、コミュニケーションのなかで受け継がれていくものなのだろうと、心震えた。

### 4）ネズミの国のお話

　「ネリヤの神様の国は、ネズミの国。海の向こうに、ネズミの国があるわけ。想像できんけど、コメの始まりのところ。だから、高倉[51]の米をネズミが食べても怒ってはいけないの」[52]、と語る。

　そうすると、この話に関連してAさんが話し出した。

　「昔から、たんぼの隅にわざとネズミのために稲を植えておくね。意味は知らなかったけど。でも、畔道を壊して、ネズミ捕りしたね、棒持って。ネズミを退治しないと、ハブがネズミを狙ってくるからね。今は、役場にハブを持っていくと、1匹4千円で引き取ってくれる。昔は組毎にハブを獲る割り当てがあった。昔は、田んぼの至るところに、石積んで、山になっとるところにハブがいた。田んぼを耕すと、石がでてくるから、石塚のようになって、雑草がはえて、ハブのすみかになっていたね」。

### 5）正月16日に山に行ったらいかんという理由

　「正月の16日には、山に行ったらいかんと言われている。山の神様が武運崎で会合するって。1年の会合があって、偉い神様が集まって会合するから、その日は、親神さんがいないから、小さい子どもの神様は自由に遊べるわけ。自由に遊べるから、悪さするわけ。山の木を倒したりするとか。悪いことがあるから、怪我したりするから、山に行ったらいかん。相撲とったり、口笛ふいたりする。その日は自由に遊べるから、悪さするわけ。帰りがわからなくて、明くる日、みんなで探したら、食べ物はミミズが出てきたり、赤土が出てきたりしたって」。

　そして、この話にBさんがしゃべり出す。

　「ほんとに、山で、よいしょ、よいしょ、相撲までするって。口笛吹いたの聞いたって言うよ」。

　Cさんは、「そういえば、知らないで、彰子姐さんが山に木を取りに行ったら、風が無いのに、木が揺れて、なんだろうと怖くなって木を取らずに帰ってきたって。帰ったら、あんた、今日は何の日か知っているかと、大人に言われたって」。

　Aさんは、「今でも、盆の16日、正月の16日は、山に行かんよ」。Cさんも、

「でも、行ったらいかん理由、初めて聞いたね」。

みんなは口々に、「その日は、親神様がいなくて、子どもの神様がいたずらするんだってことね」と了解した様子。ここにも、コミュニケーションのなかでこそ、地域の文化が、次世代に伝わることを知らされた。柳田國男の「鼠の浄土」の話がここでは生き生きと語られた。

# 第5節 奄美：文化資本の宝庫

## 5-1 シマの暮らしとコミュニティ

奄美の人々の語りは、暮らしのなかに先祖から続く民俗の世界があることを伝えてくれる。ここには、一人ひとりに出番や生きがい、使命感を果たす場がコミュニティの力量としてある。この力量は単なる文化的伝統の継承というだけでなく、人々が学びあって成長しあう場としての意味をもっている。

柳宗悦は、「伝統とは長い時代を通し、吾々の先祖が、さまざまな経験によって積み重ねられてきた文化の脈を指すのであります」と述べている（柳, 2015）。奄美のシマでの暮らしには、「継承された文化や習慣が人々の生きる歓びの源泉となり、人々の総有の文化資本として機能している」といえよう。

## 5-2 シマの伝統行事と超高齢者の暮らし

奄美の人々の暮らしには、大きな災禍をもたらす自然の営みに対し非力な人間が、毎年神様への約束事を果たすことで、災難を回避し、自然の加護を受けることができるという確信がある。そのような営みを継続することによって先祖とつながり、人と人がつながっていく、そんな営みがある。

約束事とは、旧暦に基づいて行われる各シマに伝わる伝統行事、年中行事、祖霊行事などである。

そして、島唄や八月踊りの中心には超高齢者がいる。超高齢者はシマ口で唄い継がれている島唄の教師であり、解説者である。若い世代は超高齢者の踊りの所作を見ながら踊る。テンポの多様な歌と踊りを見事に先導している。シマ口を知っている超高齢者は地域文化を伝承する大切なシマの公共

財となっている。

## 5-3 目にみえる文化資本、目にみえない文化資本

　奄美の歴史は悲しい。外部権力による圧政・抑圧により、働けど働けど飢餓、貧困に苦しめられてきた。しかし人々は、そのような生活のなかでも、祈りを大切にし、神のご加護を信じ、神聖なカミ山、カミ道、アシャゲなどの祈り場を居住空間のなかで大切に守ってきた。

　集落の人々が集う広場の公民館と土俵は、奄美固有の目に見える有形の文化資本である。苦しさや貧しさを生き抜く人々の生きる希望の資産となって、きずなを強くする暮らしに貢献してきた。

　加えて、祭りや年中行事などの「無形の文化資本」は、単調なシマの生活の「ハレ」の場となり、労働のエネルギーを再生する歓びの場となり、「ケ」の日常を無事に送る役割を担ってきた。神や先祖への感謝の気持ちと結びつき、シマの人々と暮らしの安寧を祈る習慣を強固にしてきたのである。

　これら文化資本の蓄積は、現在の奄美の人々の生活に生き続け、現代版結いの形として引き継がれている。伝統文化を基盤とした、奄美における「有形の文化資本」と「無形の文化資本」は、ともに厳しい生活を生きぬく知恵、ノウハウとして機能し、人々の結いの習慣を強固にしていることが確認された。

## 第6章

# 長寿多子化を支える現代版結い

## 第1節 奄美のシマに残る結い

　奄美の超高齢者は、厳しい自然や、社会的・歴史的にも抑圧された暮らしの営みのなかでも、自然への畏敬や先祖への感謝を忘れず、仕事の技を磨き、ノウハウを共有し、支えあい、相互扶助を基盤に結いの力でシマの暮らしを築いてきた。それらは、シマの自然資本や文化資本、社会関係資本として蓄積されて、集落の人々のアイデンティティを強固にしている。

　劣悪なシマの環境を生き延び長寿を謳歌している超高齢者は、若い世代に安心感を与える存在でもある。長生きが喜ばれ、敬愛されるシマの習慣のなかで、祭りや伝統行事を次世代に伝え、つなぐという大きな役割を担ってきた。そのことが生き生きとした暮らしにつながって、長寿と幸福感の源を形成しているようである。

　本章では、奄美のシマに残る現代版結いともいえる実態に注目して、祭の関係者や民俗研究家などの語り、そして集落区長へのアンケート調査から考察していく。まず、今日あまり馴染みのない「結い」や「知識結」について、その発生史や機能、暮らしとのかかわり、奄美のシマの結いの実際をみていくこととする。

### 1-1 「結い」の発生史

　「結い」は、結合の古い言葉で、日本の地域共同体（集落）で行われていた、ほぼ同等の労働力の相互給付によって成立する共同作業をさす（有賀, 1968）。前述したように日本の共同体は、人間が自然のなかで生きていくた

めの最小限必要な地域的集団の単位として、20～30戸の家が同じ地域に寄りあってつくったグループで構成される。

　ある家が屋根の葺き替えとなると、それぞれが鍬と刈った藁を持って集まる。祝言や葬式となると手伝い、晴れ着や喪服を着て参列する。田植えや稲刈りも同様であった。「数世紀にわたる底辺人民の叡智の結晶を宿し、おびただしい失敗の経験や惨苦の犠牲を通して考え抜かれ、創りあげられてきた、極めてダイナミズムに富む結衆の様式」である（色川, 1974:235 276）。

　「結い」は、共同体で個人の能力を超えて生きていくための、生活維持の制度である。一方で、「結い」は厳密には農業上の共同作業に限られた言葉ではなく、広い意味で使われ、集落でのお互いの生存、家の生存を守るための家々間の共同関係を結ぶことが、長い時代を通して行われてきた。共同で行うことを「ユイデスル」、「ユイニスル」などと使われていることや、農作業の区切りに温泉、風呂で按摩をしあうことを、「ユイアンマ」などと、使用していたことにも表れている。

## 1-2「知識結」の発生史

　一方、集落内という範囲を超えて行われる「知識結」という概念がある。知識結の「知識」とは、『呂氏春秋』や『荘子』、『文選』に、「知人・友人」という意味で用いられているのが原義とされる。それが、仏典監訳の際に使用され、「僧尼にとっての知人であり、時には安居でもてなしたり、時には草庵の材料を提供してくれる者」の意味が付加された。

　この「知識」が団体を結成することを「知識結」といい、それによって、造寺、造像、建築、架橋の事業がなされていた。「知識結」は、僧侶行基の実践を通じて世に出たものとされる（井上, 1959）。民間の「知識」の結集として、材木知識、役夫知識、金知識が集められ、造営事業に直接労働力として参加することも、「知識結」と呼ばれたものである（若井, 2004）。

　奈良時代の大仏造営は、古代最大の国家プロジェクトであり、聖武天皇は行基を登用し「知識」による事業として行われている。聖武天皇が「知識結」の手法を取り入れたのは、河内の知識寺で、民間人が自発的に資材や労働

を出しあって建てた寺の仏像の立派さ、仏像を作りえた民間の富や技術、人民の結合力の素晴らしさが天皇の心をとらえたことがある。そこで、当時、国家組織では手がつけられなかった荒廃した地域再生の国家的大事業として、民間の力で「知識結」という文化事業を起こし成し遂げたとされている（井上，前書，1959）。

このように、労働の相互信頼としての結いは、日本的な過酷な自然環境のなかでお互いに生きる叡智として、支配下のなかでも脈々と続いてきたのである。日本における「結い」や「知識結」は、日本の文化的伝統から生まれた生活の知恵と豊かな精神世界が伝統文化を生かす力量となって形成された。このようななかから、財務能力や地域発展の構想力、技術力が職人能力として、一人ひとりに蓄積されたと理解されるのである。

残念なことながら、このような「知識結」の伝統は多くの地域で失われ、過疎、離村，荒廃の状況が生まれた。しかし、奄美のシマでは結いや知識結が機能している。奄美の結いの実際においては、労働の質を問うことはなく、借りた時間の合計を返す仕組みがとられている。無理なく継続できる奄美の人々の知恵であろう。

また、シマ出身者の集まりである郷友会は、故郷の公民館の建て替えやイベント行事などの支援者として、大きな役割を果たす存在である。このような郷友会の活動は、現在版の知識結としてシマの人々に安心感を与える存在といえよう。

# 第2節　奄美大島の風土と現代版結い

## 2-1 奄美のシマの風土と大らかさ

奄美大島には、郡都機能をもつ奄美市がある。奄美のなかでも都市化が進む地域であるが、奄美市内のシマにおいても、人々が工夫した様々な現代版結いや知識結が機能している。まずは、奄美大島に住む内閣府地域振興伝道師でもあるH氏の語りから奄美のシマの特徴とその実態を見ていく。

H氏からは、都市化が進む奄美市においても、人々の大らかさ＝あいまい

さ、が語られた。その根っこには、お天道様、生きる哲学、固有の発音や黒砂糖の作り方など、人々の行動様式にあるようだ。それらが、奄美固有の価値観を形作っている。特に、情報の伝わり方がおしゃべりという対面型である点は、都市部で暮らす者にとってはなんとも異次元な世界であった。

### 1）大らかさ・曖昧さ

　ここ奄美は、長寿率、子宝率が高い地域です。経済満足度でなく、生活満足度が高い。奄美の宗教は、お天道様と結びついて生きる哲学となっているので、みんな穏やかで、大らかに暮らしています。数値で示せない、数値にできないファジーの世界から成り立っています。例えば、奄美の発音には、アとイのなかに、濁音がある。数字の1と2のなかにもある。そういう、あいまいなものがある。黒砂糖の作り方も数値化して作れるものではない。大島紬の泥染めも、伝統食の鶏飯などもそうです。マニュアル化・レシピ化されない奥深さが息づいているのです。

### 2）おしゃべり好きのコミュニティ

　情報が生活に根づいて、犯罪の防止にもなっている面もあります。若年高齢者は、月1回のクラス会や学年の同窓会が盛んで、忙しい。いつも、違うレストランに行っておしゃべりしている。シマのお年寄りは、浜や涼しいところでおしゃべりしている。いつも同じような行動パターンだから、ここは、連絡しあわなくても会えるところよ。

### 3）ボランティアという言葉はなかった

　ここには、もともとボランティアという言葉はなかったけれど、高校生や専門学校の人が、本土に就職するときにボランティア歴が必要になったりするので、それで、最近はその言葉を使うけれど、あまり意識はしてない。奄美には、もともと、お年寄りに対するときは丁寧な言葉を使う習慣があります。例えば、アリガタサマリョウタ（ありがとうございました）という言葉がある。敬老祝い金制度も市町村にあって、高齢者の愉しみになっている。奄美市は3,000円。龍郷町は5,000円とか、現金で受け取れるよ。

## 2-2 宇検村・阿室集落の結い[53]

　老人会長のNさんの語りからは、シマで伝承されてきた伝統文化や結いの習慣は、シマの人々の日常生活のなかで楽しみ事とつながっていた。そして、孤独を感じない生活は、常日頃のつながりにあること、仲間と集うことに楽しみを見出していることなどをうかがうことができた。

　柳田國男が「鼠の浄土」で、奄美大島には「鼠の遊び」があることを書いているが、奄美の人々は、"遊び"と称して仕事を休み、厳しい農作業に耐える工夫をする叡智を蓄えてきたことが理解された。

　　このシマには、「あそび」「なぐさめ」「ゆらう」という言葉があります。「遊び」は、厳しい農作業で余裕がない時代に、節目に集まって遊んだものです。「ハブの遊び」や「虫遊び」、「ねずみの遊び」などありました。「ハブの遊び」は祈禱の遊びで、トネヤ（神屋）に集まります。「遊び」と名づけられたものは、厳しい農作業からひととき身体を休める、そのための習慣だったのです。「なぐさみ」は行事や催しのことで、豊年祭や敬老会を指します。「ゆらう」は集まることで、現在でも2か月に1回、墓の掃除、新年会、敬老会、忘年会があります。その時は、三味線、島唄、踊りで楽しみます。

　　「むかり」といって、リーダーが集まりましょうと言うと、自然に集まる。そのような雰囲気があります。だから、若い高齢者が1人暮らしの高齢者宅へ見回るのも特別なことではなく、自然に行っています。

## 2-3 笠利町の八月踊りの語り[54]

　町村合併により今は奄美市に編入された笠利町に住むNさんの語りである。お誘いを受けて、笠利地区の八月踊りを見に行った。大勢の老若男女が集まっていて、すごい熱気があった。

　車椅子に乗って手だけで踊りに参加する人、幼児は抱かれながら音楽に合わせて手真似をしていた。踊れない高齢者は椅子に座って観覧していた。ネックレスを着け、盛装している。みんなのハレの日であること、楽しみの日

であることがよくわかった。

　　私のお母さんは88歳です。長崎で原爆にあって、それを今でもシマ
　口で歌って伝えています。お母さんは8人の子どもを産んで、次女を除
　いて、7人が笠利に住んでます。孫は28人か29人。曾孫は33人か34人。
　もうすぐ、母からすると、嫁さん、婿さんも入れると、家族に100人目が
　生まれる予定です（Nさんは子ども4人、孫8人）。明日からの八月踊りは、
　夜8時から始まります。人の一生、生まれてから結婚までを歌いながら
　踊るのです。男女別々に分かれて歌う掛けあいの歌で、シマ口ができな
　い人のために、今は、歌詞を書いた「めくり」をもつ役の人がいます。シ
　マは2つに分かれ、笠利1区と笠利2区、全体の7～8割は祭りに参加
　しています。少し前、歌者で、襖が破れるぐらい響く人がいたんです。
　その人はカミ高い人だったですよ。八月踊りには百歳ばっちゃんも来るよ。
　初盆の家は、赤飯（カシキ）と、神酒ミキを備えます。アラセツは、厄払い。
　島唄は、八八八六調の三十音階です。アラセツには、高祖カナシ（先祖
　の神様）に、「アラセツ、マッテ、オスリョウタ（アラセツなので食事を召し上
　がってください）」）といってお供えします。

## 2-4 島唄サロンを主宰するHさんの語り[55]

　Hさんの語りにも、伝統行事や文化の継承と実践を通じ、超高齢者自身
も自らの潜在能力を開花させる工夫が、長生きにつながることがうかがえた。

　　龍郷町赤尾木の集落で島唄サロンと地域の見守り隊を組織して活動
　しています。クヌイ（幸せ者）のたくさんのグループをつくりたいと思って、
　得意な三味線やリハビリ体操を数人で行っているのです。お声がかか
　れば、喜んでいきます。サロンでは、毎月200円積み立てて、5,000円
　になったら、カラオケに行くことにしています。頼母子講もありますよ。月
　1万円で、16か月は掛けないといけないけどね。グランドゴルフの町の
　大会が、年に7、8回はあります。5時以降は小学校を使うことができる

ので、練習はたっぷりできるのです。


## 2-5 高齢者／超高齢者を支える結い

　奄美の超高齢者を支える結いの事例は、超高齢者の自立を支える結いとして機能し、生涯現役で働くことの幸せや生きがいを、シマの人々の総意で支えていることがうかがえた。

　奄美大島の高齢者／超高齢者を支える結いには次のようなものがある[56]。


① 無人市（各集落）

　　建物は行政が建てる公設民営で、高齢者／超高齢者の生きがいと現金収入の獲得に貢献している。

② 高齢者／超高齢者の作った野菜の市場への送達システム（大和村）

　　村の若い世代によって、高齢者が作った野菜や果物を週1回、奄美市の青果市場に送達するシステムを確立している。流通手段のない高齢者／超高齢者にとって現金収入を得る機会となり、励みになっている。最近は役場が集荷施設を各集落に作り市場に出している。

③ ウニ剥きとウニ獲り作業の分担（名瀬根瀬部）

　　世代間でウニの作業を分担し、ウニ採りは若い世代、根気のいるウニムキ作業は高齢者らとそれぞれ分担し、現金収入は分配し、生きがいの場になっている。

④ 野菜の保存食づくり（名瀬根瀬部）

　　一人暮らしの高齢者の家庭を回り、半年分の保存食づくりを若い世代のお母さん方とおしゃべりを楽しみながら作業をしている。若い世代との交流のなかで、超高齢者のノウハウが生かされている。

⑤ ふぬいの里（龍郷町のグループホーム）の夕食作り

　　入居者同士で夕食作りをしている。それぞれが得意を発揮して、できることは自分たちでするという自立の姿勢を支援している。

⑥ 母さんの店（各市町村1か所）

　　公設民営が多く、高齢者／超高齢者が自分たちの作った野菜や手づくり

のおかずや漬物などを、国道沿いのお店で販売している。野菜作りが得意な人、料理が得意な人が集まって、生きがいと収入につなげている。

⑦ 共同納骨堂の建設（宇検村の7つの集落）

高齢化や過疎化で先祖のお墓の世話ができなくなることを恐れ、共同で利用できる納骨堂の建設が進んでいる。この資金の調達は、シマの出身者や郷友会組織からも多額の寄付金が贈られている。シマのお墓も守られている事例である。

⑧ 奄美全島をあげての観光事業

夏版・冬版の「あまみシマ博覧会」がある。奄美の伝統物産や祭りなど、観光客に伝統文化を味わってもらう企画が満載である。そこでも超高齢者が活躍し、これまで培ってきた技が生かされている。

## 2-6 長寿を支える結いの風土[57]

　長寿を支える結いの事例では、超高齢者は単に支えられる存在だけではなく、地域貢献できる役割の場も創造している。超高齢者の自立意識を自然な形で支援していることがうかがえる。

① 奄美は、自動車のもみじマークの比率が高い島といわれている。交通量が少なくて、みんながゆっくりしたスピードで走るので、超高齢者も安心して運転できる環境がある。

② 奄美では死ぬまで働くのが当たり前の精神風土がある。伝統の大島紬や特産のサトウキビに従事してきた超高齢者には、年齢にあわせた仕事がある。

③ 奄美では、自立意識が高い。市町村が指導した体操教室は、その後シマの人の手で自主講座として継続している。

④ 奄美には、今でも民間・民俗療法が息づいている。薬草が多く、古くからの民間療法がある。

⑤ 奄美には、超高齢者にとって精神的安寧の世界がある。先祖信仰やユタ神（シャーマン）の存在が人々にとっての精神的安寧につながっている。

## 2-7 子どもを支える結いの風土

　子どもを支える結いの語りである[58]。これらの事例からは、シマの子ども達は周囲の大人の暖かい支援のなかで、シマの子どもとして、シマの文化を学び、育っていく。シマの人々は子どもたちの成長をシマの喜びごととして共有しあい、子どもが育ちやすい環境をつくっていることがうかがえる。

① PTAや地域の教育環境への情熱がある。PTAは、小・中・高校ともシマの人全員加入で、地域の人々も地域PTAで支えている。

② 小・中学校の運動会には、親だけでなく親戚、シマの人がこぞって参観し出場・応援する。シマの大きなイベントである。当日は朝からゴザを敷き、みんなで運動会料理を食べながら、応援する。PTAや高齢者の参加プログラムもあり、運動会を盛り上げている

③ シマの全戸に、教師が家庭訪問している。シマの成人式には恩師として参加する。豊年相撲などにも、赴任した教師もシマの一員として参加する。

④ シマの人が支援する子ども育成会は、子どものムチモレ踊り、子どもの稲擦り踊り（9～10月）を指導し、小さいときから伝統行事の楽しさを体験させている。

⑤ 入学式（小1）、卒業式（中3）の夜にはお祝い回りがある。シマの人、職場の人、親戚の人、同好会の人たちがお祝いにかけつける。特に、高校が近くにないシマでは、中学卒業後は親元を離れるために盛大に行われる。（ある超高齢者が、「ここでは、一緒に過ごすことができるのは中学までよ」と語ってくれた）

⑥ 徳之島の徳之島町では、役場の若い職員などが、シマ単位に小中学生の学習を支援する「学士村塾」が開催されている。地域の教育熱は非常に高い。

⑦ シマの人々は、伝統的に上級学校に行かせることに熱心である。親は貧しい生活のなかでも子どもの教育を優先し、生活を切り詰めている。また、経済的理由で上級学校にいけない場合でも、貧しい子どもたちを支援する篤志家の奨学金の制度が古くからある。

## 2-8 郷友会による現代版知識結の実際

　郷友会は奄美の出身者の組織で、東京、関西を中心に戦前から全国に組織されている。会の結成は古く、戦後間もない時期が多い。「戦後の荒廃したなかで、数少ない同郷出身者が身を寄せ合い、郷里に思いをはせ、生活のための情報交換、親睦と連帯感、相互共助を目的に発足」したケースが多い（田島, 1991：1995）。

　奄美の郷友会は、全島レベル、市町村レベル、集落レベル、シマ単位に組織されているが、主はシマ単位に組織され、シマへの帰属意識が強いことが特徴とされる。

　郷友会人口は、1世、2世を含めると関西が30万人、東京が20万人を超えるといわれている。奄美の第2の人口として、今日の奄美の発展に大きな役割を果たしている。各地の郷友会はそれぞれの地で、シマの文化を引き継いだ文化イベントや島唄大会、運動会などを積極的に展開している。

　また、シマで行われる豊年祭や豊年相撲大会などへの参加もある。上述の田島康弘の調査によると、郷里に対する支援では、①小学校の記念行事に対する寄付（具体的には図書館・体育館の建設、ピアノ、視聴覚備品など）、②神社の改築・修繕、③公民館・集会所の建設、修繕、④老人クラブに対する寄付、⑤生活会館・福祉会館等の建設時の寄付などがある。また、慰霊碑の建設、災害見舞などに対しても寄付が贈られている。

　加えて、郷里に対する協力形態として、過疎化のなかで廃止の危機に追い込まれている郷里の郵便局への貯金運動や年賀状購入運動などがある。特に、阪神淡路大震災時には、奄美出身者が多い神戸市長田区をはじめとした被災地へ、全国の郷友会や奄美の人たちから一早い支援がなされ、被災者の生活復興に果たした役割は大きい。

　地元、南海日日新聞が発行する「月刊奄美」は、奄美の情報誌として、本土の多くの奄美出身者・郷友会員に愛読されている。全国各地の郷友会は高齢化が進むシマの経済面や伝統文化の継続になくてはならない機能を果たしている。いわば、現代版の結いや知識結の実践組織となっている。

　このような、現代版の奄美の結い・知識結の実際は、超高齢者の自立と生

きがいを支援し、一方で、子どもの養育環境に対する暖かいまなざしを寄せている。このようなシマのコミュニティが、奄美の長寿多子化を実現している要因として見えてくるのである。

# 第3節　徳之島における結いと超高齢者の役割

## 3-1 シマロ（方言）の見直しと超高齢者の活躍

　次に、徳之島における結いや知識結の状況や超高齢者の状況について、徳之島の図書館長Ⅰさんの語りを紹介する[59]。

　特に、基地反対の際の率先した超高齢者の行動は、次世代を守る行動として、地域の教師的役割・存在を果たしていることがうかがえた。これらが可能になったのは、高齢者を敬愛する習慣と、年金によって生活に余裕ができたことが大きい。徳之島が健康長寿の島であることを改めて理解できるお話であった。

### 1) 方言の見直し

　奄美は、都会からは取り残され、奄美の方言は恥ずかしいものとして戦後は廃れていました。しかし1980年代になって、島の学識者などの有志の提案で、自分たちの誇りとしてシマのなかで伝えていきましょうという取り組みが起ったのです[60]。シマの生活は、旧暦から新暦になったけど、伝統行事でも旧暦でできる部分は取り入れようということにもなりました。

　そういう取り組みのなかで、これまで田舎歌と思っていた島唄が、全国の民謡大会で優勝者が出て、全国に認められるようになって、みんなが勇気づけられました。老人クラブでも何かできることは伝承しようということになって。そのようになったのは、年金が支給されるようになって、余裕が出たからでもあります。それまでは働くだけで、精いっぱいで余裕などなかったのです。

### 2) 教育熱心な島

　この島には、ヤンシキ・シキバンという言葉があります。親はおかゆをすすっても子どもの教育費を工面するという風土が今でも全域に残っています。

教育熱心の地域で、人口比にしたらこの地域は、毎年東大入学率全国一です。今でも、学士村塾という、土曜日に集落単位に、役場の若い人が学習を教える制度があります。

　特にこの図書館のある亀津地域は、亀津断髪といって、明治の初め、率先して髪を切って新しい時代に備えたこともあり、教育熱心で、進取の気性がある地域といわれています。公民館講座も盛んで、最高94歳の人が参加しています。短歌や習字、囲碁など、いろいろあります。児童委員なども積極的で、子どものいる家庭と常に接しています。

### 3）超高齢者の気概と敬愛の風土

　徳之島への基地移転反対には、超高齢者が率先して参加しました。手作りのプラカードや旗を掲げたりして、また、率先してマイクを握っていました。この方々は、米軍統治下で食糧難を経験し、返還運動を経験した人達だからです。それは、知識としてではなく、体に染みついているようです。この辺では、88歳にあやかりたいと、88歳の方の白い髪を取って、正月に分ける習慣があります。長寿は氏族の誇りなのです。昔は長生きできなかったからです。こんな事例があります。84歳で入院して、退院したら、踊りがリハビリになったっていう人がいました。歌って踊っていると、ストレスがたまらない。地域のつながりにもなっています。

　ここは連帯があって、ここは極楽浄土です。祭りのある生活は人のきずなを強めます。祭りはなくなってはいけないと思います。昭和42年ごろは、シマ口はためにもならないといわれたのですが、高齢者の歌をテープにとって保存していてよかったです。今では、シマ口の復活に取り組む貴重な資料となっています。

### 3-2　夏目踊りにみるシマの利他性

　徳之島町の井之川集落に伝わる夏目踊りは、国の無形民俗文化財に指定されている。この集落の郷土史研究家のMさんの話りである[61]。Mさんの語りからは、祭りや島唄が人々を元気にし、長寿を実現している要因になっていることを改めて理解させられた。

6-1 徳之島の夏目踊り
提供：南海日日新聞社

## 1）夏目踊りのこと

　踊りは集落総出で夜更けから集落全体を練り歩き、それは夜を徹して行われ、翌朝になることもあります。太鼓を叩いて歌って踊って、海の向こうのネリヤの神に豊穣の祈願します。夏目踊りの踊り手の最高は90歳代。来年は踊れるどうか分からないからと、毎年参加しています。100歳の人でも踊りが来る深夜2時頃まで起きて待っていてくれ、杖をつきながら迎えてくれます。シマの生活にとって、歌と踊りは生活の一部になっています。歌うことによって人は励まされ、精神が鼓舞されます。歌と踊りは長寿に関係すると思います。

## 2）踊りは楽しみごと

　集落の冠婚葬祭には歌と踊りはつき物。飲んだり食べたりしながら歌い、踊る。葬儀の際には死者を送る歌がこの集落には残っていて、今でも歌われています。しかし、転作によって稲穂が消えて行事も消えました。この行事が残っているのはこの集落だけです。

　伝統行事はシマの人々全員の楽しみごととして根づいている実態があった。

## 3）祭りの外部評価からの自信

　平成元年ごろ、夏目踊りを東京で披露してほしいということで踊ったら、

1,500人が集まってくれました。そこで、専門家の先生に高く評価されました。そのことが、それまではつまらないと思っていたシマの伝統行事に対する、シマの人の価値の再認識の場になりました。

### 4) 子どもと高齢者を大事にする風土

　ここには、自然と共に生活がありますから、悪いことをして人間にはばれなくても、悪いことをしたらお天道様にばれる。道を堂々と歩く生き方をしなさい、と小さい頃から言われて育つのです。

　お年寄りを大事にすれば、自分も大事にされ、子や孫も大事にされる。お年寄りは生き神様だからです。昔は長生きの人はいなかったから、88歳のお祝いを盛大にする習慣があります。

### 5) 利他の心

　ここには、「チュウノコシヤ」という言葉があります。他人のことをすることが自分のためになる。悪いことをすると自分だけでなく、子や孫に悪いことが起きる。良いことをすれば、子や孫も良くなる。幸せが順番にやってくると信じていますので、悪いことをする人はいません。

### 6) 島唄のこと

　シマに伝わっている口承文化が心を育てています。語ることで、歌うことで、田の神様を喜ばせるのです。そのことが豊作につながります。島唄には、恋の歌もたくさんありますよ。

### 7) 稲霊・言霊のこと

　稲は魂を持っている作物です。魂を持っている作物は稲だけです。だから、餅には魂があるのです。ここでは、めでたい時、葬式の時、仏様に供えます。その時には、声をかけます（無言では通じないから。言葉には霊力があるから。ユレユレ、言霊の世界がありますよ）。（奄美）大島は裏声の世界です。それは言霊の世界です。島唄には、逆歌、この世にはありえないようなことをうたう歌もありますよ。集団の歌、お正月の歌、歌うことで心は癒されます。

　筆者らは、祭りの練習を見学に行く機会があった。夕方、集会所に各自おかずを持ちあい、食べて、飲んで、談笑した後に練習が始まった。太鼓や踊

りは、最初はゆっくり。そして、だんだんとテンポが速くなり[62]、会場の公民館
は陶酔していくような熱気に包まれていく。人々が一体となって共通の目的
で行う祭りは、精神的なストレスの解消となり、集落の結束の源にもなり、多
くの効用をもたらすことを実感した。

### 3-3 「浜踊り」[63] の伝承を通じた多世代交流

　徳之島文化協会で伝統文化の継承に努めているKさんの語りである[64]。語
りからは、コミュニティのなかに歌や踊りのある生活は、人々を生き生きさせ、
同じ時間を共有することで連帯感が生まれること。そのようなコミュニティで
は、年齢には関係のない交流があり、高齢期の孤独やさみしさのない世界
が形成されている実態がうかがえた。


#### 1）保存会のこと

　亀津の浜踊り保存会を主宰しています。島唄や民謡が廃れていた時に、
奄美の歌者が島唄をうたって日本一になったのです。ここでも、昭和40年代、
シマの結束として浜踊りを義父が結成しました。しかし、廃れかけなくなるお
それがでてきたので、公民館で伝承することにしました。伝承の地に記念碑
を建てています。今は亀津南区の公民館で、毎週水曜日に踊りの練習をして
います。常時40人くらいが集まって、30歳代から90歳代までいます。91歳
や92歳はバリバリですよ。80代は10人で、うち9人は女性です。女性のパ
ワーがすごいのです。

#### 2）文化の継承のこと

　鹿児島は男尊女卑の地域ですが、文化に関しては男女同等です。歌遊び
には恋の歌もあります。踊りは、男性が中の輪で、女性は外側の輪で踊ります。
浜踊りは12曲を7曲にして、公民館の壁に歌詞を張りつけて練習しています。
この歌は、種をまいて、収穫までを歌う構成です。歌うこと、踊ることは、健
康増進につながると思います。ときには仲間内で、口げんかすることもありま
すが、コミュニケーションが大事ですし、大きな声が出ると、生きがい、張合
いになります。若い人との交じわりの場でもあるし、踊りを伝承するという、

目的意識があるのです。

### 3）シマ口・方言のこと

　最近は方言を使いましょうということが提唱されています。シマ口大会では、高校生では、①勉強できる子、②スポーツができる子、そして、③シマ口、島唄ができる子という基準の、3つ目の評価につながるのです。昭和40～50年代から、方言を使いましょうという運動が提唱されて、文化協会では民謡でもシマ口を使うようにしています。


　以上の語りをまとめると、徳之島の人々の語りには、かつて田舎歌と卑下していた島唄が外部から評価され、そのことがシマの人々の自信になったこと。それが契機となってシマ口、島唄が復活し、シマのコミュニティも強固になっていったことがうかがえた。また、歌や踊りは健康に良いという語りや、伝統文化を共有することの悦びが同様に語られた。


## 第4節　シマの紐帯：集落区長のアンケート回答

　この節では、奄美の全集落（373）の区長を対象に行ったアンケート調査から、シマの実態を理解していくこととする。超高齢者等へのインタビューから明らかにされた奄美のシマの資本（自然・文化・社会関係）の豊かさは、区長の回答からも明らかにされた。

　アンケート調査は奄美の全地域（12市町村・373集落）を対象とし、全市町村の協力を得て行った[65]。市町村の概要は6-2のとおりである。


### 4-1 奄美のシマの紐帯の強さ

　自然環境や結いの習慣、人々のつながり・きずななど12項目を集落の「紐帯」の指標として、4件法で回答を求めた[66]。

　6-3は、集落の紐帯について当てはまる（かなり・比較的）の高い順に示したものである。

　上位は、「公民館は身近な集まりの場である」94.6％で、ほとんどの集落

## 6-2 奄美群島の概要

| 旧町名 | 世帯数 | 人口 | 総農家 | 農家率 | 高齢化率 | 長寿地域2区分 | 出生率 | 集落数 | 回答数 | 回答率 |
|---|---|---|---|---|---|---|---|---|---|---|
| 奄美市 | 20,114 | 46,121 | 1,145 | 低・5.7 | 25.8 | 低・1.83 | 低・1.83 | 103 | 53 | 53.5 |
| 奄美市名瀬 | | | | 低・5.7 | | | | 60 | 24 | 40,00 |
| 奄美市笠利 | | | | 高・ | | | | 29 | 23 | 79,31 |
| 奄美市住用 | | | | 高・ | | | | 14 | 6 | 42,00 |
| 大和村 | 831 | 1,765 | 831 | 高・22.4 | 36.3 | 低・1.78 | 低・1.78 | 10 | 8 | 86,00 |
| 宇検村 | 935 | 1,932 | 935 | 高・21.4 | 37.1 | 低・1.69 | 低・1.69 | 14 | 10 | 71,43 |
| 瀬戸内町 | 4,677 | 9,874 | 308 | 低・6.6 | 34 | 高・2.06 | 高・2.06 | 64 | 42 | 65,63 |
| 龍郷町 | 2,468 | 6,078 | 413 | 低・16.7 | 29.3 | 低・1.83 | 低・1.88 | 20 | 11 | 55,00 |
| 喜界町 | 4,634 | 8,169 | 623 | 低・17.6 | 32 | 高・2 | 高・2.00 | 37 | 15 | 40,54 |
| 徳之島町 | 5,230 | 12,090 | 885 | 低・16.9 | 27.6 | 高・2.18 | 高・2.18 | 29 | 13 | 44,83 |
| 天城町 | 2,841 | 6,653 | 953 | 高・33.7 | 31.5 | 高・2.12 | 高・2.12 | 14 | 6 | 42,86 |
| 伊仙町 | 3,035 | 6,844 | 870 | 高・28.7 | 34.9 | 高・2.81 | 高・2.81 | 31 | 17 | 54,84 |
| 和泊町 | 2,909 | 7,114 | 853 | 高・29.3 | 29.1 | 高・2 | 高・2.00 | 21 | 15 | 71,43 |
| 知名町 | 2,862 | 6,806 | 883 | 高・31 | 29.8 | 高・2.02 | 高・2.02 | 21 | 15 | 71,43 |
| 与論町 | 2,007 | 5,327 | 845 | 高・42.1 | 31 | 高・2.1 | 高・2.10 | 9 | 4 | 44,44 |
| 奄美全体 | 51,543 | 118,773 | 8.174 | 16.00 | 31.2 | | | 373 | 209 | 56,03 |

＊奄美市は2006年に名瀬市、笠利町、住用村が合併しているが、分析は3地区に分けている。

## 6-3 集落の紐帯状況（全体）

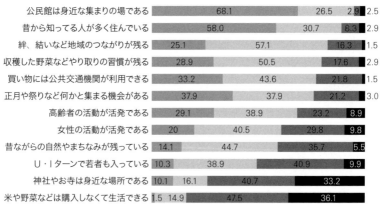

```
公民館は身近な集まりの場である      68.1    26.5  2.9 2.5
昔から知ってる人が多く住んでいる    58.0    30.7   8.3  2.9
絆、結いなど地域のつながりが残る  25.1   57.1    16.3  1.5
収穫した野菜などやり取りの習慣が残る 28.9   50.5    17.6  2.9
買い物には公共交通機関が利用できる  33.2   43.6    21.8  1.5
正月や祭りなど何かと集まる機会がある 37.9   37.9    21.2  3.0
高齢者の活動が活発である       29.1   38.9    23.2  8.9
女性の活動が活発である        20    40.5    29.8  9.8
昔ながらの自然やまちなみが残っている 14.1  44.7   35.7  5.5
Ｕ・Ｉターンで若者も入っている   10.3  38.9    40.9  9.9
神社やお寺は身近な場所である    10.1 16.1  40.7   33.2
米や野菜などは購入しなくて生活できる 1.5 14.9  47.5   36.1
```

■かなりあてはまる　■比較的あてはまる　■あまりあてはまらない　■全くあてはまらない

が当てはまるとしている。次いで、「昔から知っている人が多く住んでいる」
88.7％、「絆、結いなど地域のつながりが残る」82.2％、「収穫した野菜な
どのやり取りの習慣が残る」79.4％など、紐帯の強さが示された。

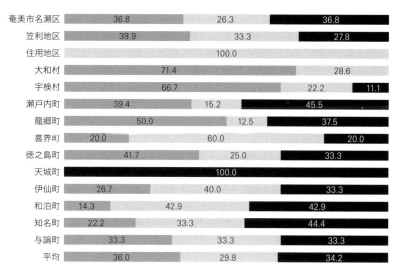

| | 強い | 平均的 | 弱い |
|---|---|---|---|
| 奄美市名瀬区 | 36.8 | 26.3 | 36.8 |
| 笠利地区 | 38.9 | 33.3 | 27.8 |
| 住用地区 | | 100.0 | |
| 大和村 | 71.4 | | 28.6 |
| 宇検村 | 66.7 | 22.2 | 11.1 |
| 瀬戸内町 | 39.4 | 15.2 | 45.5 |
| 龍郷町 | 50.0 | 12.5 | 37.5 |
| 喜界町 | 20.0 | 60.0 | 20.0 |
| 徳之島町 | 41.7 | 25.0 | 33.3 |
| 天城町 | | 100.0 | |
| 伊仙町 | 26.7 | 40.0 | 33.3 |
| 和泊町 | 14.3 | 42.9 | 42.9 |
| 知名町 | 22.2 | 33.3 | 44.4 |
| 与論町 | 33.3 | 33.3 | 33.3 |
| 平均 | 36.0 | 29.8 | 34.2 |

■強い ■平均的 ■弱い

　特に、ほとんどの集落が「公民館が身近な場である」と回答していること
が注目される。これらは、シマの自治や情報共有の場として、集落の紐帯を
強固にしているとみることができる。

　市町村ごとの紐帯の得点を3区分（強い、平均、弱い）したのが6-4である。
「強い」上位は大和村（71.4％）と宇検村（66.7％）の集落である。反対に
天城町は全集落が弱いと回答している。全体平均では、「強い」（36％）と「弱
い」（34.2％）がほぼ同程度である。

## 4-2 集落の共同・年中行事の多さ

　6-5の共同行事の多い順では「清掃・草刈」が260件とトップで、次いで
「墓地管理」121件、「防火訓練」115件、「道路の維持」107件となっている。
多くの集落で環境保全や自治防災などの活動が行われている状況がうかが
える。

　年中・伝統行事では、学校関連行事が上位を占め、「学校教職員の歓送迎
会」226件、「文化祭などの学校行事」220件、次いで、「祭り・豊年祭」

## 6-5 集落の共同・年中行事

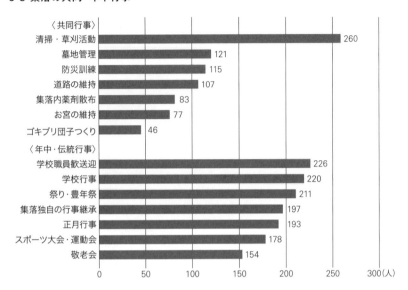

〈共同行事〉
| | |
|---|---|
| 清掃・草刈活動 | 260 |
| 墓地管理 | 121 |
| 防災訓練 | 115 |
| 道路の維持 | 107 |
| 集落内薬剤散布 | 83 |
| お宮の維持 | 77 |
| ゴキブリ団子つくり | 46 |

〈年中・伝統行事〉
| | |
|---|---|
| 学校職員歓送迎 | 226 |
| 学校行事 | 220 |
| 祭り・豊年祭 | 211 |
| 集落独自の行事継承 | 197 |
| 正月行事 | 193 |
| スポーツ大会・運動会 | 178 |
| 敬老会 | 154 |

## 6-6 集落の共同・年中行事

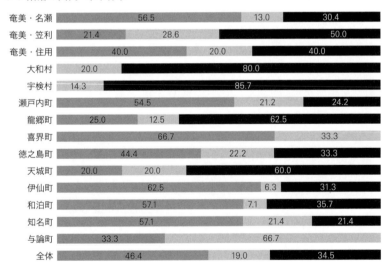

| | 少ない | 平均的 | 多い |
|---|---|---|---|
| 奄美・名瀬 | 56.5 | 13.0 | 30.4 |
| 奄美・笠利 | 21.4 | 28.6 | 50.0 |
| 奄美・住用 | 40.0 | 20.0 | 40.0 |
| 大和村 | | 20.0 | 80.0 |
| 宇検村 | 14.3 | | 85.7 |
| 瀬戸内町 | 54.5 | 21.2 | 24.2 |
| 龍郷町 | 25.0 | 12.5 | 62.5 |
| 喜界町 | 66.7 | 33.3 | |
| 徳之島町 | 44.4 | 22.2 | 33.3 |
| 天城町 | 20.0 | 20.0 | 60.0 |
| 伊仙町 | 62.5 | 6.3 | 31.3 |
| 和泊町 | 57.1 | 7.1 | 35.7 |
| 知名町 | 57.1 | 21.4 | 21.4 |
| 与論町 | 33.3 | 66.7 | |
| 全体 | 46.4 | 19.0 | 34.5 |

■少ない ■平均的 ■多い

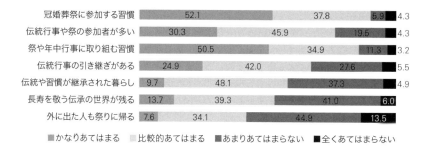

| | かなりあてはまる | 比較的あてはまる | あまりあてはまらない | 全くあてはまらない |
|---|---|---|---|---|
| 冠婚葬祭に参加する習慣 | 52.1 | 37.8 | 5.9 | 4.3 |
| 伝統行事や祭の参加者が多い | 30.3 | 45.9 | 19.5 | 4.3 |
| 祭や年中行事に取り組む習慣 | 50.5 | 34.9 | 11.3 | 3.2 |
| 伝統行事の引き継ぎがある | 24.9 | 42.0 | 27.6 | 5.5 |
| 伝統や習慣が継承された暮らし | 9.7 | 48.1 | 37.3 | 4.9 |
| 長寿を敬う伝承の世界が残る | 13.7 | 39.3 | 41.0 | 6.0 |
| 外に出た人も祭りに帰る | 7.6 | 34.1 | 44.9 | 13.5 |

211件、「集落独自の行事継承」197件、「正月行事」193件など、と続いている。

　これらの回答から、集落と学校とのかかわりの強さ、祭りや集落独自行事、運動会などの頻度の高さが明らかにされた。これらの行事を通じて集まる機会も多く、交流密度も高くなる。コミュニティの結束力を強める要因と考えられる。

　なお、市町村別の行事状況は、6-6のとおりで、行事が多いのは宇検村（85％）、大和村（80％）の集落で、反対に少ないのは喜界町（66.7％）と伊仙町（62.5％）の集落であった。

## 4-3 伝統と習慣の継承の強さ

　6-7は、伝統と習慣の継承について7項目で尋ね、「当てはまる」の高い順に示したものである。「冠婚葬祭に参加する習慣」（89.9％）、「伝統行事や祭り・運動会の参加者が多い」（86.2％）、「祭りや年中行事を取り組む習慣」（85.4％）の項目で80％を超え、伝統行事と習慣の高さがうかがえた。

## 4-4 祭りの存続について

　6-8は今後の祭りの存続について、3区分で尋ねたもので、「将来も存続できる」（48％）と楽観している集落と、「しばらくしたら存続できない」（38％）、「今、存続の危機にある」（14％）の危機感をもつ集落に2分された。

なお、市町村別では、「将来も祭りを存続できる」の上位は住用地区で（75％）、次いで与論町（66.7％）、伊仙町（64.3％）、喜界町（61.5％）の集落であった。反対に、「しばらくしたら存続できなくなる」、「今、存続の危機にある」のは、宇検村（70％）、瀬戸内町（68.6％）、大和村（66.7％）、龍郷町（60％）の集落であった。しかし、統計的検定では市町村間に有意な差はみられなかった。

### 6-8　祭りの存続について

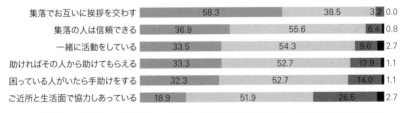

## 4-5 老人クラブ加入率の高さ

　高齢者の老人クラブ加入率は、集落全員が加入している集落と老人クラブのない集落が同程度で存在するが、全体の加入率は53.3％であった。老人クラブ加入率は全国的には年々減少し20％を下回っているが、奄美では高い状況がうかがえた。

## 4-6 社会関係資本の豊かさ

　社会関係資本は、信頼、互助、地域力などの6項目で尋ねた。6-9は、「当てはまる」の上位から示したもので、「挨拶を交わす」（96.8％）、「集落の人は信頼できる」（92.5％）、「一緒に活動している」（87.8％）、「助ければその人から助けてもらえる」（86.0％）、「困っている人がいたら手助けする」（85.0％）の順で、いずれも80％を超える状況にあった。

### 6-9 社会関係資本

| | かなりあてはまる | 比較的あてはまる | あまりあてはまらない | 全くあてはまらない |
|---|---|---|---|---|
| 集落でお互いに挨拶を交わす | 58.3 | 38.5 | 3.2 | 0.0 |
| 集落の人は信頼できる | 36.9 | 55.6 | 6.4 | 0.8 |
| 一緒に活動をしている | 33.5 | 54.3 | 9.6 | 2.7 |
| 助ければその人から助けてもらえる | 33.3 | 52.7 | 12.9 | 1.1 |
| 困っている人がいたら手助けをする | 32.3 | 52.7 | 14.0 | 1.1 |
| ご近所と生活面で協力しあっている | 18.9 | 51.9 | 26.5 | 2.7 |

## 4-7 敬老と高齢者評価の高さ

　敬老と高齢者評価を5項目で尋ね、「当てはまる」の高い順に示したのが6-10である。「長寿を尊び敬老の習慣が残っている」（91.3%）、「高齢者の生活は昔より楽になっている」（90.0%）以下、すべての項目で7割を超え、敬老と高齢者評価は高い状況にあった。

　この評価を、市町村別に3区分したのが6-11である。「高い」のは、伊仙町（70%）、次いで徳之島町（63.6%）、喜界町（55.6%）の集落であった。

　一方、評価が「低い」のは、奄美・名瀬地区（60%）、龍郷町（55.6%）、

### 6-10 敬老と高齢者の評価

### 6-11 市町村別敬老と高齢者評価の状況

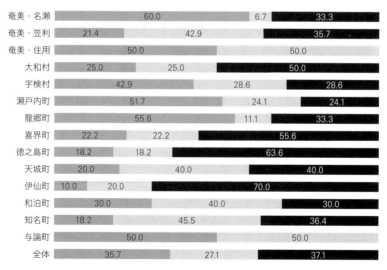

瀬戸内町（51.7%）の集落であった。

## 4-8 長寿の地域要因：経済資本に依存しない奄美の豊かさ

　健康長寿の地域要因について尋ねると、「自然環境」154件、「交流がある」142件、「馴染みの人が多い」137件、「親を大切にする」119件、「年中行事」103件などが続いていた。奄美の集落の長寿の地域要因は、自然資本（自然・食べ物）、社会関係資本（交流・馴染み）、文化資本（祭り・伝統行事）で、経済資本で測れない豊かさがうかがえた（6-12）。

　長寿の地域要因を市町村別に見たのが、6-13である。上位には、奄美のなかでも、特に、「長寿子宝の島」といわれる、伊仙町、徳之島が上位を占めていた。

**6-12 健康長寿の地域要因**

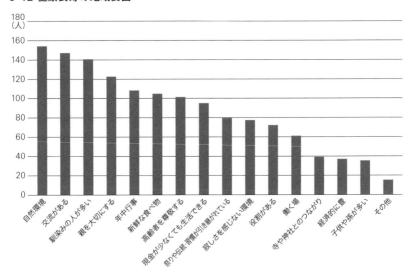

## 4-9 統計的検定からみえてきた高齢者の存在意義

　高齢者に関連する項目で、カイ二乗検定した結果は次のとおりである。

## 6-13 市町村別に見た長寿の地域要因

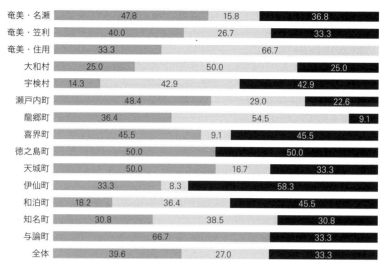

■少ない　平均的　■多い

① 集落の紐帯と高齢者評価との有意な関連：紐帯の強い集落の高齢者評価は高く（58.5%）、紐帯の弱い集落の高齢者評価は低い（p<0.001）。

② 集落の紐帯と老人クラブ加入率との有意な関連：紐帯の強い集落の老人クラブ加入率は高く、紐帯の弱い集落の加入率は低い（p<0.001）。

③ 健康長寿者と伝統や習慣の継承との有意な関連：健康長寿者の多さと伝統と習慣の継承は関連している（p<0.001）。

④ 老人クラブ加入率と「敬老会に若い人も参加する人が多い」は有意に関連している（p<0.001）。

⑤ 老人クラブ加入率と「社会関係資本」の多さは有意に関連している（p<0.05）。

　以上のことから、高齢者は集落の評価を受けてポジティブに活動ができ、集落の紐帯や伝統文化を推進する原動力ともなっていることや、高齢者はシマの発展に寄与していることなどが明らかにされた。

## 4-10 統計的検定からみえてきた市町村別の状況

　6-14は市町村別の統計的検定結果である。集落の紐帯や行事数、伝統行事、老人クラブの加入率、社会関係資本の高さは、人口の少ない大和村や宇検村の集落が上位を占めている状況にあった。

　このなかで、市町村と有意に関連している項目は、行事数の多さと老人クラブの加入率の高さであった。

**6-14　市町村別の上位項目と統計的検定**

| 項目 | 上位市町村 | | | 統計的有意差 |
|---|---|---|---|---|
| 集落の紐帯強い | 大和村71% | 宇検村67% | 龍郷町50% | 有意差なし |
| 行事数の多さ | 宇検村85.7% | 大和村80% | 龍郷町63% | p＞0.05で有意 |
| 伝統と習慣の多さ | 大和村100% | 龍郷町70% | 宇検村63% | 有意差なし |
| 高齢者評価の高さ | 伊仙町70% | 徳之島町64% | 喜界島55% | 有意差なし |
| 老人クラブの高さ | 宇検村89% | 大和村75% | 笠利地区63% | p＞0.01で有意 |
| 社会関係資本の高さ | 龍郷町63% | 徳之島町54% | 宇検村・伊仙町50% | 有意差なし |

## 4-11 島（5区分）単位でみた状況

　奄美にある有人島8つのうち、集落人口、伝統文化等を考慮し5区分（①奄美大島・奄美市、②奄美大島町村部、③喜界島、④徳之島、⑤沖永良部・与論島）に分けて分析した結果は次のとおりであった。

① 「奄美大島・奄美市」は、「世帯数」と「人口」は多いが、他の項目は全体的に低い（少ない）傾向にある。
② 「奄美大島・町村部」は、「老人クラブ加入率」、「集落の紐帯」、「行事数」、「伝統と習慣の継承」、「社会関係資本」は高い（多い）が、「高齢者評価」と「地域の長寿要因」は低い（少ない）傾向にある。また、「祭りや伝統行事の存続」については、「しばらくしたら存続できない」という回答が多い。
③ 「喜界島」は、「伝統と習慣の継承」、「高齢者評価」は高いが、「行事数」や「社会関係資本」は少ない傾向にある。「老人クラブ加入率」と「長寿の地域要因」は集落間に差がある傾向がみられた。
④ 「徳之島」3町は、百寿者率が高い奄美のなかでも、「長寿で子宝の島」

と称されているが、本調査からは、その要因として、「老人クラブ加入率」の高さ、「高齢者評価」の高さ、「長寿の地域要因」の多さ、「社会関係資本」の多さ、加えて、「伝統と習慣の継承」の多さとして明らかにされた。これらが、徳之島が「長寿で子宝の島」と称される要因を形成していることが推察された。一方で、「集落の紐帯」と「行事数」は弱い（少ない）という傾向が明らかにされた。

⑤ 沖永良部・与論島は、「長寿の地域要因」は多いが、他の項目は弱い（低い）傾向にあった。

　なお、統計的に有意差が見られた項目は、①「世帯数」（p<0.01）、「人口」（p<0.001）、②「社会関係資本」（p<0.05）、③「長寿の地域要因」（p<0.05）で、他の項目では島ごとの有意な差は見られなかった。

　つまり、「集落の紐帯」や「行事数」、「伝統や習慣の継承」などの伝統・習慣・行事などは島ごとには差はなく、奄美全体の島で平準化しているということが明らかにされた。

## 4-12 アンケート調査のまとめ

　区長へのアンケートから明らかにされたことは、集落内での強弱はあるものの奄美の各市町村、各島に共通して、紐帯や年中・伝統行事、祭りや結いの習慣が残っていることであった。このことは、市町村別及び島別のカイ二乗検定からも有意な差がないことからも示されている。一部、市町村間で有意差がみられたのは、①市町村によって集落の世帯規模と人口規模が異なること、②市町村によって老人クラブ加入率に差があること、③市町村によって行事数に差があることのみであった。

　なお、老人クラブ加入率の高さに注目すると、集落の紐帯の強さや伝統行事、祭りの存続、高齢者の生きがい、活動の活発さ、若い人との交流、社会関係資本などと有意な関連が示された。このことは、高齢者／超高齢者の活動が集落に与える影響が大きいことが明らかにされたと同時に、祭りの存続や若い世代との交流が高齢者／超高齢者の活動性と生きがいにつながっ

ているという、双方向の関連である。アンケート調査からもコミュニティと幸福な老いとの関連が確認される結果となった。

# 第5節 シマを支える行政・報道機関の役割

## 5-1 地元新聞社の役割

　伝統文化の継承を後押ししている地域メディアの存在は大きい。奄美には人口規模の割には新聞社が2社ある。前述したように奄美の歩んだ歴史と強く関係がある。

　南海日日新聞は、「奄美の歴史に学び、島の自然、文化を大事にし、島の人たちと苦楽を共にしつつ、時には毅然とした論陣を張る」を基本姿勢に、現在の発行部数は23,875部（2020年1月）である[67]。奄美の世帯数は49,517世帯（平成27年国調）であるので、半数の世帯が購読者である。このほかに、南海日日新聞社は、［月刊奄美］を発行し、本土にいる約60万人ともいわれる奄美出身者と本土を結ぶ役割をしている。

　奄美新聞は、「郷土と共に歩み、明日の奄美を築くため、産業経済の発展、福祉の増進、自然保護、教育振興、伝統文化の振興」を掲げている。南海日日新聞と差別化を図り、奄美全島の各種イベントや人の紹介など身近な話題に力を入れている。発行部数は約11,000部である。南海日日新聞社の半分程度の発行部数であるが、身近な記事は奄美の世帯の2割に読まれている。

　日本復帰後に、標準語推進運動や新生活運動によって、奄美の方言や伝統文化が薄れかけた時期がある。しかし、1980年後半から奄美の文化継承活動が始まり、その文化支援に地元紙は貢献してきた。現在でも、地元の伝統行事に関する記事は多く、「島唄大会」などもきめ細かく主催し、全国の大会で優勝者を出している。

## 5-2 地域メディアの支援

　奄美大島を例にとると、前述した地元紙2社のほかに、地域メディアとして、ケーブルテレビ2社「奄美テレビ放送」（奄美市を中心としたエリア）と「瀬戸

内ケーブルテレビ」(加計呂麻島、請島、与路島を含む人口1万人の瀬戸内町エリア)がある。コミュニティFMラジオとしては、あまみエフエム、ラジオサポータ (龍郷町)、NPO法人エフエムうけん、エフエムせとうちの4局がある。標準語化が進む奄美で島唄やシマ口が聴け、町やシマの八月踊りの行事などの身近な情報を提供する役割を担っている。

　過疎化や高齢化が進み一人暮らしの高齢者が多い瀬戸内町では、大半の時間を地元のシマの情報や番組を放送し、1日中島唄を聞いている高齢者も多い。「ケーブルテレビで島唄を聞いて思い出しているから安心と、離れた家族からも感謝されている」と、瀬戸内ケーブルテレビ会社代表の話が紹介されている (金山, 2008)。

　これらの地域メディアに携わっている人々のなかにはUターン組も多く、一旦奄美を出たことによって奄美の良さに気づいたことが契機になっている人たちが多い。だからこそ、奄美の文化を伝え、人々が奄美の文化に誇りと自信を持つことを目指している。そこに共通点が見出されると金山は指摘する。

## 5-3 シマ社会を結ぶ自治体広報紙

　シマの人々を結ぶ情報として、自治体の広報紙の役割も大きい。奄美の広報紙の特徴は、住民の名前や顔を多く登場させていることである。個人情報保護を重んじる都会では考えられないことである。奄美の市町村の広報誌には、代々続いているシマごとの結束を意識した地域情報の編集が求められている。また、シマごとの情報や個人の情報も重要とされる。例えば、瀬戸内町ではシマ単位の情報が掲載され、住民の誕生祝い、結婚祝い、お悔やみなどが含まれている。

　奄美らしいものに、香典返しがある。故人が住んでお世話になったシマや社協に香典返しを寄付する習慣である。「ゆいまーる」という言葉で、「ゆい」は結い=共同、「まーる」は順番を意味する。相互扶助の精神が大切にされ、それが情報として伝えられるしくみがある。一人ひとりの個性や生活を尊重しあう全員参加の自治システムが、これらの動きを現実のものとする。

### 5-4 長寿を支援する行政

　長寿者の長生きを応援する制度として、行政や集落、企業、老人クラブからの長寿お祝い金（品）がある。奄美では、行政から、100歳を超えた人に、毎年町長さんや副町長さんが自宅にお祝いを持ってくる習慣がある。

　祝い金は全国的には、高齢者の増大のなかで減少傾向にあるが、奄美地域には残っている。現金支給についての是非はあるものの、現金収入が少ない奄美の超高齢者には、自分のものよりも家族や孫に何か買ってあげられると喜ばれている。規模の小さい町村ほど、高額になっている傾向にある。高齢者に対する配慮を示す施策として、有効ではないかと思われる。祝い金に対する高齢者の語りを聞く限り、健康長寿の延伸に少なからず貢献していると筆者は思っている。

## 第6節　蓄積されたシマの叡智と場の意思

　奄美のシマの暮らしには、かつての民俗の世界ではなく、今も、祭りや伝統行事、習慣が引き継がれている。それらを継承する人々のつながり、きずなが日常の学となって豊かな民俗文化の世界を形成している。

　インタビュー内容を奄美の歴史的、風土的自然のなかで位置づけて総括すると、特に、神が希望のシンボルであり、人間的な結いの大切さを教えていることを共通点とする。その風土のなかで、大らかな精神性や利他の心が養われ、お互いを尊重しあう相互扶助や結いの習慣が根づいている。

　そして、ここには、一人ひとりに出番と生きがいや、使命感を実践する場をつくる力量がコミュニティのなかにある。この力量は、単なる文化的伝統の継承というだけでなく、人々が学びあって、成長しあう場としての意味を持っている。このことは、伝統行事や祭りなどの継承は、知識や技のストックと並んで、シマの人々の「良心を理解し、良心を評価して、良心を開花させる場」のストックを意味する。

　このことを、福原義春の示唆する場の意思の視点からみていこう。福原は、「場」には地域固有の歴史があり、伝統や習慣に裏打ちされた文化があると

する。そして、その地域の固有の文化には、それぞれの地域の人々を動かす「場所の意思」というべき力を持っていると論じる。加えて、それぞれの地域の固有の歴史や文化に裏打ちされた「場所の意思」を尊重することこそ、その地域の快適環境に貢献する方法であると指摘する（福原, 2010）。

これらを奄美に当てはめると、奄美の歴史や伝統、習慣や信仰などを含めて構築されたシマという「場」と「場の意思」が、シマの人々の地域経営の源となって、長寿と幸福な老いの要因となっているということに気づく。

さらに、このことは、「長寿多子化」を実現した地域の文化的経営という視点からの解明に示唆を与えてくれる。奄美の集落の「場」と「場所の意思」を結ぶものとして、結いや知識結という相互扶助の「人々の意思」があるのである。

奄美の歴史や辛酸な生活から形成された人々の精神性が奄美固有の文化を開花させ、暮らしの基盤に相互支援を強める「場」を形成し、「場の意思」が超高齢者の喪失感や脆弱さを超えて、長生きと幸福感の形成に寄与している。

地域経営の「場」と「場の意思」の解明を通じ、GDPの経済指標では計れない奄美の幸福感と精神的な豊かさが明らかにされた。それらは人と人とがつながる関係性から形成され、現在の生を超えて過去の世代や次の世代に結びつき、超高齢者の幸福な老いを体現した人格の形成に寄与している。奄美を象徴する、「トウトゥガナシ」という日常的な挨拶の言葉や「島唄」、「八月踊り」は人々のアイデンティそのものであり、心の魂でもある。それらの仲介者として超高齢者の存在がある。

# 奄美超高齢者の老いと文化

第Ⅲ部は、奄美の超高齢者を対象に行った実証研究（量的・質的調査）をもとに、3章から構成されている。

第7章と第8章は、「老年的超越」理論に基づいた超高齢者の心理適応や精神的次元と幸福感を明らかにするために、アンケート調査とインタビュー調査から分析している。

奄美を対象地としたのは、老年的超越理論では、老年的超越は文化に普遍的であると論じられている。このことから、寒冷の北欧と異なる温暖の地である奄美において、どのような傾向が出るのか、量的研究と質的研究両面から解明するものである。

第9章は老いと看取りの文化をテーマに、全国的には病院死が8割を超える傾向のなかで、在宅で亡くなる人が8割を超える与論島を対象に、フィールド調査とインタビュー調査からその継承要因を明らかにしている。

# 奄美超高齢者の老いの実態と
# 「老年的超越」

## 第1節　超高齢者の老年的超越傾向を実証する

　これまで超高齢者の意識実態や心理的適応については、あまり明らかにされていない。そのため本章では、奄美の超高齢者を対象に、加齢に伴う世界観や価値観の変容をポジティブな発達ととらえる老年的超越理論から実証する[68]。

　奄美の超高齢者を対象にする理由は3つある。1つ目に、気候・風土の面がある。奄美は、トーンスタムが老年的超越理論を実証した北欧と異なる温暖な地域である。2つ目に、個人のライフサイクルは社会的文脈と切り離しては理解できない。それゆえ、さまざまな危機・困難を経験してきた奄美の超高齢者の精神性は、老年的超越を解明するに適した地域であると考える。3つ目に、奄美は「長寿多子化社会」が形成されている地域である。超高齢者の老年的超越と健康長寿の関連への示唆が得られると位置づけたことである。

　なお、分析データは、これまで行った奄美の高齢者／超高齢者を対象とした2つの量的（アンケート）調査を用いている（冨澤，2009a: 2009b）。調査設計に関する枠組みの詳細は注記で解説している[69]。データ分析は、統計解析ソフト（SPSS）で行った。

### 1-1 老年的超越尺度

　本章の「老年的超越」尺度項目は、トーンスタム理論の（1989）の尺度から、11項目を尺度（以下TGSという）とした。尺度項目は7-1のとおりである。

## 7-1 老年的超越尺度項目

1. 死に対する恐怖心がなくなった
2. 若いときには気づかなかったささやかなことにも幸せを感じる
3. 自分は何かに生かされていると感じることがある
4. 離れた所にいる兄弟や子どもを近くに感じることがある
5. 過去のことがつい最近のように感じることがある
6. 亡くなった両親や祖父母への愛情が増してきた
7. 若いときに比べ心が穏やかになった
8. 自分のいい面も悪い面もすべてを受け入れられるようになった
9. 物やお金に興味がなくなった
10. 表面的な付き合いに関心がなくなった
11. 物思いにふけることに幸せを感じるようになった

## 1-2 老年的超越傾向

### 1）認識状況とクロス分析

　老年的超越の認識状況は、7-2のとおりである。肯定の高い項目は、「亡くなった両親への愛情」86.2％で、次いで「若いときに比べより心が穏やか」82.7％、「ささやかなことにも幸せを感じる」70.4％であった。一方、肯定が低かったのは「物やお金に対する興味がなくなった」で26.8％であった。

　なお、男女別で比較すると、男性は、「亡くなった両親への愛情が増す」（P<0.05）、女性では「物やお金に興味がなくなった」（P<0.05）であった。

　これは男女の意識の差、つまり男性は、超高齢期でも家意識と経済へ強い関心があり、一方、女性はすべてを委ねる傾向にあると考えられる。

### 2）探索的因子分析

　超高齢者の認識状況を踏まえ、「老年的超越」11項目の潜在的因子を探るため、探索的因子分析を行った。まず、この11項目について標本妥当性を測定した（7-3）。結果、標本妥当性は0.654で問題がないとされる0.5を上回り、有意確率も0.00であり、因子分析を行っても不都合はないという結果が得られた。

## 7-2 老年的超越の認識状況

| 老年的超越項目 | 肯定平均 | | 内訳 | | Pearsonの | 漸近有意確 |
|---|---|---|---|---|---|---|
| | 人数 | 割合(%) | 男(%) | 女(%) | カイ2乗値 | 率（両側） |
| 表面的な付き合いに関心がなくなった | 39 | 51.9 | 36.7 | 54.7 | 2.516 | 0.113 |
| 物やお金に興味がなくなった* | 22 | 26.8 | 12.9 | 35.3 | 4.924 | 0.026 |
| ささやかなことにも幸せを感じる | 57 | 70.4 | 75.9 | 67.3 | 0.653 | 0.459 |
| 生かされていると感じる | 42 | 52.5 | 58.6 | 49 | 0.683 | 0.488 |
| 自分のすべてを受け入れられる | 50 | 61.7 | 55.2 | 65.4 | 0.822 | 0.205 |
| 物思いにふけることに幸せ | 34 | 43 | 48.1 | 40.4 | 0.437 | 0.365 |
| 過去のことが最近のように感じる | 51 | 64.6 | 69 | 62 | 0.389 | 0.533 |
| 離れた兄弟を近くに感じる | 46 | 57.5 | 62.1 | 54.9 | 0.389 | 0.533 |
| 亡くなった両親への愛情が増す* | 57 | 86.2 | 86.2 | 62.7 | 4.968 | 0.026 |
| 死に対する恐怖心がなくなった | 44 | 54.3 | 66.7 | 47.1 | 2.927 | 0.109 |
| 若いときに比べ心が穏やかになった | 67 | 82.7 | 86.7 | 80.4 | 0.52 | 0.471 |

*はP＜0.05

## 7-3 KMOおよびBartlettの検定

| 項目 | | 検定数値 |
|---|---|---|
| Kaiser-Meyer-Olkinの標本妥当性の測度 | | .654 |
| Bartlettの球面性検定 | 近似カイ2乗 | 130.028 |
| | 自由度 | 36 |
| | 有意確率 | .000 |

　次に、探索的因子分析（主成分分析・Kaiserの正規化を伴うバリマックス法）によりこの11項目で因子分析を行ったところ、「ささやかなことにも幸せを感じる」、「物思いにふける幸せ」が単独で因子構成された。そのためこの2項目を除いて因子分析をしたところ、3つの因子が抽出された（7-4）。

　第1因子は、「過去のことが最近のように感じる」、「離れた兄弟を近くに感じる」、「生かされていると感じる」、「亡くなった両親への愛情が増す」の4項目から構成された。これらは場所や空間を超えた次元として、「宇宙的超越」と名付けた。

　第2因子は、「若いときに比べ心が穏やかになった」、「自分のすべてを受け入れる」の2項目から構成された。これらは自己の再評価を示す次元として、「自己超越」と名付けた。

## 7-4 回転後の成分行列

| | 成分 | | | | 分析 N |
|---|---|---|---|---|---|
| | 1 | 2 | 3 | 共通性 | |
| 過去のことが最近のように感じる | .757 | | | 0.579 | 79 |
| 離れた兄弟を近くに感じる | .719 | | | 0.592 | 79 |
| 生かされていると感じる | .566 | | | 0.511 | 79 |
| 亡くなった両親への愛情が増す | .524 | | | 0.674 | 79 |
| 若いときに比べ心が穏やかになった | | .802 | | 0.646 | 79 |
| 自分のすべてを受け入れる | | .611 | | 0.539 | 79 |
| 物やお金に趣味がなくなった | | | .819 | 0.713 | 79 |
| 表面的な付き合いに関心がなくなった | | | .706 | 0.553 | 79 |
| 死に対する恐怖心がなくなった | | | .453 | 0.571 | 79 |

因子抽出法：主成分分析
回転法：Kaiser の正規化を伴うバリマックス法
a 6回の反復で回転が収束した。

　第3因子は「物やお金に興味がなくなった」、「表面的な付き合いに関心がなくなった」、「死に対する恐怖心がなくなった」の3項目から構成され、こだわりや執着からの超越を表す次元として、「執着の超越」と名づけた。3因子での累積寄与率は59.8％で、説明力は約6割である。

## 3) 重回帰分析

　次に探索的因子分析から導かれた「宇宙的超越」、「自己超越」、「執着の超越」の3次元を従属変数として、「年齢」、「性別」、「生活満足度」、「地域愛着度」、「老い感合計」、「日常行動」、「介護認定」、「暮らし向き」の8つの独立変数を用い、強制投入法による重回帰分析を行った。

　結果、「宇宙的超越」次元は老い感（$p<0.05$）と行動能力（$p<0.05$）で、有意な関連がみられた。「執着の超越」次元は「介護認定」（$p<0.05$）と関連がみられた。「自我超越」の次元は統計的に有意な変数はみられなかった（7-5）。重回帰分析の結果からは、有意な関連は少ないということであった。

## 7-5 老年的超越の重回帰分析

| | 宇宙的超越 | | | 自我超越 | | | 執着の超越 | | |
|---|---|---|---|---|---|---|---|---|---|
| | 標準化係数ベータ | t値 | 有意確率 | 標準化係数ベータ | t値 | 有意確率 | 標準化係数ベータ | t値 | 有意確率 |
| 性別 | -.132 | -1.016 | .315 | .073 | .540 | .591 | .117 | .117 | .288 |
| 年齢 | -.183 | -1.238 | .221 | .115 | .745 | .460 | -081 | -.648 | .520 |
| 生活満足度 | -.062 | -.411 | .683 | .211 | 1.346 | .184 | 141 | 1.120 | .268 |
| 老い感合計 | -.329 | -2.138 | .037 | -.096 | -.594 | .555 | -.085 | -.656 | .514 |
| 日常行動 | -.371 | -2.014 | .049 | .152 | .790 | .433 | .027 | .174 | .863 |
| 愛着度 | .059 | .447 | .657 | .215 | 1.560 | .125 | -.162 | 1.461 | .150 |
| 介護認定 | -.106 | -.595 | .554 | .094 | .508 | .614 | -471 | -3.161 | .003 |
| 暮らし向き | -.232 | -1.552 | .127 | -.014 | -.091 | .928 | .120 | .954 | .345 |
| | R=.422a | R2=.178 | | R=.321 | R2=.103 | | R=.648 | R2=.420 | |

# 第2節　高齢者と超高齢者の比較

　本節では高齢者と超高齢者の調査データを統合し、この2つのグループの差を明らかにする。

## 2-1 対象者の基本属性

　対象者の基本属性は7-6のとおりである。「平均年齢」は高齢者74.4歳、超高齢者90.0歳で、その差は約16歳である。性別では高齢者（女性71%）、超高齢者（女性64.7%）で、ともに女性の比率が高い。「家族構成」は高齢者の50%は「2人」、一方、超高齢者の家族構成は「1人」は39.4%である。

　「居住年数」の平均は、高齢者は45.5年、超高齢者71.6年で、両者の平均年齢差を考慮しても超高齢者の居住年数は高い。

　「暮らし向き」は高齢者・超高齢者ともに、「ゆとり」層20%台（20.5%〜24.3%）、「普通」層60%（62.5%〜60.6%）、「苦しい」層は10%台（17.1%〜15.1%）である。「通院の有無」は、高齢者は「あり」が27.8%で、反対に超高齢者では、「なし」が24.2%である。「健康状態」では、高齢者の68.2%は「元気」「普通」と合わせると、94.3%は普通以上の健康状態である。

　一方で超高齢者は、「元気」40.0%と「普通」39.0%で、高齢者よりやや

## 7-6 基本属性

| 項目 | | 高齢者 | | 超高齢者 | |
|---|---|---|---|---|---|
| 項目 | 区分 | 割合 (%) | 人数 | 割合 (%) | 人数 |
| 年齢 | 平均 (SD) 歳 | 74.4 (±57.7) | 176人 | 90.0 (±4.0) | 102人 |
| 性別 | 男 | 29.0 | 51 | 35.3 | 36 |
| | 女 | 71.0 | 125 | 64.7 | 66 |
| 家族構成 | 1人 | 27.1 | 45 | 39.4 | 39 |
| | 2人 | 50.0 | 83 | 28.3 | 28 |
| | 3人 | 13.3 | 22 | 22.2 | 22 |
| | 4人以上 | 3.6 | 16 | 10.1 | 10 |
| 居住年数 | 平均 | 45.5年 | | 71.6年 | |
| | 中央値 | 39.0年 | | 80.0年 | |
| 暮らし向き | 大変苦しい | 4.0 | 7 | 3.0 | 3 |
| | やや苦しい | 13.0 | 23 | 12.1 | 12 |
| | 普通 | 62.5 | 110 | 60.6 | 60 |
| | ややゆとり | 18.2 | 32 | 16.2 | 16 |
| | 大変ゆとり | 2.3 | 4 | 8.1 | 8 |
| 通院 | あり | 27.8 | 49 | 75.8 | 75 |
| | なし | 72.2 | 127 | 24.2 | 24 |
| 健康状態 | 元気 | 68.2 | 120 | 40.0 | 40 |
| | 普通 | 26.1 | 46 | 39.0 | 39 |
| | 寝込み | 3.4 | 6 | 10.0 | 1 |
| | 寝たきり | 2.3 | 4 | 11.0 | 11 |
| 介護認定 | 認定外 | 97.3 | 171 | 47.5 | 48 |
| | 要支援 | 1.1 | 2 | 12.9 | 13 |
| | 要介護1 | 0.6 | 1 | 21.8 | 22 |
| | 要介護2以上 | 0.0 | 0 | 17.8 | 18 |
| 行動能力 | 平均 (SD) | 11.8 (±1.9) | | 6.4 (±4.5) | |
| | 中央値 | 13 | | 6.5 | |
| 合計 | | | 176人 | | 102人 |

低いものの全体の79.0％は普通以上と答えている。「介護認定」の状況では、高齢者の97.3％は「介護認定外（自立）」であるが、超高齢者は47.5％が「介護認定外（自立）」である。

## 2-2 行動能力の比較

　「行動能力」（13点：老研式活動能力指標）では、高齢者の平均は11.8点、最頻値は13点である。一方、超高齢者の平均値は6.4（最頻値6.5）点で、満点に近い（13点・12点）層が20％ある反面、0点・1点の層が20％と2極化しながら、60％はその中間にある。高齢期と比べ超高齢期は多様な状況を示している（7-7）。

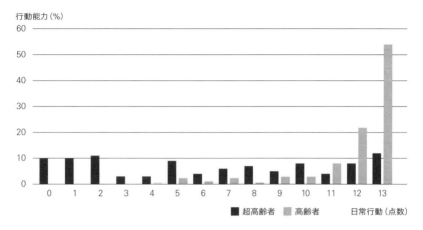

行動能力（%）

■ 超高齢者　■ 高齢者　　日常行動（点数）

## 2-3 心理適応の比較

　「生活満足度」及び「地域愛着度」からみた心理適応の状況は7-8のとおりである。「生活満足」は、超高齢者は「大変満足」の割合が高く、「普通」以上は93.4%にのぼる。高齢者も「普通」以上をあわせると、93.5%で同様に高い。地域愛着度も高齢者・超高齢者ともに、「感じる」は94%に上る。

## 2-4 現在の心境の比較

　現在の心境では、高齢者の回答は積極的で、それぞれの項目で74〜89%と高い肯定率であった。

　超高齢者はそれより下がるものの、9項目中7項目で肯定回答が上回っている。総じて、高齢者・超高齢者ともに、社会との関わりについて積極的な考えを保持していることがうかがえた（7-9）。

## 2-5 日中の楽しみごとの比較

　「日中の楽しみごと」では、7-10のとおりである。高齢者、超高齢者ともに、同じような傾向にあって、在宅型余暇活動の「テレビ・ラジオ」、「新聞」が上位で、積極的余暇活動 の「散歩」、「おしゃべりも高い。高齢者では3人に1人が仕事に従事している。超高齢期では仕事と答えた人はいなかった。

## 7-8 心理適応

| 項目 | | 高齢者 | 超高齢者 |
|---|---|---|---|
| 生活満足度 | 大変満足 | 5.50% | 13.20% |
| | 満足 | 35.80% | 34.10% |
| | 普通 | 52.20% | 46.10% |
| | やや不満足・不満 | 6.50% | 6.60% |
| 地域愛着度 | 感じる | 93.60% | 93.70% |
| | どちらでもない | 4.10% | 6.30% |
| | 感じない | 2.30% | 0% |

## 7-9 現在の心境

| 項目 | 肯定 | 高齢者 割合 (%) | 超高齢者 割合 (%) |
|---|---|---|---|
| いつまでも人に頼らずに生きていこう | そう思う | 85.3 | 67.5 |
| もう勉強することはない（反転項目） | そう思う | 11.8 | 38.5 |
| 以前よりまじめとは思わなくなった | そう思う | 37.1 | 38.0 |
| 同年代の人に比べて元気な方 | そう思う | 79.4 | 82.1 |
| もっと世の中の動きを知りたい | そう思う | 89.4 | 59.5 |
| 若い人に自分の経験を話しても良い | そう思う | 80.6 | 60.5 |
| 新しい出会いや人間関係をつくりたい | そう思う | 74.3 | 44.2 |
| 何か出来ることで社会の役に立ちたい | そう思う | 83.5 | 52.6 |
| 生きた証を子や孫に残したい | そう思う | 85.3 | 80.5 |

## 7-10 日中の楽しみごと

| 項目 | 高齢者 (%) | 超高齢者 (%) |
|---|---|---|
| テレビ・ラジオ | 74.4 | 65.7 |
| 新聞 | 58 | 42.2 |
| 読書 | 34.7 | 26.5 |
| ディサービス | 3.4 | 32.4 |
| 病院 | 9.7 | 12.7 |
| おしゃべり | 47.7 | 43.1 |
| 散歩 | 48.3 | 44.1 |
| スポーツ | 28.4 | 16.7 |
| カラオケ | 21.6 | 10.8 |
| 講演会 | 29 | 9.8 |
| 趣味 | 31.3 | 25.5 |
| 仕事 | 34.7 | 0.0 |
| その他 | 14 | 13.7 |

## 7-11 時間展望

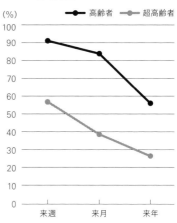

## 2-6 時間展望の比較

　時間展望を3区分で尋ねた結果は、7-11のとおりである。高齢者は、「来週」（91.1％）、「来月」（83.9％）とも肯定率は高いが「来年」（56％）は半数程度に落ちる。

一方、超高齢者では、「来週」は半数を少し超えた程度、来月は4割程度と下がり、1年後の時間展望は3割を切る。時間展望は高齢者と超高齢者で大きな差があることが明らかにされた。

## 2-7 老い観の比較

老い観は5項目で測ったが老いたは加齢ととも増大し、高齢者では7割程度であるが、超高齢者では全員に近い。しかし、孤独感などは低位にあった。（7-12）

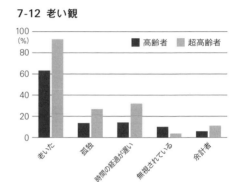

7-12 老い観

# 第3節 高齢者と超高齢者の老年的超越傾向の分析

## 3-1 クロス分析とカイ二乗検定

老年的超越項目の肯定状況は、7-13のとおりである。

高齢者と超高齢者の2グループに分け、統計的検定（カイ二乗検定）の結果、2者間の差異が示された。

高齢者は、「亡くなった両親への愛情が増す」（p<.05）、「自分のすべてを受け入れる」（p<.001）、「生かされていると感じる」（p<.01）の3項目の得点が有意に高い。

一方、超高齢者は「表面的な付き合いに関心がなくなった」（p<.001）、「物やお金に興味がなくなった」（p<.001）、「死に対する恐怖心がなくなった」（p<.05）の3項目が有意に高かった。なお、老年的超越の得点合計では 超高齢者の平均は6.2、高齢者の平均は5.9で、超高齢者が高いものの有意な差はみられなかった。

## 7-13 高齢者と超高齢者の「老年的超越」肯定状況

| 項目 | 高齢者 肯定 (%) | 超高齢者 肯定 (%) | Pearsonの カイ2乗値 | 漸近有意確率 (両側) |
|---|---|---|---|---|
| 表面的な付き合いに関心がなくなった | 17.2 | 48.1 | 25.83 | *** |
| 物やお金に興味がなくなった | 10.1 | 26.8 | 11.69 | *** |
| 死に対する恐怖心がなくなった | 39.1 | 54.3 | 4.41 | * |
| 亡くなった両親への愛情が増す | 81.1 | 71.8 | 4.82 | * |
| 自分のすべてを受け入れる | 81.1 | 61.7 | 11.31 | *** |
| 生かされていると感じる | 66.9 | 52.5 | 6.22 | ** |
| ささやかなことにも幸せを感じる | 71.0 | 70.4 | .34 | |
| 物思いにふけることに幸せ | 37.3 | 43.0 | .56 | |
| 過去のことが最近のように感じる | 56.5 | 64.6 | .55 | |
| 離れた兄弟を近くに感じる | 54.4 | 57.5 | .02 | |
| 若いときに比べ心が穏やかになった | 78.1 | 82.7 | .23 | |
| 得点平均 | 5.92 (SD2.24) | 6.17 (SD2.63) | | |

***p＜.001，**p＜.01，*p＜.05

## 3-2 探索的因子分析

「老年的超越」の潜在因子を見つけるために探索的因子分析（主因子法・Promax回転）を行った。その結果、共通性が0.1台と低かった「死に対する恐怖心がなくなった」を除外して、10項目で因子分析に適するかの検定を行った。結果、7-14のとおり標本妥当性は.72で、標本として望ましい数値と判断された。

## 7-14 KMOおよびBartlettの検定

| 項目 | | 検定数値 |
|---|---|---|
| Kaiser-Meyer-Olkinの標本妥当性の測度 | | .72 |
| Bartlettの球面性検定 | 近似カイ2乗 | 351.60 |
| | 自由度 | 45 |
| | 有意確率 | 0 |

## 3-3 因子の命名

この10項目で因子分析したところ、3つの因子が導かれた（7-15）。第1因子は、「若いときに比べ心が穏やかになった」、「生かされていると感じる」、「自分のすべてを受け入れられる」、「ささやかなことにも幸せを感じる」、「亡くなった両親への愛情が増す」の5項目で構成されており、自己の再評価や

自我意識の変容に対する項目に高い負荷量が示されたことから、「自我超越」と命名した。

　第2因子は、「過去のことが最近のように感じる」、「離れた兄弟を近くに感じる」、「物思いにふける幸せ」の3項目で構成されており、時間や空間を超えた感覚に高い負荷量を示していることから、「宇宙的超越」と命名した。

　第3因子は「物やお金に興味がなくなった」、「表面的な付き合いに関心がなくなった」の2項目から構成され、こだわりの減少の項目に負荷量が高いことから、「執着の超越」と命名した（7-15）。

### 7-15 パターン行列

| 項目 | 第1因子 | 第2因子 | 第3因子 | 共通性 |
|---|---|---|---|---|
| 若いときに比べ心が穏やかになった | .57 | -.18 | -.01 | .34 |
| 生かされていると感じる | .56 | -.07 | .20 | .23 |
| 自分のすべてを受け入れる | .49 | -.47 | .03 | .20 |
| ささやかなことにも幸せを感じる | .44 | .10 | .08 | .31 |
| 亡くなった両親への愛情が増す | .42 | .20 | .15 | .24 |
| 過去のことが最近のように感じる | -.14 | .71 | .05 | .42 |
| 離れた兄弟を近くに感じる | .00 | .69 | .09 | .50 |
| 物思いにふける幸せ | .18 | .44 | .12 | .32 |
| 物やお金に興味がなくなった | -.32 | .01 | .75 | .42 |
| 表面的な付き合いに関心がなくなった | .07 | .02 | .57 | .42 |
| 因子名 | 自我超越 | 宇宙的超越 | 執着の超越 | |
| 因子相関行列　　　　　　1 | | | | |
| 　　　　　　　　2　　1 | — | .57 | .05 | |
| 　　　　　　　　3　　2 | | — | .11 | |
| 　　　　　　　　　　3 | | | — | |

## 3-4 尺度の信頼性

　尺度の信頼性としてα係数を算出したところ、「自我超越」で$\alpha = .63$、「宇宙的超越」で$\alpha = .63$、「執着の超越」で$\alpha = .60$で、いずれも0.5は上回っており、α係数が高くないのは、項目数が少ないことに起因すると推測されることから、尺度として容認できる範囲として取り扱っていくこととした（7-16）。

## 7-16 尺度の信頼性

| 因子（項目） | 因子名 | Cronbach のα | 累積説明力 | N |
|---|---|---|---|---|
| 第1因子（5） | 自我超越 | .63 | 28.14 | 252 |
| 第2因子（3） | 宇宙的超越 | .63 | 41.64 | 251 |
| 第3因子（2） | 執着の超越 | .60 | 53.77 | 252 |

## 3-5 下位尺度相関とt検定図表

　これら3つの下位尺度間の関連は、7-17のとおりで、「自我超越」と「宇宙的超越」は、有意（p<.01）な相関がみられた。

### 7-17 老年的超越の下位尺度間相関と平均, SD

| | 自我超越 | 宇宙的超越 | 執着の超越 | 平均 | SD |
|---|---|---|---|---|---|
| 自我超越 | | .40** | .00 | .73 | .28 |
| 宇宙的超越 | | | -.02 | .51 | .38 |
| 執着の超越 | | | | .34 | .34 |

\*\* p<.01

## 3-6 高齢者と超高齢者のグループ別の相関

　2つのグループに分け下位尺度の相関をみたところ、高齢者（.30, p<.01）、超高齢者（.61, p<.01）ともに、自己超越は宇宙的超越との有意な相関が示された（7-18）。

### 7-18 2グループ別の相関係数

| | 自我超越 | 宇宙的超越 | 執着の超越 |
|---|---|---|---|
| 自我超越 | | .30** | .05 |
| 宇宙的超越 | .61** | | -.10 |
| 執着の超越 | .06 | .07 | |

\*\* p<.01　右上：高齢期, 左下：超高齢期

## 3-7 2グループの差の検定

　2グループの差の検定を行うため、t検定を行った。その結果、「自我超越」（t（252）=2.47, p<.05）は高齢者に有意に高く、「執着の超越」（t（252）=-4.79, p<.001）は超高齢者に有意に高いという結果であった（7-19）。

|      | 超高齢者 | | 高齢者 | | |
|------|------|------|------|------|------|
|      | 平均 | SD | 平均 | SD | t値 |
| 自我超越 | .66 | .03 | .76 | .02 | 2.47* |
| 宇宙的超越 | .53 | .04 | .50 | .03 | -.68 |
| 執着の超越 | .37 | .04 | .14 | .02 | -4.79*** |

* p<.05　*** p<.001

## 3-8 重回帰分析

　3つの下位尺度（「自我超越」、「宇宙的超越」、「執着の超越」）を従属変数として、「性別」、「生活満足度」、「老い観合計」、「健康状態」、「地域愛着度」、「時間展望」の6の独立変数を使用し重回帰分析を行った（7-20）。

　この結果から、高齢者では「自我超越」「宇宙的超越」ともに「地域愛着度」と「時間展望」が高くなると超越傾向は高まり、「生活満足度」が高くなると「宇宙的超越」は低くなるという関連が示された。

　超高齢者では、「自我超越」「宇宙的超越」ともに、「生活満足度」が高く、「老い観」も高く、「時間展望」が高いほど超越傾向は高くなることが示された。一方「執着の超越」は、高齢者では「老い観」（p<.05）と有意な関連が見られたが、超高齢者では「時間展望」（p<.001）と関連が見られた。

　つまり、高齢者は「老い観」が強いほど「執着の超越」は高まるが、超高齢者は「時間展望」が低くなると「執着の超越」が高まるということが示された。

### 7-20 高齢者・超高齢者別重回帰分析

|      | 自我超越 | | 宇宙的超越 | | 執着の超越 | |
|------|------|------|------|------|------|------|
|      | 高齢者 t値 | 超高齢者 t値 | 高齢者 t値 | 超高齢者 t値 | 高齢者 t値 | 超高齢者 t値 |
| 性別 | -1.50 | .04 | -.82 | .34 | .28 | -1.67 |
| 生活満足度 | -1.69 | 2.38 * | -2.24 * | 2.03 * | -1.37 | -.04 |
| 老い観合計 | -.06 | 2.78 ** | -.04 | 3.01 ** | 2.38 * | .16 |
| 健康状態 | -.12 | -.96 | -.92 | -.58 | -1.40 | -1.73 |
| 地域愛着度 | 2.23 * | 1.19 | 2.08 * | 1.52 | -.86 | -1.54 |
| 時間展望 | 3.62 *** | 3.67 *** | 2.37 * | 3.70 *** | -1.51 | -2.79 *** |

* p<.05　** p<.01　*** p<.001

# 第4節 調査から示唆されたこと

## 4-1 超高齢者のポジティブな実態

　奄美の超高齢者の生活実態に注目すると、超高齢者の平均年齢は90.0歳で、全体の約4割は一人暮らしである。生活経済面では75％が普通以上の暮らし向きと答え、約75％が医者にかかっているが、80％の人は健康状態を普通以上と答えている。

　これらの結果を全国（国民生活基礎調査, 2006）と比較すると、85歳以上の単独世帯は男性10.8％、女性15.3％であり、奄美の超高齢者の一人暮らしの比率は高い。

　また、全国の超高齢者の健康意識では普通以上は54.9％であり、これも奄美の超高齢者が上回る。生活面では85歳以上世帯の調査がないため、65歳以上の高齢者世帯では、普通以上は44.1％である。いずれも奄美の超高齢者の回答は全国平均よりも高い値を示している。しかし、奄美の群民所得は国民所得と比べると低く、若干の自給自足体制があるとはいえ経済水準は高いとはいえないのである。

　奄美の人の特徴として、奄美研究家甲東哲（きのうとうてつ）は、「奄美には、かつての『より良き時代』というのはない。常に現在が感謝すべき『より良き時代』なのです。その意味で奄美の人は貧困であっても楽天的なのです」と記していることが紹介されている（先田, 2004）。この指摘は今回の超高齢者の理解に通じるであろう。加えて、自らの物的水準要求を低くして満足感を高めているという、適応のプロセスが機能しているとも考えられる。

## 4-2 地域の効用

　奄美の超高齢者の特徴は昔からの馴染みのある地域で暮らす環境が効用となって、超高齢期の生活をポジティブに維持しているということである。それは居住年数の長さ、地域の愛着度の高さ、信頼の関係、子どもや地域との日常的な交流の豊かさである。そしてこれらが一人暮らしを成立させる要因ともなっている。

高橋憲二は住み慣れた地域の持つ力として、①日常生活リズムの継続性、②高齢者の生活圏域の整合性、③近隣がもたらす信頼感と安心感、④住民の小さな参加を結びつけやすい点をあげている（高橋, 1998）。奄美の超高齢者の自立を地域の効用から分析すると、さらに次のようなことがみえてくる。

## 4-3 周囲への信頼感

　長生きをもっとも喜んでくれる人は「家族・親戚」であり、「自分自身」ではない。加えて、長生きの秘訣のトップに、「家族が大切にしてくれる」をあげ、「もう充分に生きた」というネガティブな人は少ない。周囲の環境に支えられながら自立し、長生きを望んでいる実態が浮かび上がってくる。

　加えて、生活満足度や地域愛着度は高く、日中の楽しみごとも多様で、心理面での適応は高齢者とほぼ同じように高い状況にあった。身近に畑や庭があることが体を動かし周囲への貢献をもたらし、前向きな感覚を維持している。

## 4-4 超高齢者の老年的超越
### 1）因子分析で明らかにされたこと

　因子分析からは、「宇宙的超越」、「自我超越」、「執着の超越」の3つ次元が抽出された。北欧で行ったトーンスタムの因子分析からは、「宇宙的超越」と「自己超越」2つの次元が抽出されているが、奄美の調査からは、3つ目の次元として、「執着の超越」が抽出された。

　この結果は、物への執着よりも家族の支えにより価値を感じる傾向とみることができる。このことは、自分の長生きは「自分自身」（29.5％）より「家族・親戚」（69.3％）が喜んでくれるという回答の高さからも、理解される。

### 2）超高齢者の「執着の超越」

　「老年的超越」の形成次元には差があり、「執着の超越」は超高齢者に有意に高く、「自我超越」は高齢者に有意に高いという結果が示され、J.エリクソンが示唆した、第8段階と第9段階の発達課題を実証することになったといえよう。

J.エリクソンは第9段階を（超高齢期）「老衰」と「喪失」が深刻な時期と位置づけ、「この期の老人が抱える困難そのものが社会的な無視を引き起こし、また彼らの困難が社会的無視によって悪化させられる」ことへの警告を発している（エリクソンら, 2001 : 162-165）。

　しかし、奄美の超高齢者の老いの実態は、家族やコミュニティに支えられ、彼女の示唆する「基本的信頼感」という恵みを得て、長生きを楽しんでいる。超高齢期をポジティブに生きる続けるためには、コミュニティのつながりが重要な要因になることが明らかにされた。この結果は、超高齢者の適応への新たな知見を示すものと考えられる。

## 第8章

# 語りにみる幸福な老いと
# 老年的超越階層モデル

## 第1節　インタビュー調査の枠組み

　本章では、前章の量的調査から明らかにされた奄美の超高齢者の生活実態や長寿へのポジティブな姿勢や老年的超越傾向を踏まえ、インタビュー（質的調査）から、超高齢者の精神的次元を明らかにするとともに、老年的超越へつながる階層モデルを提示する。

### 1-1 調査地域と対象者

　本調査の対象者は、自宅居住超高齢者11人（男性4人、女性7人）で、年齢は85歳から101歳である。

　家族構成は、1人暮らしは11人中7人（男性2人、女性5人）である。介護認定者は11人中4人で、101歳の要介護4を除き要介護1が3人で、他の

### 8-1 調査対象者の基本属性

| NO. | 性別 | 年齢(歳) | 元職業 | 家族構成 | 介護状況 | 通院状況 | 居住歴 |
|---|---|---|---|---|---|---|---|
| 1 | 男性 | 89 | 農業従事 | 1人 | 要介護1 | 月1回 | 43年 |
| 2 | 男性 | 86 | 役場の職員 | 1人 | なし | なし | 86年 |
| 3 | 女性 | 86 | 主婦（教員） | 1人 | なし | 月2回 | 60年 |
| 4 | 女性 | 85 | 主婦・農業従事 | 1人 | なし | 月1回 | 85年 |
| 5 | 女性 | 92 | 主婦・農業 | 1人 | なし | 月2回 | 92年 |
| 6 | 女性 | 89 | 主婦・織 | 1人 | 要介護1 | 月1回 | 47年 |
| 7 | 男性 | 86 | 商店経営 | 5人 | なし | 月1回 | 61年 |
| 8 | 男性 | 86 | 商店経営他 | 2人 | なし | 月1回 | 86年 |
| 9 | 女性 | 101 | 主婦・農業・織 | 3人 | 要介護4 | 月3回 | 60年 |
| 10 | 女性 | 87 | 主婦・織 | 1人 | 要介護1 | 週1回 | 87年 |
| 11 | 女性 | 87 | 主婦・織 | 2人 | なし | 月2回 | 35年 |

ほとんどの人が自立である。しかし医療面では1人を除き全員が通院治療中である。

## 1-2 調査方法

11人に対し半構造化面接を行った。用意したインタビューガイドは現在の生活スタイル、人生へのふりかえり、長生きの秘訣、何歳まで生きたいか、信仰や生かされている感などであった。その順番にはこだわらず、話が途切れたときに次の質問を行った。インタビューの場所はそれぞれの自宅で、一人暮らしの方は本人1人、家族で暮らしている方は本人と家族のどなたかが同席する形になった。インタビュー時間は、60分から90分の範囲であった[70]。

## 1-3 分析方法

質的研究法は文脈依存的でローカルな現実に密着して、生き生きした情報を含むデータの解釈が得られる（やまだ, 2004）ことから、生活歴の長い超高齢者の老年的超越を明らかにするには有効であると判断した。分析に使用する手法は質的研究法の一つであるM-GTA（修正版グラウンデッド・セオリー・アプローチ）を用いた（木下, 1999：2003）。

M-GTAでは、水戸美津子（2001）の自宅居住高齢者を対象とした研究はみられるが、超高齢者研究は見られないことから新たな知見が得られると考えた。

# 第2節　概念の生成プロセス

## 2-1 分析プロセス

M-GTAによる分析プロセスは、11人の逐語録をデータとし、全体として8-2のような流れとなる。まず、分析テーマは「超高齢期の適応プロセス」とし、分析焦点者は「奄美群島の自宅居住超高齢者」と設定した。M-GTAでは、研究者の視点から分析テーマと分析焦点者にとって関連のありそうな文脈に注目し、理論を構成する最小単位となる概念を生成していく。概念の

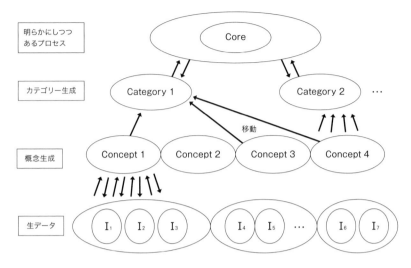

8-2 M-GTAによる分析プロセス概念図

生成にあたっては、概念名・定義・具体例・理論的メモを分析ワークシートに作成し、ヴァリエーション（具体例）を追加していく。この過程は常に分析テーマに密着しているかを比較検討しながら進め、そして複数の概念からコアカテゴリーへと包括的に収束される。最終的には全体図を理論として示す。

## 2-2 概念の生成過程

　M-GTAでは最初の概念生成が重要とされることから、分析テーマに照らして「ディテールが豊富で多様な具体例がありそうな者」を選んだ。1例目は89歳で現役の農業経営者。足が不自由で要介護1であるが、一緒に働いている息子に毎月の給料を支払っている男性である。語られている意味・内容を解釈しながらコーディングを進めた結果、16の概念が生成された。

　2例目は1例目と対極にある事例として、86歳の役場元職員で、今は読書三昧の生活という人を選んだ。恣意的にならないように類似比較と対極比較を行うなかで、新たに2つの概念が生成され、既に生成された概念のうち8つで具体例の追加がされた。

　3例目以降も同様の継続的比較分析をすすめ、新たに3例目で4つ、4例

目で1つ、5例目で2つ、6例目で1つの概念が生成され、それぞれの概念の具体例も豊富になっていった。7例目に移ったとき、新たな概念や解釈が出てこない状態となったので、「理論的飽和化」と判断した。結果、最終的に25の概念と9つのカテゴリー、3つの次元、1つのコアカテゴリーが浮かび上がってきた。

# 第3節　結果：目標は100歳

　語りの分析結果は全体図のとおりである（8-3）。

　カテゴリーとカテゴリーを比較分析するなかから日々の営みの次元、その営みを形成基盤する次元、そして、それらが精神世界へつながる次元へと3階層が構成された。

　中心層の日々の営みの次元には「目標は100歳」というコアカテゴリーが導びかれた。

　このことから超高齢者は100歳を生きる目標とすることでポジティブで自立した生活を営むことができ、同時に社会につながろうとする行為を促進させることが示された。その下層には奄美特有の環境と戦争から得た知がある。この2層から精神世界においては老年的超越の形成を核とする、3層の形成モデルが提示された。

## 3-1 日々の営みの次元

### 1）確立した生活スタイル

　自宅居住の超高齢者は、孤独感や過去に浸るという後ろ向きの傾向になく、日々の生活に満足感を持っており、確立した生活スタイルを継続し、自分に適合した自立生活を営みながら積極的に100歳をめざしている。

### ①工夫された日常生活

　「できるものなら100歳まで生きたい。こう考えるんです。あと、10年気張れたら、そんな気持ちでいます」と、生きる目標を100歳と語る。そのために**工夫された日常生活**を送る。「もう年金だから、あまり使わないように工夫して、

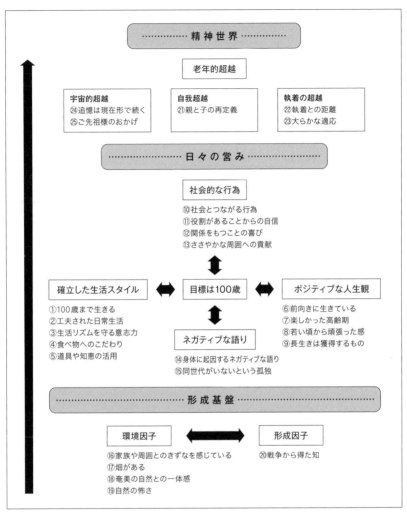

**8-3 全体図**

野菜食べて。でも交際費がいるの。友達とか。そう、使うのは交際費」と語る。

またある男性は、「長生きは香辛料を食べないから」と**食べ物へのこだわり**を話す。一人暮らしで農業をしている男性は、「給食のおかずは一つも残さず食べます。お弁当で十分。ちょうど4品ぐらい入ってあるので、晩酌のおかずはそれで間にあいます」と、それぞれが自分に合うように、**工夫された**

日常生活を持っている。

② 生活リズムを守るという意志力

現役で商店を営んでいる男性は、「今ね、朝5時頃目覚めて、5時30分にラジオ体操に出かける。そして6時頃帰ってきて食事。6時50分ぐらい、そして少し寝る。それからね、8時35分までテレビでニュース見る。それからトイレに行って、9時には店を開ける。朝から1日やることが決まっていて、365日の360日はこの流れで行っている。後の5日は旅行。だから身体の不自由は余り感じない」など、**生活リズムを守るという意志力**を語る。

奄美の四季を通じた温暖な気候が同じ生活スタイルを保障し、豊かな自然はお金を使わない生活を保障し、生活満足感を提供している。

③ 道具や知恵の活用

一方で、身体機能の低下への自衛手段として、**道具や知恵の活用**がある。「家のなかでもこの杖です。杖は離せんです。杖を使っているので不自由はないです…それでこのトラクターに乗る仕事はできるが、立ってする仕事はもうできんですけど、運転操作や機械作業はできるんです。畑の整備、植え付けの準備は、私が全部一人でやるんです」。

また、無人市場に作った物を出している女性は、「野菜なんかいろいろつくっているでしょう。だから種蒔いたら、そしてまた払ったり払わなかったりするのがあるでしょう。(家計簿)つけていればお金、いくら積み立てしたとかね。(ふふ)」と、超高齢期を適応する工夫が語られる。

備忘録としての家計簿記帳、農作業の時期や支払いの確認の工夫、その他、洗濯物の出し入れの際工夫した竿を活用した事例や、上ることが億劫になって平地へ住居を移動したなどの、工夫が語られた。


2) ポジティブな人生観

① 前向きに生きている

また精神面においては**ポジティブな人生観**がある。その1つに**前向きに生きている**がある。過去よりも超高齢期の今を楽しみ、前向きに生きることで1日の時間の経過を早く感じている。しかし、過去には辛酸な経験を経て、そ

して今日がある。「(火事で何もかもなくした体験を持つAさんは) 私、もう過ぎ去ったことは何も思わん。こういう考えで今、生きています。もう過去の悩みは考えんごとしています」と言う。商店を営む男性は、「(若い頃と) 別に変わらない。まあ、くよくよしないこと。財産なんだとか拘らない。娘3人いるのであとはこれにやる。やるものないかな」と笑って語る。

## ②若い頃から頑張った感

ポジティブな人生観を支えるもう1つに、**若い頃から頑張った感**の持続がある。頑張ったということが現在の生活満足感を高め、超高齢期の現在を主体的に生きる原動力になっている。「今考えたらようやったと思いますね。若い頃はもう本当に頑張った。サトウキビの刈り入れ時は朝4時から起きて畑に出おったです。まあ、おかげさまでですね、土地があって良かったと思いますね」と、今も現役の男性。

「子どもを学校に出すとき大変だった。夜11時まで織って、朝早く行って、人より早く織ったよ。子どもは小さいときの苦労も知っているからお金送ってくれる…苦労は昔からずっとしてきましたよ」と一人暮らしの女性。

「もう、(苦労は) あるかぎりしましたよ。若いときは戦争の体験もあるし、大変だった。ほんと大変だったよ」と戦争中の苦労を話す女性。「27歳から、店経営。大変は大変。今でも大変ですよ。慣れてきましたが。木材も扱っていたよ、今はしてないけど。60年。うちの家内が毎朝早く起きて支えてくれた」と改めて内助の功を振り返る男性。

## ③楽しかった高齢期

超高齢期の今を受容している人にとって、**楽しかった高齢期**がある。子育て・リタイヤ後、「楽しかったこと、やっぱし60代ね。60代が楽しかった。老人クラブに入って楽しかった…今老人クラブの活動が一番多い」と語る。「60歳、子育てが終わってからが楽しかった。若い頃は子どもを育てるのに一生懸命だった。子どもが大きくなって色々連れて行ってもらったんですよ」。

自立した超高齢者にとって楽しかった時期が60歳代ということは示唆的である。つまり、高齢期の入り口の60歳代は現在から遡って20-30年前で、体力に自信があり、子育てや仕事から解放され、自由に使える時間が到来し

たという感じなのであろう。

　逆に若い時が楽しかったという語りは、男性1人のみであった。超高齢者の青年期は戦争の影響が色濃い時代であったというコホートも、その要因かもしれない。

### ④長生きは獲得するもの

　ポジティブな人生観の4つ目に、**長生きは獲得するもの**という人生観がある。長生きは遺伝よりも食生活をはじめとした生活習慣から自分で獲得するものであり、努力の積み重ねの成果という意識がある。

### 3）社会的行為

### ①社会とつながる行為

　超高齢期の日常生活においても、積極的に、**社会とつながる行為**を行っている。社会の動きや情報を知ることは社会とつながる自立意識を高めるもので、新聞やテレビのニュースを見るなどは、その象徴的な行為である。同世代との集まりの場やおしゃべりの場も、社会とのつながりを確認できる場となっている。

　　「毎日、全国紙のAと地元紙の2紙読んでいます。これは小学校を卒業して大阪に行ったとき兄がA新聞を購読していたので、それからずっとです」。
　　「新聞は一通り目を通します。見出しをぱらぱら、大事なものを」。
　　「A新聞（地元紙）、昔はじいさんが見るから全国紙のY新聞も。1面からみるよ、毎日。新聞は3紙。それが日課だけど、だいたいよ。ゲートボールに行かないといけないから」。

　超高齢期においても新聞の閲読率は高い。拡大鏡を使用しながら、多い人は毎日3種類読んでいる。新聞閲読の高さは意外な回答であったが、それはもっともであるかもしれない。自分の足で立っていると自覚する限り、足下の状況把握をすることは当然のことだろうから。超高齢期においても社会からの離脱とは異なる、積極的な社会とつながる行為があった。

## ②仕事からくる自信

また、社会的行為の2つ目に、**仕事からくる自信**がある。超高齢期においても収入のある仕事や役に立っているという自信は、その人の自立生活を支え、生き生きさせるということであろう。「子どもが毎日来てですね、私は監督しなあかんので、あらゆる仕事の段取りを打ちあわせして、そして、畑に出る。…息子、あれなんかに私が日当を払っている。月に22、3万円払っているよ」と農業現役の男性。

「（手入れされた庭を指して）あのみかんですね、あと2か月したら3倍ぐらいの大きさになるんですが、東京に娘婿がいるのですが、それなんかに農薬使っていないので重宝がられてですね、毎年送っています」と一人暮らしの男性は語る。

「年間30万円くらいはあるよ。無人市場で販売して10年になる。悪いことする人がいるから、ほら1円や10円も入っているけど。それを使わないで農協に貯金するわけ」と一人暮らしの86歳の女性。「（毎朝9時から）お客さんは来ないけど（店）開けている。このあと10時まで店番する。娘が来たら山や畑へ行く」。

超高齢期になっても役割のあること、人に役に立つことができる喜びこそ、生き生きと暮らす秘訣であることを教えられる。

## ③関係性をもつことの喜び

社会的行為の3つ目に**関係性をもつことの喜び**がある。超高齢期においても日常生活のなかで自分を生き生きさせる場、仲間との喜びを感じる場など社会との関係性をもつことの喜びが、生き生きの原動力につながっているということである。

「三味線、明日また行くけど、（75歳から）…三味線。歳取っても続けようと思っている。上達はしなくても。自分の家でぼっとしているよりね、皆が大事にしてくれるから」。

また、「講演会に行くの、講演聞いたら自分のためになるから。うちでいるより色々行く方がいい。島で活動の時間作ろうと思えば…畑仕事は前の日にしていくとか、いろいろできるからね」と語る。

「教育委員会でいろいろ教養講座がありますので、行くようにしています。対象は若い人から年寄りまでだから。色々な会合があって、必ず行きます。もうみんなが退屈というのが不思議なくらい（笑い）忙しいばっかり」と別の女性は語る。

#### ④ ささやかな周囲への貢献

社会的行為の4つ目に、**ささやかな周囲への貢献**がある。自分の生活は始末してでも子どもや孫、またシマの伝統を次代へつなげるなど、自分の生きている間にできるささやかな行為がある。「昔の八月踊りね、青年時代に稽古したよ。若い人は、今はできないですよ。だから公民館で教えたりしてね。踊りはすぐ出来るけど、歌がね、なかなか歌えないの。昔の恋の歌だから、男と女のかけあいで歌わないとね。畑で逢い引きよ。ふふ」。

「若い人に和裁を教えていました。受講生がいなくなって辞めました。（教えてくれと言われたら）そのときに考えますよ（笑い）。ついて行けないかな」。「郵便局にね、孫の保険を掛けてるの。10月に満期」は、無人市場で収入を得ている女性である。

島唄を若い人に伝承する行為は、自分の生きてきた足跡が残せることである。また、子や孫からの援助を、逆に自分が孫へできる精一杯の気持ちで返す行為には、自分にはまだできることがあるという自立した姿勢がうかがえる。それらの行為は気負いがなく自然体である。

超高齢期になっても誰かの役に立っているという**役割があることからの自信**や**社会とつながる行為**、**ささやかな周囲への貢献**など、社会的な行為への指向性は強い。それは逆に、超高齢期を生き生きと暮らすうえで重要な要素となっている。


### 4）ネガティブな語り

#### ① 身体に起因するネガティブな語り

しかし一方でネガティブな語りがある。1つは、**身体に起因するネガティブな語り**である。自立している超高齢者にとっても、歳と共に身体への**ネガティブな語り**は避けられないようだ。「歳をとれば耳は遠くなるし目は悪くなる。

本当にそうですよ。80代まではどこも悪くなかったけどね。それからは次々と
ね」。

「85歳までは海に行って魚釣りしていたけど、珊瑚礁は危険だからと家族
に禁止されたのです」。

「トイレに時間がかかるようになったんです。それで、ここはトイレまで長い
から、その間にもらすこともあるんです」。(「(詩吟の) 練習場がアパートの3
階になって、以前は平屋だったんだけど、階段を上るのが大変になって、それ
で辞めて」。「私はゲートボールでなく、グラウンドゴルフをしよったけど、
最近足がこんなになったのでしよらんで、やめた。去年ぐらいまでやっていま
したよ」。

　超高齢期になると、避けては通れない身体的衰えがやってくる。人によっ
て身体機能の低下の時期は異なるが、92歳の女性は80歳代まではまったく
どうもなかったという。85歳で夫との思い出の地の大連に海外旅行した女性
は、89歳の現在は身体の状況についてネガティブな語りをするようになった。

## ②同年代がいないという孤独

　もう1つのネガティブな語りは、**同年代がいないという孤独**である。超高齢
者になると、同年代や親しい友達が亡くなっていて、共有する話や一緒に行
動できる同年代がいないという孤独感が深まる。「一緒に動く人がいないから。
友達はみんな亡くなった。主人もそればかりいっていた。友達ができる機会
はなくなったから、(活動は) もうできない」。「もうここの部落には、同窓生は
いないですよ。ほかももう、女一人と男一人だけ。そうですよ。歳とればね」、
「人間は運命ですよ。同級生はいないの、一人も。兵隊にいってね。みな亡く
なったから」、「この間ね、文通していた友達が亡くなった。遠くにいた友達
で歌を書いたりしていた。その友達が亡くなって、楽しみが減った」。

　超高齢期に至って同年代の友達がいないという喪失感は深い。日常行動
を制限する要因となり、楽しみの減少でもある。同年代の友達がいないとい
う発言は、行動的な女性から語られた唯一のネガティブな発言であった。超
高齢者にとって同年代の喪失は、戦争が大きく影響しているであろう。

　　**身体に起因するネガティブな語りや同世代がいないという孤独**というネガ

ティブな語りは、80歳代後半から90歳代に進むにしたがって強くなる。しかし、身体状態や寂しさにこだわって消極的傾向になるというふうでもない。

　超高齢者達は老いる身体を受容し、死を受容し、身体状態の良い悪いを超え老年的超越へ導かれる。そのような兆候の発言が多々みられた。


## 3-2 形成基盤の次元

### 1）環境因子

#### ①家族や周囲とのきずなを感じている

　自立生活を支えているものに、**家族や周囲とのきずなを感じている**環境がある。長寿のお祝いは超高齢者にとって家族のきずなや信頼感を深めるものであり、さらに長生きしようという思いを強くするようである。「去年は、私の88歳の米寿の祝いをしてくれました。子ども達や孫に良くしていただきました」。

　「そんなに長生きできないだろうと97歳の時、100歳の時に親戚が集まって、祝いごとをした。その時は70〜80人が集まって、ばっちゃんは、孫にお年玉をあげたりしていた」（女性101歳の家族）。

　「子どもは小さいときから苦労したのを知っているから、いろいろ送ってくれる」、「一人暮らしは心配だから同居しよう、おいでと（息子は）言ってくれるけど、ここがいい」。

　（面談中に近所の人がニガウリ（ゴーヤ）の味噌漬け、豆みそを持って来られた）「こんなして、みんないろいろ持ってきてくれる。いつも貰っているから、食べ切らんよ」。

　奄美の近隣環境は超高齢者に支援的である。長年の近所づきあいが、「差し上げる・頂く」互助の関係を自然に作り上げている。奄美には、超高齢者が住み慣れた自宅で安心して長生きできる支援環境があり、超高齢者の言葉は子や孫、近隣の支援に対する感謝の言葉で溢れる。思いやりのきずなが超高齢者たちを生き生きさせている。

　また、101歳の今を自宅で過ごすことができる背景には、この地域では100歳に達する人がいることは子が親を大事にしていることの証拠とされ、

親族の名誉とされることがある。

### ②奄美の自然との一体感

「ここに生まれてありがたいと思います。お金がなくても生活できる」、「こんな島だけど、ここは住みよい」と、今ある環境への感謝の気持ちに満ちている。「ここが一番」、「ここに暮らして良かった」という思いを異口同音に語る。そして「こんな島だけど」に、離島として辺境視された歴史、敗戦後の8年間に及び辛酸な暮らしなど、歴史体験者の思いが滲む。

### ③畑がある

加えて、自分の**畑がある**ことで超高齢期にもできる仕事の場が与えられ、ささやかながら実りをもたらしてくれる。収穫物を子どもや孫、近所の人に配り喜ばれることによって、普段の受け身的な立場から役に立っているという逆転した立場になれる。畑は超高齢者に能動的な感覚をもたらす存在である。

### ④自然の怖さ

一方で、ハブ、台風、珊瑚礁という**自然の怖さ**が身近に潜んでいる。「田舎で一番怖いのはハブ、何もしなくても向かってきますよ」という語りがある。「台風で家は全壊でした」という語りに、台風の常襲地に住む人の大変な暮らしをみる。また、「魚釣りね、85歳で家の人から禁止された。珊瑚礁の上を歩くと転んだりして危険だからね。ゴツゴツしていてね」という語りになっていく。

超高齢者は長い生活史のなかで自然の優しさとそこに潜む自然の怖さを知っているし、それを含めて奄美の自然と共存している。


### 2）形成因子

### ①戦争から得た知

このような超高齢者が100歳を目指す能動的な行為と生の満足感を示すベースに、超高齢者はコホートとして死と向きあった戦争体験世代ということがある。現在の生き方には**戦争から得た知**が人格基盤を形成している。「一番辛かったのは戦前・終戦直後」、「ここの砲弾がすごかった。危ないから移ったら今さっき居た場所に落ちた」という語りや、「同級生は戦死して一人もい

ない」という語りがある。ある男性は自分が生き残っているのは奇跡に近く、「それをここの言葉で生き扶（富）というのです。扶（富）は運と言うことです」と感慨込めて語った。

　人は人生途上に自らの生きる意味を追求し、体得していく知がある。それぞれの所属する社会環境や習慣や風習、生活文化の影響を受けながら、学び、育ち、人格を形成していく。

　「生き扶（富）」という言葉を含め、生活や地域から学んだローカルな知[71]の形成がみられる。超高齢期は喪失、危機、痛み、喜びなどさまざまなライフイベントを体験し、ローカルな知が形成され、人格次元ではそれぞれの精神世界につながっていく。

### 3-3 精神世界の次元：老年的超越

　超高齢者が到達していく精神世界はさまざまな社会的・個人的危機により深まっていく。戦争は最大の社会属性的危機であり、超高齢者は死を見つめた世代でもある。また、精神世界は日々の営みと連関し、100歳以下の超高齢者にとって『目標は100歳』という現実的な生の目標が促進要因となって、『老年的超越』が形成されていく。語りから見出された老年的超越の3つの次元を見ていこう。

#### 1）自我超越

　老年的超越の次元の1つ目には**自我超越**がある。苦労して頑張ってきた生活は、齢を重ねるなかで、親からの影響がその根っこを形成していることに気づかされる。超高齢期の緩やかな時間の流れのなかで、親と自己の対話が深まる。ある人は養子だった親の心情が理解できるといい、またある人は、改めて「母は賢かった。学校は出てないけど知恵があった」という、親への再定義がなさる。

#### 2）執着の超越

　2つ目の次元には、物質的なものからの**執着の超越**がある。超高齢期にも物やお金は欠かせぬ存在として執着はあるものの、同時に**執着からの距離感**や**おおらかな適応**がある。「大きな畑があるので高い値で売れたらと思うけ

ど。もう、食べていけたらいいですね」、「経済面では楽でなかったけど精神的には割り方大らかに生きてきました」、「経済的もいいし、今の年寄りなんか年金がもらえるしね。ありがたいと思いますよ」、という語りがある。

### 3）宇宙的超越

　3つ目の次元には、時間や場所の再定義をもたらす**宇宙的超越**がある。101歳と暮らす家族は、「たまに亡くなった人や遠くにいる人の名前を呼んで、会いたい、話がしたい、とか言っています」と、現在と過去の境界や空間を超えた言動がある。しかし家族は認知症ではないとはっきり言う。「三男は5つの時、そのころ滅多にないことですが交通事故で亡くなりました。一番いい子だったです」という**追憶は現在形で続く**、今でも惜しまれる死がある。

　島唄を継承している人は、「昔の歌、ばっちゃんが歌ってくれた歌、思い出すよ。おむつ交換したり、散髪もした。産婆さんみたいだねと喜んでくれた」と、亡くなった人との一体感の語りがある。そして、奄美には毎日の生活のなかにご先祖様があり、**ご先祖様のおかげ**という感謝の念が語られる。

　しかし一方で、「生かされている感じ?フフないわ。長生きはご先祖様のおかげ」、「信仰は仏壇だけ、他には何も。それだけ拝んでいればいいと思っています」、「(信仰)特にない。先祖は守っているよ。お墓に1日、15日は参るの」、「(信仰) ない。(何かに生かされている感じ) ない」、という語りが続く。

　ただ1人、「霊魂というものがあるような気がしています。長生きできるのは生かされていると思っています。病気したのに、みな戦死したのに」と、戦争の悲惨な体験を語った男性が生かされている感を肯定した。

　奄美の超高齢者の語りから、このような3つの次元が現われた。しかし、北欧で実証されたトーンスタムの『老年的超越』の兆候の1つ、《孤高（孤独の欲求）》は見出せなかった。欧米の精神文化との違いだと解釈できよう。

　さらに、これら3つの次元を内包する超高齢者の存在は、現役世代をさすdoing（なすこと）ではなく、高齢期の存在を表すbeing（在ること）でもなく、becoming（生成）という概念を提示したい。エリクソンは、超高齢期の課題を「死に向かって成長する」とした（エリクソンら, 1996）。becomingは、何らかの状態（being）ではなく、何かに融合していく自己ととらえるとき、死に近

い距離にある超高齢期のスピリチュアルなこころの状態を示す概念と、思考するからである。

## 3-4 老年的超越へのプロセス

　奄美の超高齢者の語りから、全体図のような3階層からなる老年的超越階層モデルが示された。老年的超越は超高齢者のポジティブに生きる要因と関連しながら重層的・複合的に形成されるということであろう。超高齢者の老年的超越は、長い人生途上の歓び・悲しみ、幾多の危機を乗り越えてきた生の営みから編み出された、ローカルな知の成熟として解釈される。

　また、人生の終盤になって生きることの意味を問う時間のなかで洞察が深まるとも示唆される。それらがスピリチュアルな発達を促し、周囲への感謝と幸福感を高め、超高齢期のサクセスフル・エイジングを形成していくという連関である。

　一方で、奄美の超高齢者の意識の特徴的なことは、「生かされている」という感覚は少数派であるということである。長生きは先祖の「お陰」と思っているが、「生かされている」対象とは思っていない。「生かされている」という感覚が少ないことは量的調査からも明らかにされている。

　その理由に、前述した親ユタ（奄美のシャーマン）の、「神に頭を下げることは忘れても、水や太陽に頭を下げることを忘れるなっちゅうのが奄美」という言葉や高齢者の語りにあった月2回のお墓参りなどにも見られるように、先祖との距離が距離的にも精神的にも本土よりも近い関係がある。

　このような奄美の人たちの自然や先祖と一体感を持った暮らしからは、生かされているのは形而上学的な神でなく、そこには自分を包む存在としての自然があり、ご先祖様がある。奄美の超高齢者には、生活と密着した霊や宗教性が残っている証ともいえよう。

　これらを総合的にみるとき、奄美の超高齢者の精神世界は日々の暮らしのなかでさまざまな危機や困難、自然の脅威と対峙しながら、加齢とともに超越的度合いを深め、老年的超越へ到達していくプロセスへ導かれる。

　そのなかの宇宙的超越は、奄美の超高齢者のことばに置き換えると「ご先

祖様」が理解できる。奄美の先祖信仰からは有限な生から子々孫々とつなが
る感覚を得て（河合, 2001）、老年的超越を核とした幸福感を高められていく
生が明らかにされた。

# 第4節 語りの考察

## 4-1 超高齢者のポジティブな生への再評価

　超高齢者に対するネガティブな意識は、トーンスタムが指摘するような、
西洋の自立や生産性を重んじる価値観から抜け出せないからと推察する。
秋山弘子は、このような欧米の「自立、社会貢献」をサクセスフル・エイジン
グの前提条件とする社会では、身体機能が低下し、社会貢献できなくなった
超高齢者は、失敗者としてアン・サクセスになると危惧している（秋山, 2008）。
　しかし、奄美の超高齢者にはそのような悲壮感はない。家族や地域、次世
代とつながる生活の中で、自らの潜在能力を発揮し、役割と存在意義を感じ
ながら長生きを楽しんでいる。奄美の超高齢者のポジティブな生き方は、ネ
ガティブに語られがちな超高齢期の生への再評価を迫るものであろう。

## 4-2 超高齢期と時間展望・老い観

　J.エリクソンの第9段階の時間見通しは「今現在もしくは次の1週間くら
いに限定され、それを超えると見通しがぼやけてしまうと論じている（エリク
ソンら, 1990：183）。筆者の調査からも、時間展望は高齢期と超高齢期では
大きな差がみられ、加齢と時間展望は関連するものであった。
　また、「老年的超越」と「時間展望」との関連からは、「時間展望」と「生
活満足度」が「自我超越」と「宇宙的超越」を高める有意な関連を示した。
加えて、老い観の高さは「自我超越」と「宇宙的超越」を高めていた。この
ことは、老い観はネガティブな感覚でなく、老いを肯定的にとらえる人ほど自
身の有用性を意識するとした先行研究（水上, 2005）を肯定するものと考え
られる。

## 4-3 奄美の長寿を支える地域コミュニティ要因

　奄美のシマの超高齢者は、子どもや地域のコミュニティに支えられた暮らしのなかで、自らの役割を発揮でき、長生きを楽しみ、幸福感を醸成させている。超高齢者の語りから、身体機能の低下だけでは推し量れない、老いを受容しながら地域のなかで暮らす喜びが明らかにされた。

　奄美の超高齢者は、厳しい生活を強いられ苦労してきた経験が、超高齢期の丈夫な体をつくり、精一杯頑張った感となって、ポジティブな精神生活を支えている。奄美の長寿を支える大きな要因と考えられる。

## 4-4 「誠の花」の有用性

　以上をまとめて考察すると、超高齢者の存在を世阿弥の諭す花に例えると、時分の花（年齢によって現れ、年齢が過ぎれば散っていく花）ではなく、誠の花（けいこと工夫を極めたところに成立する、散ることのない花としての存在感（世阿弥, 1958：14）であろう。若い生命力の持つ華やかな「時分の花」から、枯れても人間として本質として咲き続ける「誠の花」として、超高齢者の存在は地域の若い世代に生きる意味を体現しているだろう。

　ローマの政治学者キケローは、『老年について』で、自然がもたらすものに、悪いと考えるべきものは一つもない。老いもその一つである」と、述べている（キロケー, 2004）。

　また、神谷美恵子は、『こころの旅』で、「安らかな老いに到達した人の姿は、"存在のしかた"そのものによってまわりをよろこばし、気を許せる者のなかで、安心して暮らすことができれば、老いは自然にゆるやかなかたちで進行する」と論じている（神谷, 2005）。

　まさに、奄美の超高齢者の語りが、そのことを語っているのである。

## 第9章

# 与論島における看取りの文化

## 第1節　与論島に注目する

### 1-1 魂の島：与論島

　与論島は、奄美のなかで最も沖縄に近い島である。また、長寿者の多い奄美のなかでも、百寿者の比率が高い島でもある。加えて、超高齢者が自宅で最期を迎える「在宅看取り」[72]の習慣が現在でも一般的で、魂の島と呼ばれている。

　本章では、在宅看取りが継続してきた背景とそれを可能にしてきた要因を明らかにすることを通じ、看取り文化が超高齢者の精神的次元や幸福感醸成にどのような影響を与えているかについて考察をする。

### 1-2 問題の所在

　日本におけるターミナルの場所は病院が圧倒的である。「死の場所」が病院に移行するに伴って死は自宅から遠ざけられ、人々の死に対する感覚も日常から切り離されている。家族を中心とした看取りの担い手は弱体化し、死生観[73]の変容とともに、今日では看取りの文化は消失したともいわれている。

　しかし、与論島（与論町・人口約5,300人）は、今日でも在宅死が80％を超える地域である。与論島では入院設備の整った総合病院が整備された後も、在宅看取りの習慣が継続している。加えて与論島は、「長寿と子宝」の島として知られている奄美群島のなかでも長寿者の多い島でもある。

　本章で、長寿と幸福な老いとの関連から与論島の在宅死の高さを考察しようとする意図には、次のような視点がある。

1つ目に、在宅療養・在宅死の推進が国民医療費の抑制や施設介護の限界からの転換という方針でなく、超高齢者の生活の質を高め、生を全うする支援であることを、与論島の事例から確認すること。

　2つ目に、与論島での在宅死を可能にしているシステムを考察することを通じ、看取りの文化の構築に向けた取り組みを促すこと。

　3つ目に、看取りの文化に光をあてることは、現代における生と死のあり方をとらえ直すことにつながること。このことは超高齢者が安心して老いる環境づくりや地域でのきずなやつながりを復活するための、地域づくりへの重要な示唆が得られると考えるからである。

# 第2節　日本における看取りの現状

## 2-1 死の場所の推移

　日本において、「死の場所」が病院に移行したのはそんなに古いことではない。明治から大正時代にかけての「死の場所」は、自宅が普遍的であった。終戦直後の1951年でも、自宅死は80％を超えている。死は自宅において家族に見守られて、死後の措置も家族でなされた。戦前の高等学校の家政学ではそのための看とり教育がなされていた（新村, 1989）。

　戦後の高度経済成長のもとで、人口の都市集中・核家族化による住宅事情、医療・健康保険の充実等を背景に、病院での死が増大していく。1977年に、病院死と自宅死亡の割合が逆転して以降、自宅死の割合は減少し続け、現在では1割（12％台）まで低下している。わが国の死亡場所は、9-1のとおり急激な変化で推移した。

　厚生労働省の終末期医療に関するアンケート（厚生労働省, 2012）では、58.8％の人が「死に場所」を「自宅」と希望しているが、「死の場所」は病院が8割（78.8％）を占めている。「死に場所」と「死の場所」が大きく乖離しているという現状が指摘される。ここでいう「死に場所」は、生きている自分自身が死を考えたときにどこで死にたいかの意味であり、「死の場所」は、結果としてどこで死んだかを意味する（近藤ら編, 2008）。

## 9-1 死の場所の推移

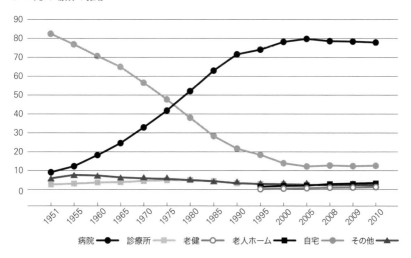

平成22年厚生労働省人口動態統計から筆者作成

## 2-2 病院死の増加と死生観の変容

　病院死が増加した理由について一般的にあげられるのは、人口の都市集中、核家族化の進行と家の狭さである。それに加えて、①医療施設の増加による医療の利用可能性の増大、②生活水準の向上による医療の経済的可能性、③健康保険制度による本人負担の軽減があげられている（辻ら, 2011）。

　一方、在宅医療への転換が示されながら、病院死が減少しない理由について新村（2001）は、①病院医療に対する高い依存心、②在宅死を支えるシステムの不備、③死を看取ることの家族や福祉職員の不安をあげる。特に、家での看取りを覚悟していても、だんだん募ってくる不安や恐れに圧倒されて、最後には救急車を呼んで病院死させるケースが多いことをあげる。この原因として看取りの文化が継承されていないことを指摘する。

　そして、死が病院に移行したことによって、人々の死生観も大きな変化をもたらしている。新村は、その理由を9つの視点から分析する。

① 平均寿命が30年近く伸び、人生に20年間余の執行猶予が付いた（この

「間延び」した死への歩みが死の意識を希薄にさせている）。

② 身近な生活の場から死が遠ざけられ、死を身近に見ることがない（死の8割が病院、葬儀も自宅外）。

③「死は無になること」ととらえる人が増え、死に対する恐れが死の苦痛に向けられ医療機関に任せる。

④ 死より老後の不安が勝って、介護費用や医療費など死ぬこと以上の恐れとなる。

⑤ 日本人の死生観、死者儀礼や伝統的な宗教の地位が低下し、高齢者からも見捨てられている。

⑥ 浄穢の意識が希薄化した（葬祭業者が代わって行う）。

⑦ 核家族化などで、先祖や親の祥月命日が早めに切り上げられる。

⑧ 遺灰を海や山にまく散骨（自然葬）など、墓標を忌避する意識が芽生えている。

⑨ 自然との触れあいが少なくなって、死や喪失体験を学ぶ機会がもてなくなっていること。

　以上から新村は、死の希薄化がもたらすものは、生の貧しさであると指摘する。生に限りあることを教えてくれる死は、生をいとおしむ心を育てる。生を豊かさにさせる上で、「死の復権」が必要であると強調する。新村の強調する死の復権は、大切な人が死に行く過程に同席することである。在宅での死の復権は、看取りの文化の復権を指しているといえよう。

　諸外国と比べて日本人の死の不安は高い[74]。死の不安を取り除く上からも、希望する「死に場所」としての在宅死を実現するためにも、看取り文化を復権する課題は大きい。次に、在宅死を阻む要因をみていく。

## 2-3 在宅死を阻止する要因

　厚生労働書のアンケートで、「死に場所」を自宅と希望する人の理由は、「住み慣れた場所で最期を迎えたい」（62％）、「最後まで好きなように過ごしたい」（47％）、「家族との時間を多くしたい」（43％）などの理由である。その人

らしい生き方やその人らしさは、生活を基盤としたいろんな関係性のなかで作られる。多くの人がこれまでの関係性の継続のなかで最期を迎えたいと望む実態がある。

　他方、自宅以外の場所で最後まで療養したい理由の1位には、「家族の介護などの負担が大きいから」が83.6％を占める。家族に迷惑をかけるという意識が、病院を「死に場所」とすることの要因となっている。このことは、家族と同居している人の方が病院で亡くなる傾向が強いという結果にも現われている。

　その回答の背景には、「同居は、住宅事情から仕方なく一緒に住んでいるケースなどがあり、住宅の狭さは『迷惑』という理由に影響しているのではないか」と、指摘される（辻ら, 2011）。加えて、在宅ケアには、看取りを可能にする住宅政策があって、その上に福祉制度、医療制度、医療の質があると、住宅政策の重要性が課題であることも指摘されている。

　一方で、医師の側の意識の問題も指摘される。最後まで住み慣れたわが家での意思を持っていても、医師に在宅では無理といわれると、入院せざるを得なくなる。家族を支える看護などの外部のスタッフの全面協力がないと、看取る方も倒れてしまうことになる。

# 第3節　与論島における看取りの現状

## 3-1 与論島の概要

　与論島は、地形的には周囲約24kmで平坦地が多い。沖縄の文化を色濃く残している地域でもある。与論島の医療機関は、総合病院の与論徳洲会病院（81病床）と民間の診療所パナウル病院（19床）がある。老人関係の入院施設は特別老人養護施設と介護老人保健施設がそれぞれ1か所ある。

## 3-2 在宅死の継承と与論神道

### 1）与論島における死

　与論島での在宅死の高さを明らかにしたのは近藤功行で、全国の自宅死

## 9-2 与論島における死の場所の状況

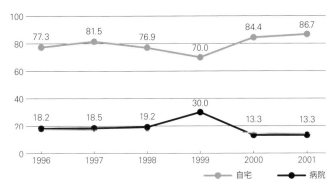

近藤 (2008) の資料に与論町から得たデータを加え筆者作成

が20％だった1990年初めにおいて、与論町立国保診療所の自宅死亡者が
94.9％であることを明らかにした (近藤, 1997)。現在においても、総合病院
をはじめとした医療体制が整っているにもかかわらず、8割が在宅死で死を
迎えていることを明らかにしている (9-2)。

　その背景について近藤は、1つに、つい最近まで土葬・洗骨の習慣があり
葬法の儀式の変化が少なかったことと、2つに、琉球文化圏に見られる固有
の死生観の残存をあげる。死に場所は自宅の畳の上で死ぬのが通常のあり
方で、自宅外での死が忌み嫌われる与論島の伝統的な死生観・宗教観が在
宅死に大きくかかわっていると指摘する。

　与論島の人々は、死の直前には何としても自宅に連れ戻す努力をする。自
宅外死亡の場合は、「ヌジファ儀式」という魂を死亡場所から自宅へ呼び戻す
抜魂儀式を行なう。病院では、入院患者の血圧が80を下回り、死が避けら
れないとなると最低限の処置をして看護師や時には医師が同伴し、自宅へ
帰る。

　施設入居者も死が近づくと、施設職員が車で送る。沖縄の病院でも、与
論出身者と分かると、できるだけ自宅に戻れる努力をする。たとえつかの間
でも、自宅に帰り、住み慣れた自宅で、家族や親せきに看取られて亡くなる。
住民の根強い習慣が受け継がれているのである (近藤ら編, 前書, 2008)。

## 2) 与論神道

　このような在宅死が継続してきた要因に、与論神道がある。与論島は魂の島といわれ、人々の口から魂ということが普通に語られる。亡くなって33回忌を経た人はカミサマとなる。日常生活のなかに、亡くなった人とともに生きているという意識がある。与論島の人々が自宅死を選ぶのは、毎日の祈りのなかでつながっている先祖のいる場所で死にたいという思いを強く持っているのではないかと思われる。

　与論島では仏壇がある家を探すのは難しい。屋内で先祖を祀る役割は神棚が担っている。神棚は床の間の一段高い所の空間に社殿を模した祠がある。その中央にある鏡が「イペー（位牌）」とされる。仏教形式の位牌や戒名はないが、神棚には蝋燭と線香が供えられている。神仏混合となっている。

　与論島の人々は、神棚に祀られている先祖のカミをはじめとし、多くのカミサマを祀っている。毎日、朝晩2回、それらのカミサマにお茶やお水をあげ、声を出して祈る慣習がある。亡くなった人の月命日は（ミジヌパチ）を行う。命日には亡くなった方の好物や煮もの、白いお餅も供えられる 。

　祈りの言葉はその家の女性から女性に伝わっている。毎回、敬語で声を出してなされるのが一般的ある。誕生日や成人、還暦等の家族内でのささやかな祝い事や正月などといった節目には、神棚に家の主が代表して子や孫や家族、親せきが皆健康で元気でいられるようにと祈る。

9-3 Tさん宅の神殿
提供：牧美也子氏

**《聞き取り事例》**

　Aさんの祈る神様は、先祖の神、火の神、水の神、海の神、福の神、屋敷の神で、家の全てのカミサマにお水を取り換え祈るので、1回20分、1日40分をお祈りの時間に使っていると話す。また、朝起きた時にまずすることは、神棚のある床の間の部屋の雨戸をほんの少し開けて、外からカミサマが入ってこられるようにすることと話す。

　そのほか、Iさんは、「声を出してお祈りします。子や孫が120歳まで長生きできますようにと祈ります」。Kさんは、「先祖への思いは、先祖の名前を子どもに名づける習慣（ヤーナー）にも現われています」と語った。

# 第4節　与論島での在宅死の継承要因

## 4-1 土葬・洗骨の葬法の堅持

　与論島に火葬場が完成したのは2003（平成15）年である。他と比べるとずいぶん遅い完成である。1973（昭和48）年当時に、与論町役場が全世帯アンケートに火葬場ができた際の利用の有無について聞いているが、その時点では約60％の人が利用すると回答している。

　これまで火葬を希望する人は、隣の沖永良部島まで遺体を輸送している。与論島の火葬場建設が遅れた理由に、土葬・回葬という葬法の踏襲を強く希望する人々の死生観と、周囲が24kmで山林面積が少なく火葬場という遺体処理の空間の確保が難しかったことが大きいとされる（町, 2008）。

　しかし、近年は、9-4のとおり、火葬場完成によって土葬の割合は極端に減少した。加えて、自分たちで行っていた葬儀も、2011年5月に初めて葬祭業者ができ、これまで自宅で行っていた葬儀も変わってきた。

## 4-2 相続と家制度

　与論島には独特の相続制度がある。農家相続には、家の継承と遺産の相続、承継者の同居による親の扶養という聖俗原理の一体化が見られ、戦前・戦後を通じ目立った変化はない（玉城, 1980）。

## 9-4 土葬と火葬の割合

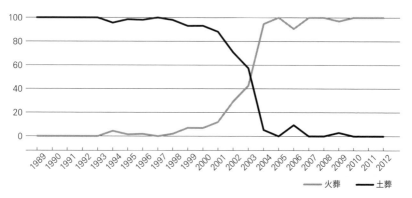

近藤（2008）の資料に与論町から得たデータを加え筆者作成

　その特徴は「親持ちダマシ」と「バシャタイ」で、「親持ち」は跡取り息子または跡取り娘のことで、家督のなかから家屋敷を含め親持ちが特別に相続するのが「親持ちダマシ」である。一方、「バシャタイ」は娘の相続分をいい、「親持ちダマシ」と「バシャタイ」をあらかじめ取った残りを男子間でほぼ均等に相続するのが慣行である。

## 《家制度についての聞き取り事例》

### ◎Kさん83歳（女性）

　今でもありますよ。家持ちダマシは、家を守ってくれる長男に全遺産を譲ることで、他の子どもたちは財産のことで争い事はしないよ。与論の子は、心穏やかだから。自分たちの帰れる場所を守ってくれるから。バシャタイは、昔は10a程度の畑をもらっていたけど、今はお金を渡す場合が多い。畑をあげるのは、嫁いでも食べ物に困らないようにという配慮。万が一、嫁ぎ先から出戻っても住む家が建てられるようにという意味もある。

### ◎Hさん60歳（女性）

　私の場合はバシャタイはお金でもらった。信仰している先生から両親の土地は良いけど、先祖の土地を嫁ぐ人が貰うのはいけないと言われたから。

このような相続制度や家の構造によって、親は安心して療養できる居場所が確保され、療養に専念できる部屋の広さがある。療養時は奥の部屋で、いよいよ死が近づいた時には表の広い座敷へ、いつでも近所の人が訪ねて来られる部屋に移動するようになる。序々に、迫る死への準備がなされていくのである。

## 4-3 医療機関の支援

　在宅死が継続されてきた要因には医療機関の協力が大きく、住民の在宅で畳の上で死ぬことを強く願う与論神道を医療機関が理解してきたことによる。

　与論島に赴任した医者は、まず、住民の延命治療の希望の低さと、終末期になると本人の希望や家族の決断で自宅に戻り最後を迎える状況にショックを受ける。その様子は、与論の在宅医療を支えているパナウル病院のK医師を取材して紹介されている（稲野, 2008）。

　家族の側も在宅療養では、痛み止め以外の特別な措置を望まない。もっとも、島では痛みを訴える患者は少ない。モルヒネなどの鎮痛剤を使わない人もいる。「家にいることで、心の奥にある精神的な宇宙のようなものが癒され、肉体の痛みも和らぐのではないか」とK医師は話す。医師は、毎日様子を見るために患者宅を訪問し、家族を安心させる。医師法上の検視の問題を回避するためでもある。

　総合病院（81床）の徳州会与論病院には現在でも霊安室はない。院長のS医師はじめスタッフも、与論島の看取り文化を継承すべきという考えが支えている。今でも、「急に亡ったり、身寄りのない患者もいるので100％ではないが、約8割は自宅で亡くなる」と語る。

## 4-4 移動しやすい島の規模

　これらを可能にしているのは、非常時に対応しやすい島の大きさと人口規模である。与論島は周囲約24kmの広さで平坦地が多い。医療機関から車で30分程度に全ての居宅がある。これらの地形が訪問診察の負担感を少な

くし、在宅での療養を可能にし、非常時の搬送を可能にしてきたといえる。

一方で変化も起こっている。近年、在宅療養の期間が短くなり、大半は病院から自宅に戻って1日程度で亡くなっている。その背景には、女性が外に働きに行くようになったことがある。以前は、大島紬などの機織りで、自宅で仕事をしながら介護することが可能な環境があった。しかし与論島でも、今日の療養の場は病院と化している。

# 第5節 与論島の看取りの文化

## 5-1 看取り文化継承の要因

与論島の在宅死の高さ、看取りの文化を支えてきた要因は次のようにまとめられる。1つ目に、与論特有の信仰としての与論神道の存在である。人々は毎日の祈りの習慣によって、生者と死者がともに生きている世界観が形成されている。それゆえ、我が家での死が死後の世界で先祖になるための出発点としてとらえられる。

2つ目に、高齢者が在宅療養や在宅で死を全うできる支援環境として、与論島独特の相続制度がある。安心して自宅で看とってくれる子どもが存在し、死を迎えられる家の空間と構造ができていることである。

3つ目に、与論神道や習慣・伝統を理解し、それを支える行政・医療機関・施設の支援があり、急変時に自宅へ搬送できる島の環境もあげられる。4つ目に、看取りの文化の継承によって家族や本人が不要な医療行為を排除し、穏やかな死を看取る知識が形成されている。

## 5-2 与論島の在宅死の環境

在宅死が実現できない要因をあげると、①住宅の狭さ、②看取りの知識、③信頼できる介護者の存在、④地域医療の支援の問題が指摘されている。これを与論島に置き換えると、①住宅の狭さの問題は与論特有の家制度や住宅構造によって解決され、②看取りの知識は地域の人々の間で共有され、③信頼できる介護者は家制度によってあらかじめ決められ、④医療機関の

支援は住民の強い信仰・慣習を叶える形で、構築されている。

　以上のように、4つの障壁は与論島特有の慣行とシステムによって解決されている。一方で与論島においても、高い在宅死は保持しながらも療養の場が自宅から病院に移行している傾向にある。しかし、たとえつかの間でも、大勢の家族や親戚・近隣に見守られ死を迎えられる環境がある。

　与論島の人々は、在宅死や看取りの慣行を通じ、死は無に帰すのではなく、死後先祖になって子や孫が見守る役割があること。そして、自分の死後は自分が先祖を祀ってきたように子や孫が大事に祈ってくれるということが、確信となっている。安心して死ねることは安心して生きることで、超高齢者の精神的次元に幸福感を深め、長寿につながっているといえるのではないかと考える。

## 5-3 在宅看取りの復権を

　施設ケアから在宅ケアへの移行は、医療費の増大・施設の限界というネガティブな目線でなく、最後まで住み慣れた自宅ですごしたいと願う人々の「死に場所」と、実際の「死の場所」が一致する支援である。自宅で看取ることのできる死は、最後までその人らしさを支える原点といえよう。

　病院死における生の最後の視野に集中治療室に閉じ込められ、慌ただしいなかで医者の機械的な姿をみて終る死がある。一方で、愛着のあるわが家で家族に囲まれ看取られて終わる死がある。死にゆく人にとって、在宅での死は「家族のために働いてきた自分の人生が間違っていなかった」ことを確認できる。家族のきずなを感じながらの死である。

　加えて、身近に大切な人が死に行く過程に同席する死は、残された者にとっても生に限りあることを教えてくれる大切な教えでもある。有限な生を愛おしむ心を育て、生を豊かにさせることにもなる。

　与論島での葬儀には、シマの人のみならず、島中が参列する。200人や300人の参列は普通という。儀式の場は、地域のきずなを深める大切な場でもある。「亡くなった人の最後には手を合わせること」は、暮らしの行事のなかで最も大切にされているシマの習慣である。このような習慣は、死を意

識する超高齢者にとっては自分の最後に安心したイメージをもち得る要素となろう。死を恐れることなく長生きを楽しみ、安寧のなかで暮らせる、在宅看取りの習慣の意義は大きい。

　与論島には、老いと生、死と生がしっかりと結びあい、お互いに交信しあう関係性がある。そこに、長寿と幸せな老いの原点が感じられる。

　そして、与論島の在宅看取りの高さと健康長寿者の多さに焦点を当てると、安心して死を迎えられる環境が、安心して老いる環境となっていることが浮かび上がってくる。

# 長寿多子化と生涯発達への展望

## 第1節 奄美からの発信:
## コミュニティのなかで老いが輝く

　本書では、ピエール・ブルデューの定義する3つの文化資本のうち、「身体化された」状態 (個人の心や身体、慣習、気質) の文化資本に注目し、安心して長生きできる地域づくりには、その地域が歩んできた歴史、自然、社会環境、地域固有の自然資本、文化資本、社会関係資本に着目する重要を明らかにしてきた。奄美の事例から振り返ろう。

　奄美では第2次大戦後の苦難の体験、厳しい抑圧や弾圧、台風などの災害の影を背負いながらも、地域の伝統文化を守り産業や生活を創造的に発展させる地道な努力を重ねてきた。これらの努力は、戦後の民主主義、社会保障制度などの法体制の下で開花し、個と共同のバランスのとれた地域コミュニティの基盤が構築された。この新天地を創造された奄美の人々こそ、世の光であった。

　さらに、シマという自治の最小単位に注目すると、そこには「法や制度を生かす『守る人権』」基盤だけでなく、コミュニティにおいて「伝統文化や技、暮らし・事業を継承しつつ創造的に発展させる『攻めの人権』」を、持続的に発展させる地域の経営が存在する。これらの伝統文化には、祭事や年中行事、習慣などだけでなく、生産における創意工夫、さらには「困ったときはお互い様」の結いの社会関係が今に生かされている。

　また、超高齢者に着目すると、地域の新たな視点が浮かび上がる。超高齢者は、生きる叡智を持つがゆえに命を長らえている文化的存在である。こ

のような超高齢者の生き方を支える要因には、命の連続性と文化の継承性
を意識した地域の信頼感と文化的風土がある。

　奄美のシマに機能している祭りや伝統行事、結いに象徴されるコミュニ
ティ、すなわち、そこに生活する人々の人生は、祖父母、親から子へ伝える「タ
テ」の学習と、相互扶助に象徴される学びあいによって充実していったので
ある。

　カミや先祖を懇ろに祀る信仰・習慣が強固に残っているだけでなく、自然
や霊に対する人々の親近感や信頼を基礎にした対等に話しあう人間関係は、
人々の心を耕し、きずなを強めてきた。つまり、日常の生活のなかにある自
然と共生する営み、固有の伝統文化が継承された営み、子や孫、近隣、そ
して先祖とつながるコミュニティの営み、対等に学びあう営みが、超高齢者
の存在感を高めるとともに、健康長寿と幸福な老いに寄与する要因となって
いる。そして先祖を大事にする習慣は、自らの死後を家族が祀ってくれると
いう安心感を醸成する。

　このように民俗学や文化人類学の視点、さらには、地域の永続的な発展
をもたらす地域経営の成果を検討すれば、自治力や経済力を持つコミュニ
ティが長寿多子化を支える要因であることは明らかである。これからの長寿
社会ではコミュニティの役割が大きくなる。孤立したなかでの寿命延伸では
長生きの歓びにつながらない。このことは、奄美の超高齢者の笑顔が示して
くれているのである。

# 第2節　奄美の研究を通じ発見できたこと

## 1-1 文化資本を活かした地域経営モデルの提示

　奄美のシマの考察から、超高齢者は祭りの技・ノウハウ、年輪を重ねた学
習体験、仕事や生活における熟達・技巧・判断力・構想力などを蓄積した目
には見えない文化資本としての存在であることが明らかにされた。そして、
奄美のシマには、超高齢者を地域の無形の公共財として尊ぶ信頼のプラット
ホームが形成されている。この基盤の上に、各自が人生の目標をもち、互い

に支えあって自治を担うという地域経営が営まれ、持続可能なコミュニティが形成されていた。

　ここでの地域経営とは、「地域資源を活かした産業おこし」を「地域コミュニティの自治力を通じて実現する、満場一致で進めるより良き暮らし」を意味する。加えて、奄美の人々の持つ大らかさ、開放性は、その時々の外からの新しい風を受け入れ、ゆるやかに変化し、そのことが、地域経営にも生きている。それは、柳田國男の指す、共同体の外からやってきた漂泊者（ノマド）との文化交流から積みあがって得たものでもある（柄谷, 2014）。

　外部からの新しい風を運ぶ漂泊者は、かつては海洋民族、近年においては、Ｉターン、Ｕターン、移住者、鹿児島本土から赴任してくる学校関係者、地域おこし協力隊の若者などである。開放的な奄美の人々は、彼ら／彼女らに学び、交流しながら、幸福度の高い、持続可能なコミュニティを形成していることが見えてきた。

## 1-2 生涯発達と潜在能力アプローチの有効性：新老年学の確立

　従来、超高齢期は、長寿のジレンマ、衰退・衰えが顕著な時期とされてきた。そうした見方に対峙し、本研究では独自な視点から超高齢者の生涯発達や潜在能力に注目した。その結果、祭りや伝統行事が継承されているコミュニティでは、超高齢者は次世代との交流のなかで自らの潜在能力を開花させる機会や役割があり、「目標は100歳」という前向きに長生きを楽しんでいる。

　そのような超高齢者の存在は、シマの人々にとっても大きな力であり、集落の紐帯や伝統文化の推進役として地域貢献している実態が明らかにされた。超高齢者の生涯発達や潜在能力に注目する有効性の実証は、新老年学の確立ともいえる。健康長寿は個人の努力とともに、それを支える家族や友人、近隣などの地域コミュニティの支援も重要であることが明らかにされたのである。

## 1-3 経済資本と文化資本の再分配機能と社会経済システムの解読

　奄美の長寿を実現しているシステム構造は、次世代のもつ経済資本と超

高齢者のもつ文化資本という2つの軸からとらえることによって、文化資本の影響を受けて経済資本にも変化が現れることが明らかにされた。

　加えて、「地域の人々が身体化してきた文化資本」の蓄積を実現したのは、地域コミュニティの祭りに象徴される。地域固有の文化的伝統は、健康長寿者が教師となって継承しつつ、創造的に発展させてきたのである。また、自然の中にある霊を祀るなかで、祭礼のための衣食住にかかわる衣類、食文化、建築物が生まれ、これらが民の生活の中に入っていく。これらの人工のものが、生産手段や生活手段を生み出し、霊の宿る水や道などの公共インフラを生み出すのである。

　多世代との交流・信頼のプラットホームを通して経済資本と文化資本の再分配が機能し、新たな地域創造のシステムが確立されるというモデルが、奄美のシマから示されたのである。

## 1-4 奄美の長寿多子化要因の解明

　長寿時代は少子高齢化を危惧する未来だけではない。奄美では、健康長寿者の多さと同時に高い出生率「長寿多子化」を実現している。その要因を、シマが有する自然・風土、伝統文化、習慣・信仰、結い・知識結などの相互扶助のコミュニティ特性から解明することができた。

　つまり、奄美の長寿多子化を実現している要因は、固有の伝統文化を内在するシマの共同体コミュニティから育まれた、「大らかさ」である。人々のこのような幸福への価値観は、従来の経済学の「効用」を最大化して行動する物的資本の経済資本ではなく、奄美の固有価値を形成する自然資本、文化資本、社会関係資本の3つの資本から成り立っているということが明らかにされた。

　加えて、長寿者を人生の先輩、シマの教師として敬愛する人々と、若い世代の期待に応えようとする超高齢者との応答関係があった。長生きが貴ばれる習慣が超高齢者の潜在能力を引き出し、「子どもは地域の宝」という価値観が親だけでなく、親戚・近隣を含めた地域での子育てを実現している。長寿多子化は地域のコミュニティが大きく関わっていることを、奄美の事例は

示している。

　長寿者にとっても子育て中の世代にとっても、幸福実現の地域経営が行われていることの意義は大きい。奄美は辺鄙で貧しいという地域でなく、むしろ未来を先取りする先進地域ともいえる。

### 1-5 祭りが地域経営にもたらす効用

　祭りは，地域の人々が体化した文化資本の象徴であることが、シマの生活から明らかにされた。シマの人々がこのような文化資本の蓄積を実現し、長寿多子化の地域経営を実現してきたのは、シマの祭りに象徴される文化的伝統が基盤となっているのである。

　祭りは、健康長寿者が教師となって継承しつつ、創造的に発展させてきたものである。そして、奄美の先祖信仰と自然に宿る霊を祀る「ハレ」の祭礼儀式のなかで、衣食住に関わる食文化、工芸、農林漁業を発展させ、大らかな精神世界を醸成させてきた。長寿多子化を実現している奄美の地域経営は、このような伝統と地域資源を生かした産業おこしを、シマの自治力を通じて実現してきたのである。

　そして、祭りの機能は、柳田が評したように共同の歓喜を人々に与え、それを次世代に伝える点にあった。そのことは奄美のシマからも見えてきた。と同時に、長寿地域の祭りには、その中心に教師的存在の長寿者があった。祭りでの役割を通して潜在能力を開花させ、次世代から敬老される交流の中で、健康長寿を実現していた。

　長寿の時代の今日、多様な潜在能力を内在する元気な長寿者が多い。都市部における祭りの復権が健康長寿のまちづくりにつながることを、奄美の事例から学ぶ必要があるだろう。

# 第3節 展望：
# 新型コロナウイルスの時代を生きる地域経営

　今日、人と人とのつながりが希薄となった都会で老いる超高齢者は、身体

機能の衰退や社会的孤立などに焦点が当てられ、当人以上にネガティブな評価にさらされがちな状況にある。同時代に生きながら、奄美と都会の高齢者の老いの姿は異なって見える。

　そして、新型コロナウイルスの蔓延のなかで、重篤化し死に至る人の多くが高齢者である。人口の都市集中による混雑と感染拡大の現実は、東京一極集中の不経済性やコミュニティの崩壊、働き方、マスプロ教育の非人間性を改めて明らかにした。

　テレワークやリモートワークへの働き方改革が注目されてくると、人口の地方分散や自然のなかでの仕事（農林漁業、工芸など）による健康の保全など、地方定住への動きが始まる。多様な働き方の模索のなかで、田舎で働く、田舎で子育てするという選択肢も、これからの生き方の一つとなるであろう。

　そして、その時、住まいづくりと地域づくりの主体は奄美のシマのような、全員参加の自治単位となるだろう。シマは、今や日本社会の自治・分権・財政力・経済力のシンボルとなり、日本社会の永続的発展をもたらすであろう。

　祭りや人々のつながりやきずなが続き、それが地域産業のイノベーションと環境文化を改革していく限り、地域は消滅しないということである。その要には、地域の財や文化資産を身体化する超高齢者と、次世代とが学びあい育ちあう場が重要である。文化創生、地域創生の健康長寿のまちづくりはそのような学びあう場、育ちあう場を通じてこそ、実現するであろう。

　奄美の経験から学びつつ、都市における地域コミュニティ再生に向けた一層の研究と発展を実証する方向性を確認して、本書の展望としたい。

## あとがき

　本書は、名古屋学院大学大学院経済経営研究科に提出し、学位を授与された『奄美のシマにみる文化資本を活かした地域経営：長寿と人間発達を支える伝統と協働のダイナミズム』を加筆、修正したものである。

　本研究の動機となったのは、加齢をポジティブにとらえ「老年的超越理論」を提唱・実証した、スウェーデンにおける新たな老年学の台頭であった。この学術成果に注目し、日本にも導入し、地域研究を通じて実証していこうと努力した。導入に際しては、幸いにしてアメリカ合衆国に共同研究者を得て、国際的な共同研究とトーンスタム博士の「老年的超越理論」を翻訳出版することができた。

　次に心がけたのは、新老年学を心理学だけでなく、学際的で、多面的な研究方法を総合的に採用しようとしたことである。このためには、異分野との交流が不可欠であるが幸いなことに、一般社団法人文化政策・まちづくり大学校（理事長　池上惇　京都大学名誉教授）で、文理融合型の研究教育システムに参加することができた。

　ここで学んだことは、地域という共通基盤を持って、心理学が解明した老年的超越概念を環境学や社会学、経済学さらには経営学の研究成果を生かして、総合的に解明することであった。さらに、名古屋学院大学経済経営研究科への学位申請にあたっては、十名直喜・名古屋学院大学教授（現名誉教授）のご指導により、「地域経営」という概念を軸にして体系化でき、推薦者にもなっていただいたことである。

　「地域経営」を軸にしたことで非常に有効であったのは、心理学が人間の内面における心の動きを解明するのに対して、地域経営という概念が、おなじく「地域を経営する人間」という主体的な側面を取り上げていたことである。この視点から見た地域は、地域で生活し、経営を行う人間を主体とし、自然

と社会の環境を基盤とする場である。

　そこは、年齢を重ねた各人が、人生経験から貴重な価値ある資産を文化資本（人生を貴重な資産として位置づける文化経済学の成果）として、蓄積している社会である。そして、この地域は、超高齢者が長生きを幸せと感じる社会でもあり、あらゆる世代が超高齢者の文化資本を模範とし、目標として、生きてゆくことができる。これは、健康長寿者が多いだけでなく、合計特殊出生率も高い社会である。

　本書で描いた長寿超高齢社会は、健康障害が多く社会保障費の負担が多くなる未来ではなく、次世代が育つ、社会的費用負担が最小で、健康長寿と生きがいなどによる幸福度の最高である社会である。このことを論証し、実証した。この発見は、奄美群島における地元の方々のご協力がなければ、なしえなかった内容であった。ご協力いただいた方々に深く感謝を申し上げたい。

　このような新たな視点が、今後の学術研究や公共政策に生かされて、新たな展望を持った日本社会が誕生することを、強く、期待したい。

　筆者は、地方公務員勤務の後、第2の人生として研究者の道を選んだ。そこで、父の出身地奄美と出会い、奄美に通い続けて13年の年月を重ねて研究成果をまとめることができた。

　しかし、第2の人生に選んだ社会人研究者としての道は決して平坦といえず、それを切り拓いのは、市民大学院の池上惇先生との出会いであった。老年学だけでなく、文化経済学や文化政策などを学ぶなかで多くの気づきを得て、学際的な視野から博士論文をまとめることができた。しかし、博士論文がまとまったものの、学際的研究ゆえに論文の申請先が見つからないでいた。

　その時に手を差し伸べてくださったのが名古屋学院大学の十名直喜先生である。十名先生のご厚意により、先生を窓口に名古屋学院大学大学院経済経営研究科に博士論文を提出することができた。そして、退職前のご多忙ななか、論文申請から学位の授与までの1年間伴走していただき、質の高い論文に仕上げることが出来た。十名直喜先生には、深く感謝している。

　そして、本書の出版にあたっては、水曜社の仙道弘生社長をご紹介いただ

き、仙道弘生社長のご支援により、刊行することができ、感謝に堪えない。

　最後に、本書の完成を応援してくれた家族、常に温かいご指導とご助言を賜った市民大学院の池上惇先生、中谷武雄先生はじめ市民大学院の先生方、そして、学外者の研究者に対し論文審査を引き受けて頂いた名古屋学院大学の十名直喜先生、古池嘉和先生、木船久雄先生、阿部太郎先生のご配慮・ご支援に深く感謝申し上げる。研究を通じた、すべての出会いに対して、深く感謝申し上げたい。

## 注記

1 2017年1月に日本老年学会と日本老年医学会が合同で高齢者の定義の見直しを提言している。

2 センの人間開発指標（HDI-Human Development Index）は、厚生（ウェルフェア）の考え方としてインカム（所得）・アプローチからケイパビリティ（潜在能力）アプローチへの転換を打ち出し、国連開発計画（UNDP）で実施されている。

3 本書で長寿超高齢社会を用いるのは、高齢者の割合を統計的にとらえる超高齢社会論に対し、長寿にも価値を付加する意味あいで論を進める立場である。

4 工場法はイギリスにその起源がある。日本においては1911（明治44）年に制定され1916（大正5）年に施行された。終戦後1947年に、労働基準法の制定により廃止されたが、工場法のなかの教育条項はやがて義務教育法制へと発展した歴史を持つ。

5 宮本常一は『忘れられた日本人』のあとがきに、「いま老人になっている人々を単なる回顧でなく、現在につながる問題として老人たちの果たしてきた役割を考えてみたくなった」（1984：305）と動機を記している。

6 85歳以上を超高齢者と区分する研究は、日本では老年精神医学雑誌のオールデストオールド特集（2002）からみられる。現在は85～90歳以上を対象とする傾向にある。

7 スピリチュアリティは、一般に「霊性」、「精神性」などと訳されているが、わが国においては定義の共通理解はないとされる。

8 Gerotranscendenceは、ギリシャ語の老人（Geront）と超越（Transcendence）の成語である。

9 冨澤ら訳，2017：第4章：82-153から抜粋。

10 回顧的研究（retrospective study）とは過去の事象について調査する研究のことで、後ろ向き研究と呼ばれているが、ここでは回顧的研究と訳している。

11 立松和平は『日本を歩く第6巻：沖縄・奄美を歩く』で、「これまでいろんな仕事をしてきたが、砂糖キビ刈りほど難儀な仕事を知らない」と述べている（2006：288）。

12 祭りの日程が集中したとしても行政は介入できない。

13 集会所は、公民館や生活館など、補助制度によって名称が異なるが、必ず1か所ある。

14 島唄は、それぞれのシマの唄である。8886調の短詩形歌詞を三味線を伴奏に歌う。

15 鈴木は農村の社会集団を、第1（字）、第2（村落）、第3（村、町）の地区に分けられた3層と見ている。鈴木栄太郎（1970：48）。

16 生活物資の大半を移入に頼る島の生活では、台風などで孤立し助けあわないと生きていけない。

17 百寿率は人口10万当たりの100歳以上の人口の割合を指し、長寿地域の指標として用いられる。

18 奄美では、集落のことをシマと呼んでいるが、沖永良部島の一部では、字と呼ばれている。

19 マングースは沖縄でハブ対策として1910年に導入され、奄美には1949年に放獣された。しかし、マングースは昼行性で、ハブは夜行性であるため効果はなく、逆に繁殖力も強く、1990年代から養鶏や野菜、果物栽培への被害が大きくなったため、マングース捕獲が実施され、現在では生息数も減少している（平成29年度 奄美群島の概況，2018）。

20 その要因には流島された西郷隆盛が座敷牢から若者たちに学問や政治、道徳や倫理観を教え、それが島の人々の自立へとつながる勤勉性、倹約性、貯蓄性の気風を培ったとされる。（金山，2011）。

21 島唄は、それぞれのシマの歌でシマ社会を組織する装置である。八月踊りは旧暦8月のシマの祭りで、シマの人の全員が参加して三線の伴奏で盛大に歌い踊る。

22 島尾敏雄は20年間奄美に在住した作家で、代表作に「死の棘」。ヤポネシアという語はメラネシア、ミクロネシヤに名添え名づけられた。「琉球弧」とともに南西諸島住民及びその子孫の間に広く受け容れられ、近世から近代、現代の歴史にかけて被収奪非抑圧の歴史を表現する際のキーワードとし

て多用されている。

23 昇曙夢は、加計呂麻島出身で奄美が生んだ大ロシア文学者である。学生時代から奄美の郷土史の資料蒐集を続けその成果として歴史書『大奄美史』(1949) を刊行する。
大奄美史の序では、「奄美に生を享けた一人として、日本本土においてとうに消滅した古代の風習や言語、民俗が多分に残り、日本上代文化の宝庫的貴重な存在であるが、この文化史意義が認識されながらも閉ざされていることを遺憾として、郷土史、『大奄美史』を刊行する」とある。
さらにその目的として「①郷土史以上に文化史的意義を解明する、②奄美の宝石のごとく散在する豊富な文化財を、広く方言・宗教・土俗・宗教・歌謡・伝説にわたって蒐集し、その民俗学的意義を解明すること、③わが奄美同胞が歴史的なものを有しながら、全然それを知ろうともしない無関心な態度に鑑み、30万同胞の郷土認識を高めることに努める一方、余りにも圧迫された過去の悲惨な思い出と、今では潜在意識とまでなっている暗い心理より島民を解放して、明るい希望の生活に向け直したい一心からである」と記述されている。

24 奄美 (海見) の地名が初めて日本の史書に登場するのは、『日本書紀』の斉明天皇3年 (657年) である。天武天皇11年 (682年) には朝貢した「阿麻弥人」に禄が与えられた記述や、続日本書紀には遣唐使の往来に便宜を供していた記述が登場する『日本歴史地名大系第4巻鹿児島編:1999』。

25 縄文前期約6700年～6000年前の瓜形文土器が出土し、縄文中期約5000～4000年では九州系の春日式土器や瀬戸内系の里木式系の土器が出土している。縄文後期では主に南九州を分布圏とする市来式土器が宇宿貝塚 (笠利)、面縄貝塚 (伊仙)、神野貝塚 (知名) など、古くから奄美全島の交流と大陸や九州などとの交流を物語っている。

26 この頃のグスク跡は、龍郷町や与論島などのグスク跡が確認されている。

27 得宗領 (とくそうりょう) は、鎌倉時代北條氏で執権となる者が代々世襲した領地とされ、1306年得宗悲観千竈時家は嫡男貞泰に「きかいしま、大しま」、二男経家に「えらふのしま」、女子ひめくまに「とくのしま」を譲ったとされる『前書鹿児島の地名:67』。

28 間切 (まぎり) は琉球王国時代の行政区分のひとつで、市町村に該当する。

29 南西諸島で、姉妹に兄弟を守護する霊力があるとする信仰。

30 菊太郎は後の京都市長になる人物である。

31 島妻とは、当時薩摩藩の藩法で島に滞在中だけ妻となる制度である。

32 沖永良部和泊町のホームページは、西郷隆盛の教えが島の教育、文化に大きな影響を与えたことが紹介されている。沖永良部島には、当時の座敷牢で教える西郷の姿が復元されている。

33 丸田南里 (1851-1886) は明治時代の社会運動家。幕末に長崎の商人グラバーに誘われ、イギリスに密航し、明治8年、郷里の奄美大島に帰る。県の保護下にある大島商会の砂糖売渡独占に反対して砂糖勝手売買運動をおこし、奄美の解放に貢献した (明治19年死去。36歳)。

34 その根拠として、昭和18年刊行の鹿児島県史によると、県庁と隔たった距離、風土、人情、生業等、内地と異なり、地方財政上においても利害が異なることから、地方税規則第9条に分別するとある (日本歴史地名大系第47巻 鹿児島の地名;16)。

35 例えば、内地予算は明治21年～昭和15年で20倍に伸びているが、奄美の予算は11倍しか伸びでいない『同書:72』。

36 日清戦争後の財政需要への対応として1901(明治34)年3月公布。黒糖100斤につき1円を課税。

37 当時の日本人の1日の賃金は60円に対し、奄美では軍政府命令で1日10円の賃金が指示された。

38 名瀬市誌編纂委員会 (1983)『名瀬市誌』。あかつちは奄美独特の赤土からきている。

39 大島紬は2つのブームがあった。1つは大正初めの頃の好景気、2つ目は1950年代の高度成長期で、熟練した織り子は市長以上の収入を得た。

40 奄美では14歳、今の中学2年生になると、今でも一人前とみなされる「立志式」が行われている。

41　集合的無意識（Collective unconscious）は、ユングの分析心理学の中心概念で、人間の無意識の深層に存在する本能的傾向や祖先の経験した行動様式や考え方が、個人の経験を越えて受け継がれる先天的な構造領域である。普遍的無意識とも呼ぶ。

42　九学会とは、日本社会学会、日本民族学会、日本地理学会、日本民俗学会、日本言語学会、日本宗教学会、日本心理学会及び東洋音楽学会の9学会である。9学会が連合して奄美の学術総合調査が行われた。第1回は1955年〜57年（昭和30年〜32年）、第2回は1976年〜80年（昭和51〜57年）である。

43　双系家族とは、父方の先祖の祭祀を基本としながら妻＝母方の先祖の祭祀も行う。

44　奄美のシマの単位は、現在では車で走れば2、3分で通り過ぎることができるほどの存在にすぎない。

45　奄美では「ゴウユウカイ」と呼び、沖縄では「キョウユウカイ」と呼ぶ。

46　宇検村阿室集落女性Yさんから聞き取り（2011年2月7日）、また、龍郷町の秋名の集落のKさんも語ってくれた（2013年1月5日）。

47　ノロの継承は血縁的で生涯独身であったことから叔母から姪へと継承される。筆者の調べでは、奄美大島西南部の大和村大棚集落では豊年祭のノロ祭事を確認することができた（2012年11月）。

48　2013年1月7日の取材。

49　田畑千秋（1992）『奄美の暮らしと儀式』お祝いの歌詞。61歳：1番　この屋敷の内には、長寿のお祝い、上には鶴が舞って、下には亀が遊ぶ。2番　61歳は若年のお祝い。73歳を願って85歳を願おう。3番　今日の誇らしさは、いつもよりも勝っている。いつも今日の如くあってほしい。73歳のお祝い：1番　同じ（この屋敷の内には、長寿のお祝い、上に鶴が舞って、下には亀が遊ぶ）2番　73歳までは中年のお祝い。85歳をかけて百歳を願おう。3番　同じ。85歳のお祝い：1、3番は同じ。2番85歳の年は命を願ってあげましょう。88歳を願って百歳を願おう。

50　沖縄の「年祝い」は長寿の祝いとして、数え歳88歳のトーチカ、97歳のカジマヤーが盛大に行われる（天野、2006：194）。

51　高倉は穀倉。穀物を貯蔵し、集落が火事等の災害に見舞われても食料を確保する目的。

52　柳田國男（1978）『海上の道』に、奄美の人がネズミを大事にする話が出てくる。

53　宇検村阿室集落における結い。老人会長Nさん聞き取り（2011年10月12日14:00〜16:00）。

54　Nさん聞き取り（2015年9月16日16:00〜17:00）。

55　龍郷町赤尾木のHさん聞き取り（2015年9月17日20:00〜22:00）。

56　H氏の新聞収集による情報。

57　H氏聞き取り（2015年9月15日15:00〜18:00）。

58　同じくH氏へ聞き取り（2015年9月15日16:00〜19:00）。

59　図書館長Iさん聞き取り（2015年9月13日9時半〜12時）。

60　平成19年度から2月18日を大島地区の方言の日が設定され、方言マップは学校等を中心に配布され、社会教育の一環として、島唄、シマ口の伝承が行われている（平成29年度 奄美群島の概況、2018；387）。

61　Mさんへの聞き取り（2015年9月13日14時〜15時）。

62　ゆっくりしたテンポ早まっていく奏法を「アラシャゲ」という（中原、2009；106）。

63　奄美大島の八月踊りに対し、徳之島は浜下りの期間の8月15日前後に踊られ、七月踊り、浜踊り、夏目踊りなど呼称する（小野、1982）。

64　Kさん聞き取り（2015年9月13日15:00〜16:00）。

65　本調査は奄美群島全の市町村（1市9町2村）から集落の区長名簿の協力を得て、全集落（373）の区長を対象に郵送によるアンケート調査（回収率は56.03%）を実施した。筆者の所属機関の研究倫理審査会の承認を得て実施した。調査期間は2017年5月26日〜6月20日である。

66　ここでの紐帯はF. H.ギディンズが用いた社会的紐帯（social bond）を指し、集落内の成員に共通する結合の度合いを測っている。

67　南海日日新聞社ホームページより。

68　老年的超越理論を日本で紹介したのは中嶋ら（2001）の論文によってであるが、理論の尺度を用いて実証を行ったのは、筆者の研究が最初と位置づけられている。

69　調査の詳細データ収集と対象者
《超高齢者調査》
奄美の2町村（宇検村、徳之島町）の協力を得て、住民基本台帳を基に、自宅に居住する85歳以上の超高齢者（2006年2月現在）に対し質問紙による郵送調査を実施した。調査対象数は、宇検村は自宅居住超高齢者全員（105人）を対象とし、徳之島町は自宅居住の超高齢者（総数502人）の半数（251人）を対象とした。回答者は102人（回答率28.7％）で、調査期間は、2006年4月〜8月である。回答者の平均年齢は90.0歳である。
《高齢者調査》
奄美の3町村（奄美市、徳之島町、宇検村）の生涯学習講座等を受講生した高齢者176人に対し、講座終了後にアンケート調査を実施した（回収率100％）。調査時期は、2009年6〜7月である。回答者の平均年齢は74.4歳である。
《質問内容》
超高齢者調査：質問紙は、基本属性（性別、年齢、居住年数、暮らし向き、通院の有無、健康状態、介護認定、記入者）と行動能力、心理的適応（生活満足感、愛着度、時間認識、長生き観（現在の心境、楽しみごと）、老い観及び老年的超越に関する質問項目で構成した。
高齢者調査：基本的に超高齢者調査と同じ質問で長生き観のみ除外している。
《倫理的配慮》
超高齢者調査では、回答者のプライバシー保護に関する誓約書を郵送時に添付し、調査以外の目的で使用しない旨を誓約。高齢者調査では、講座主催者に対しプライバシー保護に関する誓約書を提出するとともに調査票に調査目的以外で使用しない旨を誓約した。

70　面接期間は2006年7月13日から16日の4日間で行った。

71　クリフォート・ギアーツが提唱する「ローカル・ノレッジ」をモデルとして、特に社会教育や地域学の新たな視点として提示しているものである。前平（2008）は、ローカルな知とは、「人々のそれぞれの生活や仕事、その他の日常実践や身の回りの環境について持っている知で、人々の生きる状況に依存して意味を持ちうる知である」と解説する。

72　「看取り」の定義は、「無理な延命治療はせずに、自然の過程でしに行く高齢者を見守るケアをすること」（養岡，2011：8）とする。

73　ここでいう死生観は「地域住民が持つ『生』と『死』の考え方」（近藤，2008）と、定義する。

74　看取りの国際比較調査では、日本人は死について考える頻度（82.3％）や死の不安や恐れ（47.7％）が高く、フランス、イギリスなどは死について考える頻度は46.4〜50.0％と低く、死への不安や恐れも、フランス、オーストラリアとも、.9〜20.0％と低い。一方、「たとえ会話ができなくても、できる限り長い時間ともに暮らして看取りたい」の回答は、日本（55.3％）は、オーストラリア（96.5％）、フランス・イギリス（88.2〜89.3％と高い。このことは、看取りの時間を多く過ごす国ほど、死への不安や恐れを感じる人は少ないことが判明する（中島，2011）。

# 参考文献

## ◎日本語文献

- 青井和夫「白秋・玄冬の社会学」井上俊他編『成熟と老いの社会学 第13巻』岩波書店、1-26（1997）。
- 秋山弘子「日本の老年社会科学から欧米へ向けての発信」『老年社会科学』22（3）、338-342（2000）。
- 秋山弘子「生涯現役を超えて」毎日新聞（2008年3月16日付）。
- 朝日吉左郎「沖永良部の農業とグローバル化問題」鹿児島県立短期大学地域研究所編『沖永良部島の社会と文化』鹿児島県立短期大学地域研究所（2006）。
- 東洋・柏木惠子・高橋惠子編・監訳『生涯発達の心理学1巻（認知・知能・知恵）』新曜社（1993）。
- 天野正子『老いへのまなざし：日本近代は何を見失ったか』平凡社（2006）。
- 新井康通・廣瀬信義「これからの百寿者研究：スーパーセンテナリアン研究」『老年社会科学』39（1）、32-33（2017）。
- 有賀喜左衛門「ユイの意味とその変化」『有賀喜左衛門著作集5：村の生活組織』未来社（1968）。
- 池上惇『文化と固有価値の経済学』岩波書店（2003）。
- 池上惇「農村地域の創造環境と文化資本再生：持続可能な農村の理念・実現の根拠・政策」『農村計画学会誌』29（1）、12-20（2010）。
- 池上惇『文化と固有価値のまちづくり：人間復興と地域再生のために』水曜社（2012）。
- 池上惇『文化資本論入門』京都大学学術出版会（2017）。
- 池上惇・植木浩・福原義春編『文化経済学』有斐閣（1998）。
- 石川雅信「奄美の家族と「一重一瓶」」村武精一・大胡欣一編『社会人類学からみた日本』河出書房新社、142-154（1993）。
- 稲野慎『揺れる奄美、その光と陰』南方新社（2008）。
- 井上薫『行基』吉川公文館（1959）。
- 井上勝也・大川一郎編『高齢者の「こころ」辞典』中央法規（2000）。
- 植木浩「文化の意義と文化政策の役割」池上惇・植木浩・福原義春編『文化経済学』有斐閣（1998）。
- 猪木武徳『経済学に何ができるか：文明社会の制度的枠組み』中公新書（2012）。
- 色川大吉「近代日本の共同体」鶴見和子・一井三郎編『思想の冒険』筑摩書房、235-276（1974）。
- 岩本由輝『柳田国男の共同体論：共同体論をめぐる思想状況』御茶の水書房（1978）。
- 宇沢弘文『社会的共通資本』岩波新書（2000）。
- 内山節『共同体の基礎理論：自然と人間の基層から』農山漁村文化協会（2010）。
- エリクソン，E.H他『老年期：生き生きとしたかかわりあい』朝長正徳・朝長梨枝子訳、みすず書房（1990）（Involvement in old age,1986）。
- エリクソン，E.H & エリクソン，J. M.『ライフサイクル、その完結〈増補版〉』村瀬孝雄・近藤邦夫訳、みすず書房（2001）（The Life Cycle Completed; A Review Expanded Edition, W.W. Norton & Company, 1997）。
- 大井玄「「意味の世界」と幸せ」『科学』80（3）、286-289（2010）。
- 大塚俊夫「日本における痴呆性老人数の将来推計」『日本精神病院協会雑誌』20（8）、65-69（2001）。
- 大塚久雄『共同体の基礎理論』岩波現代文庫（1955）。
- 岡本宣雄「高齢者のSpiritual well-beingの概念の位置づけとその特徴」『川崎医療福祉学会誌』23（1）37-48（2013）。
- 長田須磨『奄美女性誌』農山漁村文化協会（1978）。
- 小澤利男「人間の学としての老年学」『日本老年医学雑誌』47（1）、17-23（2010）。
- 尾崎弘之「健康経営と企業価値の向上」『国民経済雑誌』216（5）、57-72（2017）。
- 小野重朗『奄美民族文化の研究』法政大学出版局（1892）。

- 外務省『国連開発計画（UNDP）（平成27年9月）』(2014)。
- 角田修一『概説社会経済学〈第2版〉』文理閣 (2011)。
- 鹿児島県『平成16年あまみ長寿・子宝調査概要報告書』(2004)。
- 鹿児島県大島支庁「平成29年度奄美群島の概況」(2018)。
- 神谷美恵子『こころの旅』みすず書房 (2005)。
- 金子勇「高齢化の新しい考え方：「生活の質」アプローチ」『季刊社会保障研究』26 (3)、255-269 (1990)。
- 金山智子「離島のコミュニティ形成とコミュニケーションの発達：奄美大島編」『Journal of Global Media Studies』(3)、1-20 (2008)。
- 金山智子「離島のコミュニティ形成とコミュニケーションの発達：沖永良部編」『Journal of Global Media Studies』(8) 7-13 (2011)。
- 柄谷行人『遊動論：柳田国男と山人』文藝春秋（文春新書）(2014)
- 川崎澄雄「鹿児島県奄美群島出身者の郷友会について」『奄美学術調査記念論文集』鹿児島短期大学付属南日本文化研究所、45-49 (1987)。
- 河合隼雄『日本人の心』潮出版社 (2001)。
- 河合隼雄『生と死の接点』岩波書店 (2009)。
- 芳即正・五味克夫編『日本歴史地名大系 第47巻 鹿児島の地名』平凡社 (1998)。
- キケロー『老年について』中務哲郎訳、岩波書店 (2004)。
- 木下康仁『グラウンデッド・セオリー・アプローチ：質的実証研究の再生』弘文堂 (1999)。
- 木下康仁『グラウンデッド・セオリー・アプローチの実践：質的研究への誘い』弘文堂 (2003)。
- 喜山荘一『奄美自立論』南方新社 (2009)。
- キューブラー，ロス E.『「死ぬ瞬間」と死後の生』鈴木晶訳、中央公論社 (2001)。
- 京丹後市『今に活きる「京丹後」百寿人生のレシピ2：百歳健康長寿の秘けつ集』(2014)。
- 京丹後市『今に活きる「京丹後」百寿人生のレシピ3：百歳健康長寿の秘けつ集』(2015)。
- 窪寺俊之『スピリチュアルケア入門』三輪書店 (2000)。
- グレイザー，B.G. & ストラウス，A.L.『データ対話型理論の発見：調査からいかに理論をうみだすか』後藤隆・大出春江・水野節夫訳、新曜社 (1996) (The discovery of grounded Theory; Strategies for qualitative research, 1967)。
- ケインズ，J.M.「自由放任の終焉」『世界の名著57. ケインズ・ハロッド』宮崎義一・伊東光晴責任編集、中央公論社、133-158 (1971)。
- 厚生労働省「国民生活基礎調査」(2006)。
- 厚生労働省「厚生労働白書」(2013)。
- 厚生労働省医政局「平成19年度終末期医療に関する調査結果の概要」(2012)。
- 厚生労働省「平成29年9月15日付（Press Release）百歳高齢者表象の対象者は32,097人 (2017)。
- 厚生労働省「平成30年7月20日（Press Release）平成29年簡易生命表の概況」(2018)。
- 厚生労働省「令和元年簡易生命表の概況」（令和2年7月31日）(2019)。
- 河野あゆみ・金川克子「在宅高齢者の主観的時間に関する研究：性，年齢，日常生活自立度との見当」『老年社会科学』20 (1)、25-31 (1998)。
- 向坂健次『幸福の社会理論』放送大学教育振興会 (2008)。
- 小嶋秀夫・やまだようこ編『生涯発達心理学』放送大学教育振興会 (2002)。
- 小坂井澄『「悲しみのマリア」の島：ある昭和史の受難』集英社 (1984)。
- 後藤小百合「知的財産会計の構築と制度化：主として特許権に関する会計と企業価値の創造」『高崎経済大学論集』48 (4)、199-212 (2006)。
- 古谷野亘「現代日本の高齢者観」『老年精神医学雑誌』13 (8)、877-888 (2002)。
- 古谷野亘「高齢期をみる目」古谷野亘・安藤孝敏編『新社会老年学：シニアライフのゆくえ』ワールドプランニング、3-26 (2003)。

- 近藤克則「幸福・健康の社会的決定要因：社会免疫学の視点から」『科学』80（3）、290-294（2010）。
- 近藤功行「高齢者の生と死：与論島における在宅・終末期ケア」松井政明・山野井敦徳・山本都久編『高齢者教育論』東信堂、91-107（1997）。
- 近藤功行「与論町における死亡場所：死生観と終末行動をめぐる人類生態学的研究」『志學館法学』4、181-201（2003）。
- 近藤功行・小松和彦編『死の技法：在宅死に見る葬の礼節・死生観』ミネルヴァ書房（2008）。
- 近藤誠「少子高齢化が日本経済に与える影響」『日本大学経済学部経済科学研究所紀要』43、17-50（2013）。
- 権藤恭之「長生きはしあわせか：東京百寿者調査からの知見」『行動科学』41（1）、35-44（2002）。
- 権藤恭之「百寿者研究の現状と展望」『老年社会科学』28（4）、504-512（2007）。
- 権藤恭之「生物学的加齢と心理学的加齢」権藤恭之編『高齢者心理学』朝倉書店、23-27（2008）。
- 権藤恭之「超高齢期の心理特徴」『Aging & Health』79（2016）。
- 権藤恭之・古名丈人・小林江里香 他「超高齢期における身体機能の低下と心理的適応：板橋区超高齢者悉皆訪問調査の結果から」『老年社会科学』27（3）、327-338（2005a）。
- 権藤恭之・古名丈人・小林江里香 他「都市部在宅超高齢者の心身機能の実態：板橋区超高齢者悉皆訪問調査の結果から」『日本老年医学会雑誌』42（2）、199-208（2005b）。
- 齊藤毅憲「地域経営論教育の発展」『創価経営論集』31（3）、39-50（2007）。
- 嵯峨座晴夫「21世紀の高齢社会と老年社会科学のフロンティア：大衆長寿と高齢者のライフスタイル」『老年社会科学』22（3）、324-330（2000）。
- 先田光演「奄美の研究者：甲東哲」松本泰丈・田端千秋編『奄美復帰50年：ヤマトとナハのはざまで』「現代のエスプリ（別冊）」至文堂、340-343（2004）。
- 桜井徳太郎 他『ハレ・ケ・ケガレ共同討議』青土社（1984）。
- 佐藤眞一「心の加齢」日本老年行動科学学会監『高齢者の「こころ」辞典』中央法規出版社、13-14（2000）。
- 佐藤眞一「心理学的超高齢者研究の視点：P. B. Baltesの第4世代論とE. H. Eriksonの第9段階の検討」『明治学院大学心理学紀要』13、41-48（2003）。
- 佐藤眞一「生涯発達とその研究法」谷口幸一・佐藤眞一編著『エイジング心理学：老いについての理解と支援』北大路書房、19-36（2007）
- 柴田博「社会老年学のあり方」『老年社会科学』26（3）、351-358（2004）。
- 柴田博「サクセスフル・エイジングの条件」『桜美林大学大学院国際学研究科桜美林シナジー』4、1-11（2005）。
- 柴田博『生涯現役「スーパー老人」の秘密』技術評論社（2006）。
- 島尾敏雄「奄美：日本の南島」『島にて』冬樹社（1966）。
- 島尾敏雄『名瀬だより』農村漁村文化協会（1977a）。
- 島尾敏雄『ヤポネシア序説』創樹社（1977b）。
- 霜山徳爾「老いと死の意味」馬場謙一他編『老いと死の深層』有斐閣（1985）。
- 下仲順子「人格と加齢」下仲順子編『老年心理学』培風館、62-76（1997）。
- 下仲順子「超高齢者の人格特徴」『老年精神医学雑誌』13（8）、912-920（2002）。
- 白澤卓二「老化学説と老化制御」『日本老年医学雑誌』47（1）、24-27（2010）。
- 白澤卓二「内科的アンチエイジング」『順天堂醫事雑誌』59（4）、307-312（2013）。
- 主婦と生活社「笑いながら死ねる島：鹿児島県与論島の医師と患者たちが作る「看取りの楽園」」『週刊女性』2月5日号（2013）。
- 新保輝幸「信頼生成の社会的基盤と生理的基盤」浅野耕太編『自然資本の保全と評価』ミネルヴァ書房、133-148（2009）。
- 杉村和彦「健康長寿研究の地域論的展開」『福井県立大学論集』29、39-55（2007）。
- スロスビー, D.『文化経済学入門：創造性の探究から都市再生まで』中谷武雄・後藤和子監訳、日本

経済新聞社（2002）（Economics and Culture, Cambridge Unv Press, 2001）。

- スティグリッツ，ジョセフ・E他『暮らしの質を測る：経済成長率を超える幸福度指標の提案』福島清彦訳、金融財政事情研究会（2012）（Mismeaning Our lives: Why GDP Dosen't Add Up, The New Press, 2010）。
- 鈴木隆雄『超高齢社会の基礎知識』講談社（2012）。
- 鈴木忠『生涯発達のダイナミックス：知の多様性生き方の可塑性』東京大学出版会（2016）。
- 鈴木亘『財政危機と社会保障』講談社（2010）。
- 鈴木瑞枝・金森雅夫「85歳・90歳高齢者の人生満足感度の因子構造に関する研究」『老年精神医学雑誌』14（8）、1017-1028（2003）。
- セン、アマルティア『福祉の経済学：財と潜在能力』鈴木興太郎訳、岩波書店（1988）（Commodities and Capabilities, Oxford Univ Press, 1999）。
- セン、アマルティア『自由と経済開発』石塚雅彦訳、日本経済新聞社（2000）（Development as Freedom, Anchor, 2000）。
- セン、アマルティア『アマルティア・セン：経済学と倫理学』鈴木興太郎・後藤玲子訳、実教出版（2001）。
- 世阿弥『風姿花伝』岩波文庫（1958）。
- 清家篤『金融ジェロントロジー：「健康寿命」と「資産寿命」をいかに伸ばすか』東洋経済新報社（2017）。
- 薗博明「いま奄美は：日本復帰後の開発と自然・社会環境の変容」松本泰丈・田端千秋編『奄美復帰50年：ヤマトとナハのはざまで』「現代のエスプリ（別冊）」至文堂、101-110（2004）。
- 大藤ゆき『子どもの民俗学』草戸文化（1982）。
- ダン・ビュイトナー『ブルーゾーン：世界の100歳人（センテナリアン）に学ぶ健康と長寿のルール』千名紀訳、ディスカヴァー・トゥエンティワン（2010）（The Blue Zones: Lessons for Living Longer From the People Who've Lived the Longest, National Geographic 2008）。
- 高須由美子「奄美諸島のノロ（女性祭司）関係文書」『史資料ハブ地域文化研究』(2)、148-158（2003）。
- 高島博『文化による地域づくり：一つの文化経済的アプローチ』晃洋書房（2009）。
- 田康康弘「関西における奄美郷友会の実態：徳之島出身者の各集落郷友会に対する調査から」『鹿児島大学教育学部研究紀要 人文・社会科学編』43、1-19（1991）。
- 田康康弘「奄美大島名瀬市における郷友会の実態」『鹿児島大学教育学部研究紀要 人文・社会科学編』46、11-30（1994）。
- 高橋憲二『厚生福祉1月10日号』(1998)。
- 高橋恵子・波多野誼余夫『生涯発達の心理学』岩波書店（岩波新書）（1990）。
- 高橋正実・井出訓「スピリチュアリティーの意味」『老年社会科学』26（3）、296-307（2004）。
- 立松和平『立松和平日本を歩く：沖縄・奄美を歩く』勉誠出版（2006）。
- 田中眞実「「老いと死」の受容と相互形成」岡田渥美編『老いと死：人間形成論的考察』玉川大学出版部、319-341（1994）。
- 田中きよむ『少子高齢社会の福祉経済論』中央法規（2006）。
- 田中滋・川渕孝一・河野敏鑑編著『会社と社会を幸せにする健康経営』勁草書房（2010）。
- 谷口幸一・佐藤眞一編著『エイジング心理学：老いについての理解と支援』北大路書房（2007）。
- 谷口貢・松崎憲三『民俗学講義：生活文化へのアプローチ』八千代出版（2006）。
- 田畑千秋『奄美の暮らしと儀式』第一書房（1992）。
- 田畑洋一『琉球弧の島嶼集落における保健福祉と地域再生』南方新社（2017）。
- 玉城隆雄「与論の家族：朝戸部落の事例を中心に」『与論・国頭調査報告書：地域研究シリーズ』沖縄国際大学南島文化研究所、63-73（1980）。
- 橘覚勝『老年学：その問題と考察』誠信書房（1971）。
- 地球産業文化研究所「新しい社会経済システム構築に向けたNPO企業、政府が協働を行うための提案」GISPRIニュースレター2003年2号（2003）。
- 辻哲夫総監『健康長寿のまちづくり：超高齢社会への挑戦』時評社（2017）。

- 辻彼南雄・高見澤たか子・ジョン・キャンベル「talk座談会「看取りの文化」を考える」『長寿社会グローバル・インフォメーションジャーナル』14、2-9（2011）（座談会 http://www.ilcjapan.01/chojuGIJ/pdf/14_01.pdf）。
- 津波高志『沖縄側からみた奄美の文化変容』第一書房（2012）。
- 鶴若麻里「「Spiritual Well-being」に関する研究の分析と動向」『ヒューマンサイエンスリサーチ』11、80-98（2002）。
- 寺谷篤志・平塚伸治『「地域創生」から「地域経営」へ：まちづくりに求められる思考のデザイン』仕事と暮らしの研究所（2015）。
- デューイ、ジョン『経験と教育』市村尚久訳、講談社（2004）。
- トーンスタム、L.『老年的超越；歳を重ねる幸福感の世界』冨澤公子・タカハシマサミ訳、晃洋書房（2017）（Gerotranscendence: A Developmental Theory of positive Aging, Springer 2005）。
- 十名直喜『ひと・まち・モノづくりの経済学』水曜社（2003）。
- 十名直喜『現代産業論：ものづくりを活かす企業・社会・地域』水曜社（2017）。
- 十名直喜「日本的経営と品質管理」『名古屋学院大学論集（社会科学篇）』.55（1）、1-92（2018）。
- 冨澤公子「奄美群島超高齢者の日常からみる「老年的超越」形成意識」『老年社会科学』30（4）、477-488（2009a）。
- 冨澤公子「ライフサイクル第9段階の適応としての「老年的超越」：奄美群島超高齢者の実態調査からの考察」『神戸大学大学院人間発達環境学研究科研究紀要』2（2）、327-335（2009b）。
- 冨澤公子「遠野スタイル：" 超高齢者生き生き物語"」遠野みらい創りカレッジ編『地域社会の未来をひらく』水曜社、88-99（2015）。
- 冨澤公子「少子高齢化社会から長寿多子化社会へ：長寿で子宝の島奄美群島から発信する健康長寿と幸福な老いの実現」『経済科学通信』145、53-59（2018a）。
- 冨澤公子「長寿地域における長寿の地域要因と支援要因の分析：京丹後市を事例として」『大阪ガスグループ福祉財団調査・研究報告集』31、13-19（2018b）。
- 冨澤公子「奄美群島における長寿の地域要因と支援要因」『国際文化政策』10、71-93（2019）。
- 冨澤公子・Masami TAKAHASHI「奄美群島超高齢者の「老年的超越（Gerotranscendence）」形成に関する検討：高齢期のライフサイクル第8段階と第9段階の比較」『立命館大学産業社会論集』46（1）、87-103（2010）。
- 内閣府『平成29年版高齢社会白書』（2017）。
- 内閣府「平成29年度エイジレス・ライフ実践事例」（2017）（https://www8.cao.go.jp/kourei/kou-kei/h29ageless/jissen.html）。
- 内閣府経済社会総合研究所「地域経営の観点からの地方再生に関する調査研究報告書」（2009）。
- 中川雅之「特集「地域創生」にあたって」『日本不動産学会誌』29（2）、27（2015）。
- 中嶌康之・小田利勝「サクセスフル・エイジングのもう一つの観点：ジェロトランセンデンス理論の考察」『神戸大学発達科学部紀要』6（2）、255-269（2001）。
- 永山修一「古代・中世併用期の奄美」松本泰丈・田端千秋編『奄美復帰50年：ヤマトとナハのはざまで』「現代のエスプリ（別冊）」至文堂、52-62（2004）。
- 永田浩三『奄美の奇跡：「祖国復帰」若者たちの無血革命』WAVE出版（2015）。
- 中原ゆかり『奄美の「シマの歌」』弘文堂（1997）。
- 長澤和俊編『奄美文化誌：南島の歴史と民俗』西日本新聞社（1974）。
- 奈倉道隆「老いと宗教」『老年社会科学』21（3）、311-316（1999）。
- 名越護『奄美の債務奴隷・ヤンチュ』南方新社（2006）。
- 名瀬市誌編纂委員会『改訂名瀬市誌第1巻：歴史編』名瀬市（1996）。
- 新村拓『死と病と看護の社会史』法政大学出版（1989）。
- 新村拓『在宅死の時代：近代日本のターミナルケア』法政大学出版（2001）。
- 西村富明『奄美群島の近現代史』海風社（1993）。

- 日経BPビジョナリー経営研究所「医療経済の視点から探る 増大必至の"高齢者医療負担"への処方箋」健康保険が危ない 崩壊前夜! 日本の医療スペシャルレポート vol.5 (https://special.nikkeibp.co.jp/as/201401/kenpo/special/vol5/) (2018)。
- 日本政策投資銀行地域企画チーム編著『実践!地域再生の経営戦略:全国62のケースに学ぶ"地域経営"』社団法人金融財政事情研究会 (2004)。
- 野口才蔵『奄美文化の源流を慕って』道の島社 (1982)。
- 野沢慎司『リーディングスネットワーク論:家族・コミュニティ・社会関係資本』勁草書房 (2006)。
- 昇曙夢『大奄美史』奄美社 (1949)。
- 花井恒三編『高校生読本:奄美の復帰運動は高校生も主役だった!』安陵会 (2014)。
- 林蘇喜男「復帰運動と「奄美ルネッサンス」」松本泰丈・田端千秋編『奄美復帰50年:ヤマトとナハのはざまで』「現代のエスプリ(別冊)」至又堂、81-90 (2004)。
- 速見侑編『民衆の導者行基』吉川公文館 (2004)。
- 原井一郎『苦い砂糖:丸田南里と奄美自由解放運動』高城書房 (2005)。
- パットマン、R.『哲学する民主主義:伝統と改革の市民的構造』河田純一郎訳、NTT出版 (2001)。
- ピエール・ブルデュー『ディスタンクシオン(社会的判断力批判)』石井洋二郎訳、新評論 (1989)。
- ヒラリー「コミュニティの定義」鈴木広編『都市の社会学(増補)』誠信書房、303-322 (山口弘光訳) (1978)。
- G.A.Hillery「コミュニテイの定義」鈴木広編『都市化の社会学(増補版)』誠心書房 (1978)。
- 広井良典『コミュニティを問いなおす:つながり、都市、日本社会の未来』筑摩書房 (2009)。
- 広井良典『人口減少社会という希望:コミュニティ経済の生成と地球倫理』朝日新聞出版 (2013)。
- 廣瀬信義「百寿者から超百寿者研究へ:ヒト長寿科学のご紹介・研究」『生活福祉研究』92、15-32 (2016)。
- 廣瀬信義・鈴木信「百寿者研究の現状と展望」『日本老年医学会雑誌』36 (4)、219-228 (1999)。
- ブキャナン、J.M., ワグナー、R.E.『赤字財政の経済学:ケインズの政治的遺産』深沢実ら訳、文真堂 (1979)。
- 福原義春「銀座の街と資生堂」『国際文化政策』(1)、1-6 (2010)。
- ホライズン編集室編『生命めぐる島奄美:森と海と人と』南日本新聞社 (2000)。
- 星野和美「老年後期の心理社会的発達としての老年的超越性:高齢期のナラティヴによる検討」『人文論集・静岡大学人文社会科学部社会学科・言語文化学科研究報告』57(1)、35-47 (2006)。
- 堀薫夫「ポール・バルテスの生涯発達論」『大阪教育大学紀要第Ⅳ教育部門』58 (1)、173-185 (2009)。
- ボールディング、ケネス・E.『社会進化の経済学』猪木武徳ら訳、HBJ出版局 (1987) (Evolutionary Economics, SAGE Publications, 1981)。
- マッキーヴァ、R.H.『コミュニティ社会学的研究:社会生活の性質と基本法則に関する一試案』中久郎・松原通晴監訳、ミネルヴァ書房 (2009)。
- 前田英樹『民俗と民藝』講談社 (2013)。
- 前利潔「近代の奄美」松本泰丈・田畑千秋編『奄美復帰50年:ヤマトとナハのはざまで』「現代のエスプリ(別冊)」至文堂、32-42 (2004)。
- 正高信男『老いはこうして作られる:心と体の加齢変化』中央公論 (2000)。
- 町値次郎「与論島における家と死生観」近藤功行・小松和彦編『死の技法;在宅死に見る葬の例節・死生観』ミネルヴァ書房、79-20 (2008)。
- 松下志朗『近世奄美の支配と社会』第一書房 (1983)。
- 松元幸一郎「奄美の島歌:その美と真実」松本泰丈・田端千秋編『奄美復帰50年:ヤマトとナハのはざまで』「現代のエスプリ(別冊)」至文堂、137-146 (2004)。
- 松原治郎・戸谷修・連見音彦編『奄美農村の構造と変動』御茶の水書房 (1981)。

- 箕岡真子『日本における終末ケア "看取り" の問題点』国際長寿センター http://www.ilcjapan.org/symposium/doc/1111_03.pdf（2011）
- 三木靖「近世島民の自給的生業と島津藩政」長澤和俊編『奄美文化誌』西日本新聞社、49-55（1974）。
- 水上貴美子「高齢者の主観的健康観と老いの自覚との関連性に関する検討」『老年社会科学』27（1）、5-16（2005）。
- 三隅一人『社会関係資本：理論統合の挑戦』ミネルヴァ書房（2013）。
- 水戸美津子『高齢者の存在確認行動、変容する高齢者像と教育実践への視座』上越教育大学、博士論文（2001）。
- 増井幸恵「性格」権藤恭之編『高齢者心理学』朝倉書店、134-150（2008）。
- 皆村武一『奄美近代経済社会論』晃洋書房（1988）。
- 皆村武一『戦後奄美経済社会論：開発と自立のジレンマ』日本経済評論社（2003）。
- 宮家準『日本宗教の構造』慶應通信（1974）。
- 宮本常一『忘れられた日本人』岩波文庫（1984）。
- 武藤隆・やまだようこ・南博文 他編『質的心理学：創造的に活用するコツ』新曜社（2004）。
- 武藤隆編『生涯発達心理学とは何か：理論と方法』金子書房（1995）。
- 村山家國「戦後の発展」長澤和俊編『奄美文化誌：南島の歴史と民俗』西日本新聞社、69-74（1974）。
- 森田洋司『いじめとは何か：教室の問題、社会の問題』中公新書（2010）。
- 藻谷浩介『里山資本主義：日本経済は「安心の原理で動く」』角川書店（2013）。
- 元森絵里子「労働力から「児童」へ：工場法成立過程からとらえ直す教育的子ども観とトランジションの成立」『社会福祉学研究』136、27-46（2011）。
- 森有正『生きることと考えること』講談社現代新書（1970）。
- 文部科学省「科研費説明資料2-2 平成26年度「特設分野研究」」（2014）
- 八木紀一郎『社会経済学：資本主義を知ろう』名古屋大学出版会（2006）。
- 安井猛「日本人の死生観と看取りの文化」「特定営利活動法人福島県緩和ケア支援ネットワーク在宅緩和ケアボランティア養成講座」（2008）。
- 矢吹雄平『地域マーケティチング論：地域経営の新地平』有斐閣（2010）。
- 柳修平「在宅死の減少・病院死」近藤功行・小松和彦編『死の技法：在宅死に見る葬の例節・死生観』ミネルヴァ書房、173-180（2008）。
- 柳宗悦『手仕事の日本』講談社学術文庫（2015）。
- 柳田國男『青年と学問』岩波文庫（1976）。
- 柳田國男「先祖の話」『新編柳田國男集第10巻』角川出版、152（1978）。
- 柳田國男『海上の道』岩波文庫（1978）。
- 柳田國男『柳田國男全集 第31巻』筑摩書房、444-447（2004）。
- 山下欣一「奄美のユタ」『聖なる島：西田テル子写真集』星企画（1998）。
- 山田誠『奄美の多層圏域と離島政策：島嶼圏市町村分析のフレームワーク』九州大学出版会（2005）。
- やまだようこ「生涯発達心理学の課題と未来」小嶋秀夫・やまだようこ編『生涯発達心理学（放送大学教材）』放送大学教育振興会、203-224（2002）。
- やまだようこ「質的研究の核心とは」武藤隆・やまだようこ他編『質的心理学：創造的に活用するコツ』新曜社（2004）。
- 弓削正巳「近世の奄美について」松本泰丈・田畑千秋編『奄美復帰50年：ヤマトとナハのはざまで』「現代のエスプリ（別冊）」至文堂、43-51（2004）。
- ユング, C.G.『無意識の真理』高橋義孝訳、人文書院（1977）。
- 横内正利「「顧客」としての高齢者ケア」日本放送協会（2001）。
- 蓮見音彦『奄美農村の構造と変動』御茶の水書房（1981）。
- 李慶芝「島嶼における地域婦人会の変遷と現状：奄美大島大和村の事例を中心に」（鹿児島大学リポジトリ）。

- 若井敏秋「行基と知識結」速見侑編『行基：民衆の導者』吉川公文館、109-136（2004）。
- 鷲田清一『老いの空白』弘文堂（2003）。
- 和辻哲郎『風土：人間学的考察』岩波文庫（1979）。
- 若本純子『老いと自己概念の媒介機能から捉えた中高年期発達の機序』風間書房（2010）。


## ◎英語文献

- Ahmadi, F. (2000) Reflections on Spiritual Maturity and Gerotranscendence: Dialogues with Two Sufis, *Journal of Religious Gerontology*, 11, 43-74.
- Ahmadi, F. (2001) Gerotranscendence and Different Cultural Settings, *Aging and Society*, 21 (4), 395-415.
- Atchley, R. C. (1989) A continuity theory of normal aging, *The Gerontologist*, 29, 183-190.
- Atchley, R. C. (1999) *Goals for developmental direction. In Continuity and adaptation in aging*, Baltimore: Johns Hopkins University.
- Baltes, P. B. (1997) On the incomplete architecture of human ontogeny: Selection, optimization, and compensation as foundation of developmental theory, *American Psychologist*, 52, 366-380.
- Baltes, P. B. & Baltes, M. M. (Eds.) (1990) *Successful aging; Perspectives from the behavioral sciences*, New York, Cambridge University Press.
- Baltes, P. B. & Mayer, K. U. (Eds.) (1999) *The Berlin Aging Study Aging from 70 to 100*. New York, Cambridge University Press, 259-281.
- Baltes, P. B. & Smith, J. (2003) New frontier in the future of aging: From Successful Aging of the young old to the dilemmas of the Fourth age, *Gerontology*, 49, 123-135.
- Bourdieu, P. (1986) The (three) Forms of Capital, 46-58。
- Braam. A. W., Bramsen, I., van Tilburg, H. M., Van der Ploeg, H. M., & Deeg, D. J. H (2006) Cosmic transcendence and framework of meaning in life, Patterns among older adults in the Netherlands, *The Journal of Gerontology: Social Sciences*, 61 (3), 121-128.
- Crowther R., Martha, Michael W., Parker, W. A., Achehbaum, et al. (2002) Rowe and Kahn's Model of Successful Aging Revisited, Positive Spirituality – The Forgotten Factor, *The Gerontological Society of America*, 42, 613-620.
- Cumming E, & Henry, W. E. (1961) Growing old; *The process of Disengagement*, Basic Books: New York.
- Dalby, P. (2006) Is there a process of spiritual change or development associated with aging? A critical review of research, *Aging and Mental Health*, 10, 4-12.
- Hillary, G. A.(1955) Definitions of Community, Areas of Agreement, *Rural Sociology*, 20, 2, 111-123.
- Lemon,. B. W., Bengtson V. L. & Peterson, J. A. (1972) An exploration of the activity theory of aging, *Journal of Gerontology*, 27, 511-523.
- Neugarten, B. L. (1975) The future of the young old. *Gerontologist*, 15, 4-9.
- Peck, R. E. (1975) Psychological developments in the second half of life, in W. C. Sze (Ed.) *Human life cycle*, 609-625.
- Rowe, John W. & Kahn, Robert L. (1998) *Successful Aging*. New York, Pantheon Kooks.
- Stern, Y. (2002) What is cognitive reserve? Theory and research application of the reserve concept, *Journal of the International Neuropsychological Society*, 8 (3), 448-460.
- Tornstam, L. (1989) Gero-transcendence; A meta-theoretical reformulation of the disengagement theory, *Aging: Clinical and Expermental Research*,1 (1), 55-63.

# 索引

◎著者紹介

冨澤 公子 (とみざわ・きみこ)

長崎県新上五島町 (奈良尾郷) 出身。神戸大学大学院博士後期課
程単位取得退学。博士 (経営学：名古屋学院大学)。立命館大学産
業社会学部講師。立命館大学衣笠総合研究機構客員研究員。一
般社団法人文化政策・まちづくり大学校 (市民大学院) 講師。元京
都府職員。著書に『遊び心とおもしろ心の社会学入門』『長生きが
しあわせな島〈奄美〉』(かもがわ出版)『地域社会の未来をひらく』
(共著、水曜社)『老年的超越：歳を重ねる幸福感の世界』(共訳、晃
洋書房) など。

# 幸福な老いを生きる

長寿と生涯発達を支える奄美の地域力

発行日　　2021 年 3 月 28 日　初版第一刷発行

著者　　　冨澤 公子
発行人　　仙道 弘生
発行所　　株式会社 水曜社
　　　　　160-0022
　　　　　東京都新宿区新宿 1-14-12
　　　　　TEL 03-3351-8768　FAX 03-5362-7279
　　　　　URL suiyosha.hondana.jp
装幀　　　井川祥子
印刷　　　モリモト印刷株式会社